SUPER COIN

〈 爆發性上漲 〉

超級貨幣
投資地圖

韓國知名加密貨幣分析師 **朴鍾漢**—著 **葛瑞絲**—譯

슈퍼코인 투자지도

方舟文化

說明：

　　雖然在韓國的《特定金融交易資訊報告及使用法》中是使用「虛擬資產」這個正式用語，但在這本探討加密貨幣投資的書籍中，會使用更普遍且直觀的術語「加密貨幣」。

　　本書所有內容撰寫完成於 2024 年 5 月，並採用幣圈相較常見的譯名。

目錄

第一部　投資加密貨幣，不可不知比特幣

第 1 章　搭上比特幣的超級循環

第 2 章　超越黃金、美元，比特幣無可替代

第2章　利用參考指標分析市場環境

第3章　上班族該有的投資心態

——— 推薦語 ———

在比特幣和加密貨幣的世界裡，一年算是很漫長的時光，因為每天都發生很多事情。儘管這代表著機會也很多，但對於學習、投資、創業的人來說，要整理並理解源源不絕的龐大資訊，是非常頭痛的課題。作家朴鍾漢在本書中以特有的真誠為基礎，發揮靈敏的洞察力，以淺顯易懂的方式指出了必須了解的脈絡。即使是看到同一則新聞，有沒有好的引路人指導，也會有很大的差異。我確信這種差異能夠節省讀者寶貴的時間，最終將會帶來資產的差異。

吳泰民，

建國大學資訊通訊研究所區塊鏈組兼任教授、《偉大比特幣》作者

本書是想要投資虛擬資產市場的人的必備書籍，讓讀者對於投資比特幣和山寨幣等虛擬資產有廣泛的理解，也提出了有效的投資策略和工具。作者明確地說明了比特幣的週期和選擇山寨幣的方法，並探討了如何發現並投資所謂的「超級貨幣」，也就是 1% 一定會成長的貨幣。另外，書中也揭示了重要的知識，幫助讀者理解虛擬資產市場的動向和未來展望。讀者若想培養對投資的信心並為未來做準備，這本書將能帶來很大的幫助。

崔允英，Korbit [1] 研究中心主任

在貨幣市場有「DYOR」（Do Your Own Research）一詞，意思是「在投資貨幣之前，自己要充分地調查和學習」，但一般人往往都不知道該從何處著手。有鑑於此，本書就會成為很好的指南。在快速變化的貨幣市場，作者以最新趨勢和資料為基礎，清楚整理出比特幣和山寨幣的投資策略，尤其作者對貨幣的完整分析，也得到了市場充分的認可。關於區塊鏈技術的知識跟投資貨幣所需的知識，兩者並不相同，如果你決定要投資，建議你一定要讀這本書。

李章宇，漢陽大學全球企業家中心兼任教授、Uproot Company[2] 負責人

2024 年，比特幣第四次減半到來，迎來了能在加密貨幣市場上獲得巨大財富的機會。當然，光是投資比特幣也能成為富翁，但山寨幣市場還有更大的機會在等待著。不過，很少人能夠在數以萬計的貨幣中挑出璞玉，作家朴鍾漢就是其中之一。在我認識的人中，他最了解山寨幣的動向，此次他推出的最新力作，超越了兩年前的《投資在 10 年後成長 100 倍的加密貨幣上吧》。加密貨幣的牛市即將來臨。本書將成為你的指南。

姜桓國，量化投資專家、《搭上比特幣的爆發性成長》作者

---

1 編按：Korbit 為南韓最大、最早的加密貨幣交易所。
2 編按：Uproot Company 為加密貨幣儲蓄投資解決方案 BitSaving 的營運商，該方案提供了讓人定期定額買進比特幣的服務。

序

找出一定會上漲的 1% 超級貨幣

加密貨幣寒冬過去，展開新循環

比特幣（Bitcoin，幣種代號 BTC）以四年為一次循環週期。回顧韓國掀起加密貨幣熱潮的 2017 年和 2021 年，兩者間存在四年的差距，在那之後的 2018 年和 2022 年，以比特幣為首的所有加密貨幣都經歷了嚴重的停滯期。雖然暴跌的原因各不相同，但結果同樣是進入價格下跌、資金持續流出的「加密貨幣寒冬」（Crypto Winter），如今一個新的循環正在開始。

若想透過投資加密貨幣獲得財富，就要理解循環。

比特幣循環的起點，為比特幣挖礦獎勵減少一半的「比特幣減半」（Bitcoin Halving）。雖然目前對於減半的影響力，仍存有贊成和反對的立場，但似乎沒有其他方法能像減半這樣，明確說明比特幣循環以四年為一週期的原因。

牛市（多頭市場，趨勢呈現大規模上漲）和減半有很高的關聯性。若要簡單分析一下減半和牛市的關係，可以解釋為新的供應量減少一半，提升了稀少性，其中存在著以礦工（Minor）為中心的動態關係，也就是礦工的大量出售以及「死亡螺旋」（Death Spiral）的機制等，這

些在正文中會再詳細說明。

　　除此之外，還要觀察其他主體之間的動態關係，亦即長期持有者（Long Term Holder，簡稱 LTH）與短期持有者（Short Term Holder，簡稱 STH）。在循環期間，長期持有者和短期持有者都表現出一致的動向，因為牛市終究會出現在貨幣從長期持有者轉移到短期持有者的過程中。

　　同時還要觀察「鯨魚」（編按：即大量持有比特幣的投資者）的勢力動向。鯨魚會根據行情快速地移動資金，以特有的情報能力和判斷力搶先一步投資，這點又可稱為「行家的投資」（Smart Money，編按：也有人直譯為「聰明錢」）。

　　在快速追蹤上述主體的動向時，最常用的指標是鏈上指標。本書會詳細介紹各個主體間的動態關係，並透過各種客觀指標，說明投資人該如何應對。只要理解這些內容，就不會因比特幣變化無常的動向而畏縮，反而能聰明地利用循環。

　　當然，任何人都無法任意預測市場，尤其短期的預測往往會背叛投資人，但是拉長從總體來看，大部分趨勢都落在鏈上指標的範圍內。即使對比特幣持否定態度的人說：

　　「循環改變了，這次不會出現牛市了。」

　　但事實並非如此，**只是循環的速度和幅度不同罷了，循環本身沒有改變。我們要在這次的循環抓住財富的時機，不要讓它溜走！**

不只個人投資者，機構也加入加密貨幣市場

加密貨幣市場確實從本質上改變了，這是不爭的事實。2017 年時，牛市的主要驅動力是個人投資者，其中，東亞的中日韓個人投資者交易比例最高；2021 年，機構投資人的比例相對增加，不過到了 2024 年，加密貨幣市場結構的本質就改變了——同年 1 月，比特幣現貨 ETF 被批准上市；5 月，以太幣（幣種代號 ETH，由區塊鏈平臺以太坊〔Ethereum〕發行）現貨 ETF 被批准上市，加密貨幣正式被納入美國體制認可的資產，機構的龐大需求之所以能湧入，也是奠基於此。

往後，在全球金融機構的投資組合中，肯定會有更多投資組合編入比特幣現貨 ETF 和以太幣現貨 ETF，從比特幣就可以明顯看出其徵兆。儘管 2023 年比特幣的暴漲被認為是泡沫，但到了 2024 年，國際金融服務公司——摩根士丹利（Morgan Stanley）就有 13 個基金持有比特幣 ETF。

不僅如此，僅次於貝萊德（BlackRock）、全球第二大資產管理公司先鋒領航（Vanguard），雖然之前一直批評比特幣，卻讓曾在貝萊德協助比特幣現貨 ETF 上市的前任高階主管，成為他們的新任執行長。儘管新執行長也對加密貨幣持否定態度，但華爾街的巨頭們最終還是會走向能賺錢的地方。這些天文數字的資金流向比特幣，只是時間問題。

事情還沒完。坐擁美國 6 成以上財富、握有超過 10 京韓元（編按：約等於新臺幣 2,310.5 兆元）的嬰兒潮世代，他們的資產也將逐漸流入比特幣。之前美國公司礙於財務會計標準，在購買比特幣資產時受

到很多限制，而今日公司可以持續購買比特幣作為主要資產的環境已然形成。美國作為金融最發達的國家，批准了比特幣和以太幣現貨 ETF，這意味著推出加密貨幣 ETF 是往後的世界趨勢。香港接下了美國的接力棒，而且其實香港比美國更早批准了以太幣現貨 ETF（編按：香港證監會於 2024 年 4 月 15 日批准首批比特幣及以太幣現貨 ETF）。

實際上，比特幣的需求面正在無限擴展，這會導向一個頗明確的結論：比特幣的供需將處於極度不平衡的狀態。比特幣的總發行量被限制在 2,100 萬個。在供給不可能增加的情況下，倘若需求大幅增加，那麼結果顯而易見──根據供需法則，價格將會暴漲。

這種趨勢對個人投資者來說並非全是好事。現在個人投資者正處於得與大型金融機構競爭的環境，這意味著必須更聰明、更有效率地投資。在這種情況下，貿然出售比特幣會怎麼樣呢？再次買進時，價格可能比之前的賣價高上許多。因此，**投資比特幣的答案非常明確，就是不斷買入並長期持有。**

投資山寨幣的三道難題

那麼，除了比特幣以外、統稱山寨幣（Alternative Coin）的其他加密貨幣呢？從過去的循環來看，比特幣充分上漲後，資金就流入山寨幣，迎來山寨幣的牛市。山寨幣會反覆拉高倒貨（Pump and Dump）來吸引投資人；所謂拉高倒貨，是指在特定勢力的主導之下，貨幣價格以人為的方式膨脹，使得需求增加、價格暴漲，接著特定勢力就賣出所

有資產，後續下跌的損失完全由個人投資者承擔。

韓國人對山寨幣情有獨鍾。在 2021 年牛市期間，全球市場上，比特幣占所有加密貨幣交易的 3 成，但韓國的市場狀況如何？只有 6% 的資金投資比特幣，其餘 94% 都流向了山寨幣。比起投資比特幣，韓國人之所以更傾向投資山寨幣，是因為他們對趨勢和變化非常敏感。但我個人認為，更大的原因在於「錯失恐懼症」（Fear Of Missing Out，簡稱FOMO），也就是害怕只有自己落後的恐懼心理。

投資山寨幣比投資比特幣更難，所以大多數人都會失敗。投資山寨幣很困難的原因，大致可以整理為三個：

一、若要投資山寨幣，能獲取的有意義資訊很有限，並沒有平臺或網站，將山寨幣所有資訊整理得一清二楚。如果想投資山寨幣，投資人就得自己蒐集並整理各種資訊。

二、投資山寨幣並沒有公認的方法。股票等傳統資產存在著一般通用的估價模型；相反地，山寨幣的投資人仍在測試多種投資方法，難以評估合理價格。

三、大部分人都是追高投資。山寨幣投資的核心，是趁著貨幣價值被低估時買進，但有相當多投資人反其道而行，在貨幣暴漲時追價進場，一旦發生拉高倒貨的情況，投資人就被套牢了。這就像逆風前進一樣，經歷過幾次後，資產就會持續減少。

很多投資人忽視這些難題，只仰賴 YouTuber 或網路名人的推薦，

既不做任何分析，也完全不考慮時機，就貿然購買山寨幣。山寨幣一直以來都被當成賭博或投機性資產，主要原因就是投資山寨幣的方式錯誤。當然，確實有很多山寨幣是有問題的，大部分被稱為「垃圾幣」的貨幣都不能保證長期價值，即使在一夜之間消失也不足為奇。

因此，在投資山寨幣的過程中，重點是找出努力改變世界、讓產業進步的優質山寨幣，並在良好的時機進行交易。

找出 1% 一定會上漲的超級貨幣

會開始閱讀這本書，表示你對投資加密貨幣有著濃厚興趣。希望讀者透過本書，描繪出投資加密貨幣的藍圖，並掌握正確的方法。以下簡單介紹本書的內容。

第一部講述加密貨幣投資的基礎──比特幣，說明比特幣為何具有投資價值、其資產具有多麼壓倒性的地位，還會探討比特幣的採用和擴展狀況，並說明比特幣以後只會持續上漲的原因，最後就是制定最聰明的比特幣投資策略。

第二部的重點是山寨幣。第 1 章將探討山寨幣的投資方法，山寨幣有量化評估和質化評估，要經過這兩個步驟，才能正確判斷是不是好的貨幣。第 2 章和第 3 章將介紹山寨幣的主要類型，第 2 章會分析支付及交易型加密貨幣，第 3 章則會分析平臺型的加密貨幣，而第 4 章將介紹應用型加密貨幣以及值得關注的領域。投資山寨幣最重要的是什麼？就是敘事（編按：意指影響市場情緒和投資行為的故事或說法）和趨勢。

在此次大多頭趨勢中，應該搶占主導市場趨勢的敘事，而搶先占領敘事的投資人，將能在此次大規模上漲中獲得財富。第 4 章會集中討論相關內容。

第三部會探討投資加密貨幣時的重要指標。第 1 章會介紹能夠掌握市場大趨勢的代表性「鏈上指標」；第 2 章則會提出各種交易指標，判斷加密貨幣市場的上漲是否為泡沫；至於第 3 章，會介紹投資加密貨幣時，如何建立重要原則以及投資組合等。

「99% 的山寨幣將會消失」，你應該聽過這句話很多次，這個觀點仍然有效。在數萬個山寨幣中，有幾個貨幣能在三、五年後繼續存在呢？我認為不到 1%。在本書中，我稱這些**一定會上漲、只占 1% 的貨幣為「超級貨幣」**。投資加密貨幣本身不是重點，「投資 1% 的超級貨幣」才是投資加密貨幣的核心。透過這本書就可以學到如何在最被低估的價格區間，購買最優質的超級貨幣；同時，還可以學會資產配置策略，將風險降至最小、收益達到最大。

本書想要傳達的資訊，是「選擇一定會上漲的那 1% 貨幣、市場時機、資產配置」這三重投資策略。

每個投資人所處的情況、投資方向、原則、風格都不同，並沒有適用於所有人的通用投資法。每個人都必須寫出屬於自己的正確答案，幸運的是，有許多工具、也有許多選擇，能幫助你寫出正確答案。希望讀者們能夠活用書中各種方法和工具，也希望這本書能對各位的投資多少帶來一點幫助。

朴鍾漢

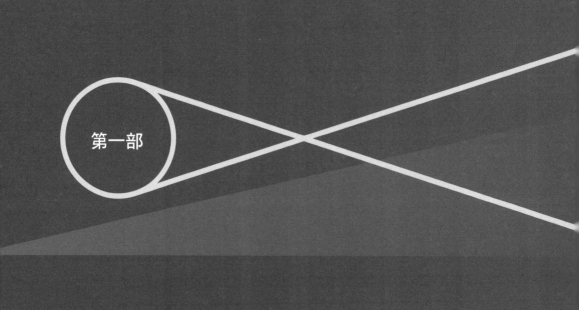

第一部

投資加密貨幣，
不可不知比特幣

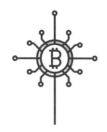

第 1 章

搭上比特幣的超級循環

減半、總體經濟事件，推動比特幣大漲

　　媒體宣告比特幣死亡的次數，至少有 463 次。媒體之所以表現出這種態度，並不是因為通貨系統的失敗或技術上的錯誤，單純只是因為比特幣價格在短時間內暴跌。但是比特幣真的死亡了嗎？並非如此。比特幣不僅堅定地挺過 15 年，還創下了有史以來，世界上所有資產中最驚人的收益成長率。

　　如今**比特幣在眾多金融機構的關注下，逐漸成為體制內的主流資產**。難道能將這種情況單純視為偶然嗎？先說結論──**絕非偶然**。

　　比特幣以第四次工業革命的核心技術「區塊鏈」為基礎誕生。在

比特幣被媒體宣告死亡的次數

（次數）

（資料來源：Bitcoin Obituaries）

比特幣誕生之前，區塊鏈早就存在，然而這個主流技術，卻沒有受到太大的關注。就在人們逐漸要將其遺忘時，因為比特幣的出現，才讓區塊鏈開始受到大眾關注。不過，從投資的觀點來看，還有其他事情比區塊鏈更值得關注。儘管比特幣的基礎是區塊鏈技術，但實際上，**比特幣的價格波動並非受到技術的變化或發展所影響，主要是基於以下兩個原因：「減半」和「總體經濟事件」。**

其中減半尤其需要關注，這是比特幣每四年會發生一次的極重大事件。雖然隨著比特幣的市值提升，價格漲幅有些微減少，但在過去三次的循環中，**減半後價格一定會暴漲**，無一例外。也就是說，從統計上看，比特幣的價格上漲和減半呈高度相關，這點相當重要。

加密貨幣市場存在著以比特幣減半為核心的循環，而且價格上漲的趨勢，並不會止於比特幣；比特幣暴漲後，資金就流向山寨幣。當然，現今尚未正式釐清價格暴漲與減半的因果關係，到目前為止，對於暴漲的原因，仍是眾說紛紜。

此外，**總體經濟事件，即流動性的供應**（編按：所謂流動性，意指資產在市場中轉換成現金的難易程度；而總體經濟因涉及全球各國，相關事件便會影響流動性高低），也是影響比特幣價格的重要因素。流動性供應是會影響所有資產的事件。不過，還是更應該把重點放在比特幣與生俱來的內部事件——減半。

挖礦獎勵減半，物以稀為貴

首先，讓我們了解一下減半的概念。比特幣網路以去中心化（編按：相對於中心化、將權力集中在一個中心，去中心化會將權力分散至每個參與單位。比如交易，中心化就是有個集中交易所，而交易紀錄掌握在交易所手中；去中心化則是每個人可以直接交易，且交易紀錄由每個人共享）的方式經營，因此在比特幣的網路中，不會有銀行這類金融機構來驗證交易，而是交由某些成員來驗證，只讓有效交易被加到區塊鏈上。

但是，任何一個人或組織都不可能無償進行這種繁瑣的工作。比特幣網路為了能安定且穩健地經營，設計出了獎勵機制，讓參與區塊驗證和生成節點（node）的人能夠得到兩種形態的獎勵：

一、跟區塊交易相關的「手續費」。

二、「區塊獎勵」，也就是一定數量的比特幣。

得到區塊獎勵的過程，就是一般人常說的「挖礦」。減半跟第二種獎勵有關，顧名思義，就是作為區塊獎勵的比特幣數量減少一半，這就等於新的供應量減少一半。

比特幣網路將比特幣的總供應量訂為 2,100 萬個。大約每 10 分鐘生成一個新的區塊後，就會按照固定的比例，支付比特幣給礦工。從 2009 年 1 月創世區塊（區塊鏈網路的初始區塊）生成後到第一次減半之前，是每 10 分鐘提供 50 個比特幣，之後經過四次減半，獎勵慢慢減少，依次為「25 個→12.5 個→6.25 個→3.125 個」。

比特幣減半造成價格上漲的最基本原理是「供應量」減少。理論上在供給減半的情況下，即使需求不變，價格也會上漲，因為稀少性提升了。順帶一提，減半大約四年為一週期，但確切日期並不是固定的，而是**每累積 21 萬個區塊，就會按照固定的程序減半，**以每 10 分鐘生成一個區塊來算，可得出大約四年為一週期。在生成第 84 萬個區塊時，就會發生第四次減半。

第四次減半，能否迎來多頭？

在過去三次減半後，比特幣價格上漲了多少？在被稱為「牛市」的上漲趨勢期間，高點大概會在減半後的 1 年～1 年 5 個月之間出現。

那麼，減半後比特幣的價格是如何波動的呢？

第一次牛市的出現，跌破了大家的眼鏡，誰都沒有預料到會產生這麼大的漲幅，但到了第二次和第三次牛市，大家期待和存疑的程度不相上下：

「歷史在重演！」、「大家知道的利多並不是利多。」、「看得到吃不到！」

「歷史重演」這句話在投資市場上往往適用。在以股票為首的傳統資產市場，歷史也不斷重演，這與產業的長期成長密切相關。話說回來，歷史會重演，並不代表所有在資產市場的投資人都賺到了錢；只有謹記歷史教訓並善加利用的投資人，才能獲得高收益。

比特幣減半後價格變動

種類	日期	減半時價格	循環最高價（ATH）	到達最高價的時間
第一次減半	2012 年 11 月 28 日	約 13 美元	約 1,162 美元（上漲約 90 倍）	減半後約 1 年
第二次減半	2016 年 7 月 9 日	約 626 美元	約 1 萬 9,661 美元（上漲約 30 倍）	減半後約 1 年 5 個月
第三次減半	2020 年 5 月 12 日	約 9,440 美元	約 6 萬 9,147 美元（上漲約 7 倍）	減半後約 1 年 3 個月

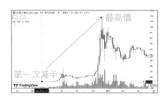

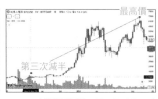

（資料來源：TradingView）

那第四次減半是如何呢？有人懷疑「減半」這件事。正如前面提到的，很多投資人都知道減半之後，價格會大幅上漲。若想在投資市場獲得高收益，重點是要知道不對稱的資訊，也就是必須知道別人不知道的消息才能賺大錢，單憑大部分投資人都知道的消息很難獲益。但是，在加密貨幣市場上，這一敘事只對了一半，因為加密貨幣投資者仍是少數。價格一旦開始上漲，市場上就會出現大批新投資人。先前比特幣價格上漲，是因為比特幣從長期投資人的手中轉移到新投資人。因此，一般認為此次減半後，比特幣價格也很有可能走漲。

不過，難道機構或主力會放任個人投資者輕易賺錢嗎？這也是合理的疑問。從循環的流向來看，減半的確切時間可能會有所不同，況且也應該注意到，現在已經不是每 10 分鐘會發行 50 個新比特幣的情況。目前已有將近 94% 的比特幣在挖礦後流入市場，往後減半的影響力很有可能降低。

供給極度緊縮，源自堅定持有

儘管如此，「減半是一個機會」這件事依然沒有改變。若想要正確理解減半的影響力，就必須更深入地觀察過去一個循環，也就是四年週期內發生的供需關係。

在比特幣循環中，最重要的是**長期持有者**和**短期持有者**這兩個群體的動向，尤其需要注意長期持有者的持有量。通常被稱為「持有者」（Hodler，編按：幣圈特有變體字）的投資人，是指持有比特幣超過

155 天的投資人。如果再保守一點，則應該密切觀察持有比特幣大約 1
年以上的長期持有者的動向。

　　長期持有者在過去熊市期間（空頭）中不斷累積比特幣，他們不受
任何利空因素和利多因素影響，**堅定地持有，這產生了減少市場供應量
的效果**。即使利多讓購買需求大幅增加，只要長期持有者緊握著不放，
可以購買的數量仍然相當有限；相反地，在面臨重大利空時，如果長期
持有者緊握著不放，價格下跌的壓力就會減少。在長期持有者引發的這
種「供給緊縮」下，發生減半時會怎麼樣呢？由於新的供給大幅減少，
將造成比特幣變得「極度」稀少。

　　長期持有者和短期持有者的動向，可以透過鏈上指標更清楚地檢
視。「鏈上」就是記錄區塊鏈上發生的交易，意味著網路上發生的所有
往來明細，都儲存在區塊鏈上。「鏈上數據」是指記錄在區塊鏈網路上
的所有數據，簡單地說，就是交易（Transaction）紀錄。為了讓投資人
更容易利用這種鏈上數據，有人利用這些數據製作出指標。

　　以上述提到的長期持有者和短期持有者的動向為基礎，在比特幣
循環中，大致有以下三點值得關注：

1. 短期持有者持有的數量。

2. 長期持有者持有的數量。

3. 資本流動。

　　為了掌握市場趨勢，我們先逐一了解這三點。

比起拿來交易，更傾向把比特幣拿在手裡

第一，**短期持有者的持有量**。短期持有者持有的數量，是指**交易活躍的比特幣數量**。在減半到來之前，各個投資人之間交易活躍的比特幣數量有多少呢？可以透過幣齡，也就是距離比特幣最後一次交易的時間，來了解這個數據。

如前所述，通常區別長期持有者和短期持有者的標準為 155 天，約莫 5 個月；持有比特幣不到 155 天的投資人是短期持有者，超過 155 天的是長期持有者。我們以此為標準，來觀察減半到來前的動向。

透過加密貨幣分析公司 glassnode 的資料來觀察 2023 年底到 2024

比特幣短期持有者持有數量的變化趨勢

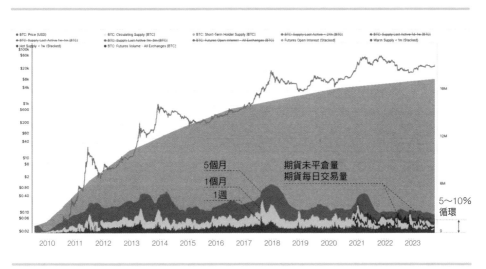

（資料來源：glassnode）

年初的情況，持有不到 155 天的比特幣數量，創下了數年內最低值。

交易所存量也跟流動性指標密切相關，如下圖所示，只見交易所存量在 2020 年 3 月以後持續減少；交易所存量減少，意味著**比特幣逐漸轉移到非流動性錢包，可以解釋為，不消費比特幣、而是持有比特幣的傾向達到了史上最強**，由此可知，人們對於比特幣的信任也在提高[1]。

交易所比特幣存量的減少趨勢（2021～2024年初）

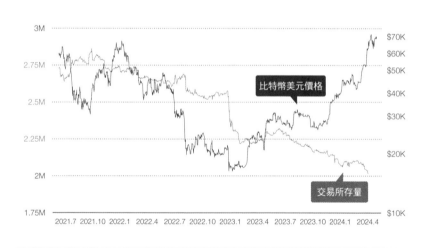

（資料來源：CryptoQuant）

---

1 編按：當交易所存量上升，代表持有者將加密貨幣存入交易所錢包，市場供給增加，價格就容易下跌；當交易所存量下降，代表持有者將加密貨幣轉出交易所錢包，不打算交易，而是要持有，此時交易價格反倒容易因為市場供給減少而上漲。

掌握長期持有者的轉手時機

第二，**長期持有者的持有量**。觀察那些默默持有的長期持有者的比特幣持有量，就可以更清楚地確定他們對比特幣的堅定信心。長期持有者的持有量動向明顯與短期持有者相反。

從下圖來看，牛市達到頂點後（比特幣價格達最高），短期持有者的流動性數量和長期持有者的非流動性數量之間，差距逐漸拉大。長期持有量和非流動性數量從 2021 年初開始持續上升，這意味著大部分的比特幣，被轉移到長期投資人的冷錢包（Cold Wallet，沒有連接網路、獨立存在的一種硬體錢包）等地保管。2022 年發生的 Terra 的

短期持有者和長期持有者的比特幣持有量差距
（2021～2023年）

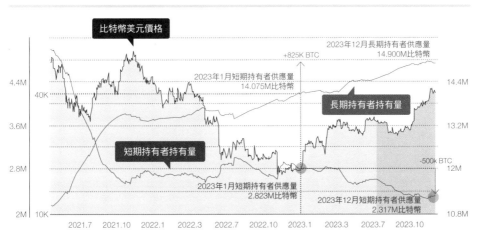

（資料來源：glassnode）

LUNA 幣事件[2]和 FTX 交易所擠兌事件[3]等，進一步加大這樣的趨勢。

那麼，長期持有者會在什麼時候累積和分配比特幣？又會以什麼形式出現呢？我們接著將長期持有者不參與交易、僅儲存的比特幣數量，跟新的發行量做個比較。在右頁圖中，淺藍色區域是長期持有者的持有數量，深藍色區域是保管在冷錢包等地的數量。可以看出，三次減半和每次循環期間，都出現了不同的波動形態，以及長期持有者的持有量累積狀況：

- **第一次波動**：發生在比特幣價格達高點後劇烈調整的熊市期間。
- **第二次波動**：在熊市後期、價格見底時發生。
- **第三次波動**：由於減半到來，投資人更傾向持有比特幣而發生。

長期持有者的比特幣流入市場的時期，是第三次波動結束後，這可視為熊市累積結束的時期。從這時開始，長期持有者會積極轉手，市場大規模上漲；也就是說，長期持有者正式開始出售。在過去三次循環中，價格來到牛市的最高價之前，漲幅更為劇烈。

---

2 編按：LUNA 幣由區塊鏈平臺 Terra 所推出，曾經是幣圈第三大的加密貨幣，與該平臺自己推出的穩定幣 UST 掛鉤，但因有人突然拋售大量 UST，使得 UST 的價格開始與美元脫鉤，引起投資人恐慌，許多大戶跟著拋售，UST 因此不斷貶值，連帶地 LUNA 幣也跟著貶值，最終崩盤。

3 編按：FTX 曾是世界第二大的加密貨幣交易所，推出了平臺幣 FTT，然而其創辦人所擁有的資產管理公司，被爆出擁有大量 FTT 負債。後來，全球最大加密貨幣交易所幣安（Binance）決定出脫手上所有 FTT，引發群眾拋售，FTT 的價格不斷下跌，更引起擠兌潮─許多投資者開始從 FTX 提領資產，加上 FTX 任意挪用客戶資金進行高風險投資，導致負債累累，最終宣布破產。

長期持有者的累積和分配循環

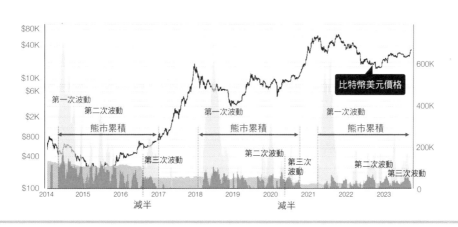

（資料來源：glassnode）

　　因此，應該要重視循環的最高價。另外，長期投資者在該區間還是會持續買入，而且幾乎不會受到太大的損失，因為就算之後進入價格下降、資金持續流出的**加密貨幣寒冬**，**價格也不會輕易跌到前一次牛市的最高價之下**。不過，在上次的加密貨幣寒冬期間，價格在先前高點底下停留了兩個月左右（見下頁圖）。

　　雖然跟先前以減半起頭的牛市循環相似，但在第四次循環中，明顯存在與以往不同的地方。首先，在減半到來之前，已經連續突破了所有牛市的最高點。換算成美金也已經突破新高，換算成韓元更是超過 1 億韓元（編按：約等於新臺幣 231.5 萬元）。過往出售比特幣通常會引起持有量暴跌和價格波動，但這次波動幅度變得很小，可將這點如此解釋：比特幣逐漸成為穩定的資產。

比特幣的最高價和循環變化

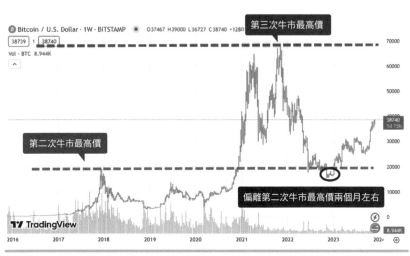

（資料來源：TradingView）

　　這種現象的背後有個重要變數，那就是**比特幣現貨 ETF 獲得批准**。隨著比特幣現貨 ETF 獲得批准，鉅額資金開始流入 ETF。以全球最大資產管理公司貝萊德和富達（Fidelity）為首的比特幣現貨 ETF，接連刷新紀錄，與之前上市的所有 ETF 相比，可說是取得了令人矚目的成果。

　　貝萊德發行的 IBIT，自 2024 年 1 月開始在那斯達克（NASDAQ，美國的主要股市之一）交易，過了兩個月左右，就超過了微策略（MicroStrategy，商業智慧公司）所擁有的比特幣數量。據分析，ETF 讓比特幣的供需比達到 10 倍，減半後可能還會增加到 20 倍。

　　當長期投資人的策略從「大量買進及累積」轉變為「分配」時，市場的核心玩家也有所改變。如果說之前是機構和鯨魚主導大量買進和

累積的過程，那麼隨著後來個人投資者活躍湧入，他們就開始轉手，帶動流動性增加和價格上漲。

　　另一方面，長期投資人的強烈確信，也進一步加強比特幣是「價值儲藏資產」的特性。比特幣沒有潛在價值，也不像股票那樣提供現金流，這種僅透過需求和供給決定價格的資產，核心在於持有者的信任──「以後價值將會上漲」的共識信念比什麼都重要。再次強調，長期持有者會以較低的價格購買比特幣，在牛市將價格推到更高之前，都

各資產管理公司比特幣現貨 ETF 交易量和資金淨流入量

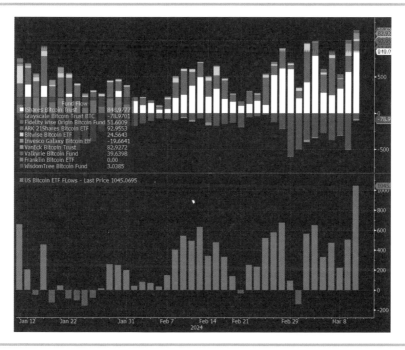

（資料來源：Bloomberg）

不會賣出。這行為強化了比特幣的資產價值，也強化了循環的變化。

資金流動也呈現循環

最後第三個，**資金的流動**。必須了解資金在加密貨幣市場如何流動，才能理解整體的循環。資金的流動要從收益面來觀察，首先要理解實現總市值（Realized Cap）的概念。比特幣網路採用一種稱為「UTXO」的方式，縮寫自 Unspent Transaction Outputs，意思是「**未花費的交易輸出**」，**大多數鏈上指標藉由 UTXO 的生成和消耗，以及兩者之間的持有時間來計算。**

UTXO 是什麼？這概念看似複雜，但透過下面的例子，就很容易理解：

假設 A 從 B 那裡收到了 5 個比特幣，從 C 那裡收到了 1 個比特幣，那麼 A 總共擁有多少比特幣呢？6 個——以算術來說，6 個是正確答案，但是仔細觀察結構，事情就不太一樣了。比特幣網路並不是將 6 個加起來，而是生成 2 個 UTXO，分別是 5 個比特幣的 UTXO，以及 1 個比特幣的 UTXO。

假設 A 再把 3 個比特幣送給 D，那會怎麼樣呢？A 手上 5 個比特幣的 UTXO 會消耗掉，差額的 2 個比特幣的 UTXO 將重新生成，然後在 D 那裡生成 3 個比特幣的 UTXO。由此可知，比特幣的持有時間，是透過 UTXO 的生成和消耗來測定。

比特幣網路為什麼要使用這麼麻煩的方式？最直接的原因，是為

UTXO 原理

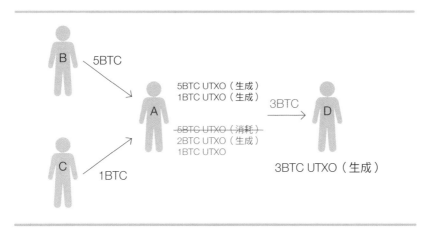

了防止雙重支付。透過 UTXO 計算的市值，就是實現總市值。傳統資產的市值概念要套用在比特幣上，會因為很多數量丟失或無法使用而受限。到目前為止，挖礦後供應到市場的比特幣數量和實際流通量之間存在很大的差異，一般認為大概丟失了 15%～20%，還有分析認為，丟失的比特幣多達 600 萬個（編按：持有者忘記私鑰，或在去世之前，沒有把私鑰傳承下去，都會造成比特幣丟失）。

如果以當前市場價格乘以供應量來計算市值，就是使用 UTXO 來計算實現總市值，這是將記錄在 UTXO 上的貨幣生成日期、金額與交易的貨幣數量合計後得出的結果。綜上所述，就是**透過反映在 UTXO 上最後交易的價值，來計算平均值，並以此為根據計算市值**。只要從平均購買單價和成本的概念來看，就很容易理解。

我們試著利用實現總市值來評價資金的流入與流出，以及多個加

密貨幣之間的資金流動。長期持有者需要等到價格上漲多少，才會售出持有數量來獲利？這個時間點相當重要，因為他們看到一般的漲幅都不為所動。

舉例來說，長期持有者趁著 2021 年的大多頭，拋售了以 6,000 美元購入的比特幣，賣出時比特幣價格超過 6 萬美元，這樣看來，他們是等到價格上漲約 10 倍的時候才出場獲利。由此可以確認，在 2021 年大多頭中獲得龐大收益的投資人，是從 2018 年熊市開始買入累積的，他們大概等了 3 年左右。這裡還有一個重點：在加密貨幣市場，不應該賺取大量的短期收益，而是要從更長遠的角度觀察市場循環。

說明至此的一連串過程，是減半前出現的典型現象。減半到來時，供給減少，稀少性大幅增加，凝聚了價格上漲的動能。根據 glassnode

長期持有者的資金流入與流出的動向

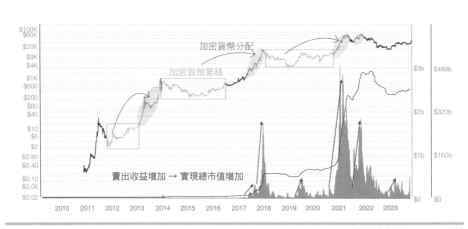

（資料來源：glassnode）

統計，**市場上可交易的比特幣數量降到歷史最低的同時，持有的儲備量最多將超過新發行量的 2.5 倍**。由此可見，投資人相當期待減半到來。

　　總結來說，投資人察覺到減半的影響，於是在減半臨近時，比起消費比特幣，反而增強了持有的傾向，減半之後，長期持有者的持有量就會轉移到短期持有者身上；換言之，減半就是循環的核心。

資金輪動，山寨季來臨

　　比特幣循環不僅僅會讓「比特幣」的價格上漲。在過去三次牛市中，可以觀察到在比特幣價格充分上漲後，山寨幣的趨勢也會跟著上漲。「山寨季」（Altcoin Season）或「山寨幣多頭」，是指資金集中在比特幣以外的山寨幣的時期，也意味著加密貨幣市場「資金輪動」的概念。首先來看一下過去的模式，資金會依下列順序流動：

比特幣（BTC）→ 以太幣（ETH）→ 穩定幣（Stable Coin）[4]

　　而資金的移動，可以透過已實現價值（Realized Value）[5]的增減來確認。

---

4 編按：穩定幣是與法定貨幣或穩定儲備資產掛鉤的加密貨幣，波動性較小。
5 編按：「已實現價值」與前面提到的「實現總市值」在加密貨幣中兩者意思相同，算法是：上一次移動價格 × 總供給量；相對的是「市場價值」（Market Cap、Market Value），也就是市值，算法是：當前價格 × 總供給量，為名目市值。

在穩定幣中，尤其要關注泰達幣（USDT）的動向。泰達幣數量增加時，不僅可以看到比特幣和以太幣的價格被拉高，其他各種山寨幣的價格也會上漲。因此，資金流入這三種資產的時期，意味著市場的投資欲旺盛，寧願承擔風險，依然積極投資；相反地，當這三者中任一處的資金開始流出、沒有停滯，就是出現迴避風險的動向。

　　讓我們從過去的模式更仔細地了解。從 2020 年到 2021 年牛市的鏈上指標來看，可以發現**資金按照比特幣、以太幣和穩定幣的順序流入**。

　　資金流入比特幣、以太幣、穩定幣這三者時，往往表示處於多頭，不過後來還可以看到一個趨勢，那就是比特幣的資金逐漸轉移到以太幣和穩定幣。這意味著資金從比特幣等市值較高的大型資產，逐漸流入市

比特幣、以太幣和穩定幣的資金流入

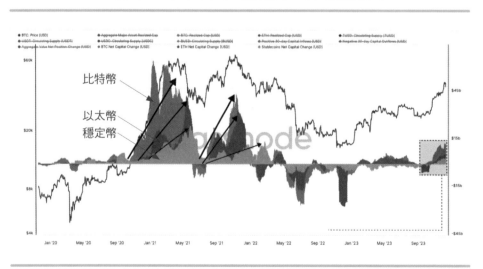

（資料來源：glassnode）

值較低的小型資產。資金離開比特幣、移動到山寨幣的階段，被稱為山寨季，而資金會經過比特幣和以太幣，再經過大型山寨幣，流入小型山寨幣。

　　如果想更具體地檢視山寨幣的上漲行情，就要觀察比特幣市值占比（BTC.D），以及扣除比特幣和以太幣後的加密貨幣總市值（TOTAL3）。透過指標明確確認時機的方法，第三部會再詳細介紹。

加密貨幣市場的資金流動

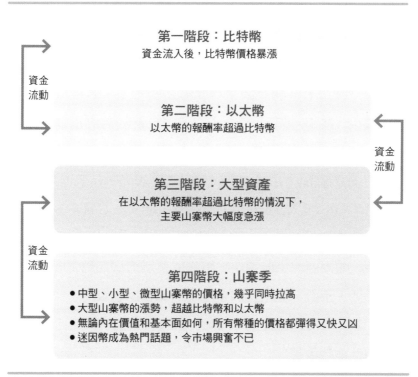

（資料來源：X，舊名推特）

三個原因，讓比特幣避免死亡螺旋

另一方面，每當減半臨近，一定會出現一種預測，那就是「死亡螺旋」（Death Spiral，情況越來越糟，可能造成巨大傷害）。

減半時最該觀察的重要主體是礦工，減半表示他們的挖礦獎勵會減少一半，亦即礦工的收益減半。對於礦工來說，這不是他們樂見的。

假設挖礦需要 3 萬美元左右的成本，那麼如果想要獲利，比特幣的價格至少要超過 3 萬美元，但是在減半後，獎勵會減少一半，因此比特幣價格至少要超過 6 萬美元，才有獲利空間。順帶一提，挖礦的競爭相當激烈，使得開採成本與比特幣的行情沒有太大的差異；礦工從事比特幣挖礦的目的，並非累積鉅額財富。

至於死亡螺旋，是關於礦工行為模式的預測，該預測假設：如果挖礦獎勵減少、獲利空間大幅縮水，礦工就會同時停止挖礦。這樣一來，算力（Hashrate，整個網路的運算能力）就會急劇下降，原本應該要 10 分鐘生成的區塊，卻延遲到幾個小時、幾天，甚至更長的時間。

中本聰（Satoshi Nakamoto，比特幣發明人，真實身分不明）**將兩週調整一次難度的功能加入比特幣協議，好讓區塊的生成速度保持 10 分鐘的間距**，如果區塊生成過快，難度就會增加；如果生成時間過慢，難度就會降低。不過，並不是固定每兩週調整挖礦難度一次，而是每生成 2,016 個區塊時會自動調整。因此，區塊生成的時間延遲越久，調低難度的時間就會延後越久。

最終，比特幣網路的穩定性、安全性將急劇惡化，連經營都變得

越來越不可能，正如「死亡螺旋」這名稱，下一步將會走向死亡。當整個系統停止運行，比特幣的價格將跌到 0。

那麼，到目前為止，已經經歷過三次減半的比特幣價格如何呢？不僅沒有按照死亡螺旋的預測進行，反而大幅上漲。為什麼？大概可以推測出以下三個原因：

一、在獲利方面，礦工會做出最明智的選擇。

比特幣挖礦主要使用的是 ASIC 礦機，ASIC 礦機還可以兼容其他加密貨幣的挖礦。2017 年 8 月，比特幣現金（BCH）硬分叉（Hard Fork）出現後，當時廣泛流傳著這樣的敘事：「礦工會集中在比特幣現金，而不是比特幣」，因此社群和媒體都提到了「死亡螺旋」。

（編按：區塊鏈網路協議發生重大變化，同時會有兩種不同版本的共識規則，沒有升級的節點無法驗證已升級節點生產的區塊，從而導致區塊鏈永久性分歧，這就是「硬分叉」；若非永久性分歧，則稱為「軟分叉」。而「比特幣現金」正是從比特幣區塊鏈硬分叉出來的，其區塊大小比比特幣更大，允許每個區塊進行更多交易。）

但是，過去擔心的事情實際發生了嗎？現在的比特幣網路還比當時穩固得多。回顧當時的情況，由於礦工轉移到比特幣現金，使得比特幣網路的算力暫時下降，結果更多新礦工趁機進入比特幣網路。這顯示礦工之間會激烈競爭，他們比任何人都更清楚，在獲利方面最明智的選擇是什麼。

二、礦工投資比特幣的「長期價值」。

挖礦會伴隨著很高的資本支出（CAPEX）和營運支出（OPEX）。資本支出是為了創造未來的利潤而支付的費用，最具代表性的是購買礦機的費用；營運支出則是指維持和維修現有資產所需的費用，包括啟動礦機後消耗的電費、店面租金、人事成本等。簡單來說，礦工會為了挖礦，投入鉅額的生產費用。

回想 2022 年的加密貨幣寒冬，雖然當時比特幣價格大跌，算力卻持續上升。如果礦工只看短期利益，就不可能有這種現象。儘管挖礦成本超過比特幣獎勵的狀況，可能會維持一段時間，但比特幣網路因此永久崩潰的可能性微乎其微。一旦獲利空間太小，獲利能力低的小型企業可能就會停止挖礦，大型礦工則會收購小型企業的礦機來升級。

就算礦工在減半後會暫時遇到困難，他們依然相信比特幣的價格最終會大幅上漲，而且他們比任何人都更清楚減半的影響。所以為了應對減半，有些礦工甚至會在短期內出售挖礦獲得的比特幣來彌補經營成本，不過短期出售量占總量的比例不大。這也是為什麼比特幣減半後，需要六個月左右的時間才進入牛市，因為從礦工的結構性變化結束到再次正式競爭，需要一些時間。

三、要中斷這種消耗兆瓦級電力的挖礦產業，並不是單純拔掉礦機插頭就能辦到。

如今，挖礦產業需要的能源已經達到小型國家的規模，實際上，相當於波蘭、委內瑞拉等國家的一年耗電量。

就算所有礦工確信比特幣未來無法恢復購買力，也需要幾週乃至幾個月以上的時間，才能結束整個網路的運作。這是因為礦工與供電業者的契約有多種形式，所以即使破產了，大多數人還是得繼續挖礦一段時間。由此可知，比特幣不僅成長為超出一個國家價值的產業，還形成了巨大的生態系統。比特幣挖礦越來越有體系；小型礦工不斷被淘汰，擁有強大設備的礦工則獲得了更大的機會。

因此我們可以說，**減半反而是一種對抗「死亡螺旋」的結果**；換言之，如果不想陷入死亡螺旋，比特幣的價格就勢必要上漲。

比特幣上漲的另一可能因素：流動性

也有相當多投資人否認「減半」和價格上漲有關。最具代表性的觀點認為，比特幣的牛市源於總體經濟事件和由此而來的流動性，所以**他們否定減半的主要原因，是因為沒有明確的因果關係**，而且減半引起的上漲模式不合邏輯；也就是說，他們認為區塊獎勵逐漸減少是內建的既定事件，而大部分投資人從很久以前就知道了，因此價格上漲應該發生在減半之前。

吳忌寒是生產 ASIC 礦機的比特大陸（Bitmain）和數位資產金融服務平臺 Matrixport 的創辦人，而他認為，過去三次牛市只是剛好和泡沫出現及消失的週期吻合，與減半無關。馬拉松數位（Marathon Digital，北美大型礦商之一，編按：該公司已於 2024 年 8 月更名為 MARA 控股公司〔MARA Holdings〕）的執行長弗雷德·蒂爾（Fred

Thiel）也認為：「比特幣減半不會帶動上漲，那只是幻想。」

加密貨幣交易所 Coinbase 於 2023 年 6 月發布的報告中，亦能看到類似脈絡，指出減半對比特幣價格上漲及加密貨幣市場的影響不明，分析如下：

「為了分析比特幣減半對市場的影響，應該將流動性、利率、美元動向等要素分開來觀察。雖然減半經常被認為對比特幣價格有正面效果，但過去減半只發生過三次，**用以分析價格和減半關聯性的數據相當有限**。比特幣減半不僅會提高資產的稀少性，還會影響需求和供給，從這一點來看，確實可以解釋，然而並沒有明確的證據可以證明，減半影響了比特幣的行情。」

難道真如他們所說的那樣，是因為牛市期間供應了充分的流動性，才帶動比特幣價格上漲嗎？我們依序看看不同時期吧！

美國金融當局於 2009～2014 年實施量化寬鬆政策，並從 2008 年開始維持了零利率。因此，第一次減半後的牛市與流動性有關。那麼 2017 年的第二次牛市呢？美國在 2017～2019 年推行了量化緊縮；在此之前，2015 年 12 月，零利率結束，來到升息的時期。也就是說，第二次牛市發生在利率轉換期，與流動性的關聯有限。2020～2022 年，美國再次實施量化寬鬆，2020 年 3 月以後維持零利率，可見 2021 年的牛市與流動性有關。結論就是，**有兩次牛市與流動性有關，一次無關**。

Coinbase 報告指出，2016 年 9 月英國退出歐盟（EU）是推動第二次牛市的主因。當英國脫歐（Brexit）成真時，撼動了全世界的匯率，對比受到世界經濟影響的關鍵通貨（Key Currency，編按：國家在國際

收支中使用最多、外匯儲備中比重最大,且可自由兌換、在國際上被普遍接受的貨幣),比特幣被認為是更穩定的資產,價格因而上漲。可以確定的是,英國脫歐開始強化以下敘事:「比特幣是最適合因應金融危機和風險的另類資產,也是地緣政治的資產。」然而,這種程度的影響力還不足以解釋牛市。

　　儘管難以將流動性視為引發牛市的直接原因,但不能否認流動性和比特幣價格有著密切關係。不僅是比特幣,所有資產都一樣,流動性在價格上漲方面至關重要。可是,僅憑流動性的說法,很難完全解釋比特幣的飆漲為何能遙遙領先、勝過其他所有資產。

　　至此,我們探討了以減半為中心的牛市,也明白了供給緊縮是主要因素,不僅要考慮新的供給,還要考慮流通量極度緊縮的情況。減半固然是重點,但很難僅憑「減半」這單一效果來解釋牛市,應該還有其他綜合因素,尤其在未來,需求面很有可能會扮演非常重要的角色。

　　在下一章,我們將觀察比特幣資產目前的價值,以及未來會如何變化,並跟其他傳統資產比較,還會了解比特幣跟其他資產相比有何競爭力。

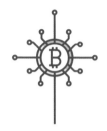

第 2 章

超越黃金、美元，比特幣無可替代

比特幣成為抗通膨避難所

美元指數是衡量美元價值變動的指標，由美元對歐元、日元、英鎊、加元、瑞典克朗、瑞士法郎等經濟規模較大或貨幣價值穩定的主要國際貨幣之匯率，採加權幾何平均法計算後獲得。上述國際貨幣在指數中的占比分別是：歐元 57.6%、日元 13.6%、英鎊 11.9%、加元 9.1%、瑞典克朗 4.2%、瑞士法郎 3.6%。

美元指數以 1973 年 3 月的美元價格為基準點 100，由美國聯邦準備銀行（FRB）定期制定趨勢並公告，指數上升意味著美元價格上漲，下降則意味著美元價格下跌。美元指數是預測股市、國際原物料市場等

項目的主要指標，如果美元指數上漲，以股票為首的資產市場往往會走弱。另外，美國國債利率通常與美元指數呈正相關。

歷史上美元指數最高的時期是 1985 年 2 月，達到了 164.72。為了因應歷史性的強勢美元走勢，當時雷根（Ronald Reagan）政府邀請美國、日本、西德、法國、英國等五個重要國家（編按：即五大工業國組織，簡稱 G5）的財政部長及央行行長到紐約廣場酒店，達成了讓美元貶值的協議案，這就是知名的《廣場協議》（*Plaza Accord*）。後來，1985 年 12 月底，美元指數暴跌至 100.18，創下美元指數編制以來的最大跌幅。美元指數的歷史最低點出現在 2008 年 3 月，低到 70.698。當時美國為了克服全球金融危機，採取了量化寬鬆政策，發行天文數字的美元，使得美元大幅貶值，然後就在這個時候，比特幣誕生了。

美元指數反映總體經濟狀況，而**比特幣跟美元指數呈反向變動**。比特幣誕生的目的，就是要革新現有的信用貨幣系統，帶有反美元的基調，而且發行量限制在 2,100 萬個，不能像美元一樣無限印刷。

從這個角度來看，美元指數是投資比特幣時需要確認的核心指標之一。比特幣正在突顯**價值儲藏資產工具和對抗通膨**等特色。當通膨危機、地緣政治矛盾、中心化的金融系統越不穩定，比特幣的價值就受到越多關注。

很多人仍然把比特幣當作風險資產看待，也有人認為比特幣不是投資資產，而是投機資產。但我認為，自 2023 年開始，大眾對比特幣的看法產生了很大的改變。2023 年初，美國中小型銀行破產，市場陷入了全球金融危機可能重演的極度恐懼之中。當時銀門銀行（Silvergate

Bank）、矽谷銀行（SVB）、簽名銀行（Signature Bank）、第一信託銀行（First Republic Bank）等銀行接連破產，美國股市開始崩盤；不過，比特幣反倒開始上漲。比特幣和那斯達克在 2022 年一整年的聯動，也在這時畫上了休止符，大幅增強比特幣作為另類資產的定位。美國金融體系的危機尚未完全結束，而且還有商業不動產的不良貸款，金融市場依然存在著不穩定性，使得大眾對法定貨幣和中心化金融系統的信任，也逐漸出現裂痕。

倘若這種情況繼續維持，投資人就會尋找能保護資產的避難所，遠離傳統金融的不穩定性，這種傾向很有可能隨著地緣政治衝突擴大而加劇，而比特幣被視為最好的替代方案，因此備受矚目。實際上，**美國**

不同時期的比特幣價格，及跟美元指數的關聯性

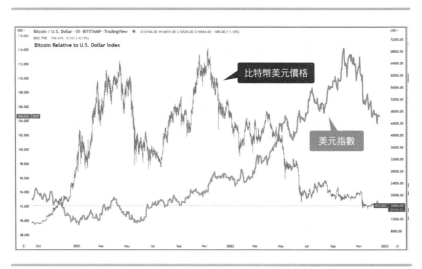

（資料來源：TradingView）

機構投資人已經將比特幣作為抵抗美元通膨的手段。經歷過像阿根廷那樣惡性通膨的外國投資人，也積極採用比特幣（編按：截至 2024 年 6 月，阿根廷過去一年的通膨率累積漲幅為 271.5%）。

美元地位將逐漸式微

　　美元屬於關鍵通貨，而關鍵通貨是指國際團體進行結算或金融交易的基本貨幣。1992～2024 年，美國一直處於貿易逆差的狀態，即進口多於出口。乍看之下或許會無法理解，美國是世界最強大的國家，也是經濟大國，為什麼會出現逆差呢？在這裡可以檢視關鍵通貨必須具備的主要條件。

　　逆差意味著國內生產毛額（GDP）低於整體支出，缺少的數量就要從其他國家進口。綜上所述，淨出口[1] 是 GDP 減去總支出，如果淨出口為負值，就是貿易逆差。

淨出口＝GDP－總支出（民間消費支出＋固定投資＋政府支出）

　　這次我們稍微改變一下觀點。貿易收支的概念並不單純意味著物

---

1 編按：按照經濟學定義，淨出口的算法為「出口毛額－進口毛額」，出口＜進口即貿易逆差，出口＞進口則是貿易順差。至於作者下方的算式，是由 GDP 公式推導而來；GDP 公式為「民間消費支出＋固定投資＋政府支出＋淨出口」。

品越過國境來往，而是更廣泛，包含著資金的流動。淨出口是負值，意味著需要向其他國家借錢。美國是貿易逆差國，表示美國的支出超過美國的 GDP，而且是需要跟其他國家借錢來彌補資金缺口的債務國。

這樣的結構之所以成立，是因為美元作為關鍵通貨，具有舉足輕重的力量。**全球的經濟和貿易都以美元為中心運作，市場對美元的需求始終存在**。因此美國為了借錢而發行的債券——美國國債，成為了最受歡迎的投資商品。實際上，美國國債也被評為相當安全的資產之一。

美國利用美元作為關鍵通貨的地位，輕鬆向其他國家借取低利貸款。他們以低價借來的錢從外國進口商品，才形成支出高於 GDP 的情況。在這個過程中，輸出商品給美國的國家賺取了美元，當美國進口越多商品，該國家的經濟就越活躍，也有更多美元在全世界流通。

在這種結構下，如果美國變為貿易順差國會怎麼樣呢？先前出售商品給美國的國家，出口會減少，經濟成長率也會下降，這將導致全球經濟萎縮，美元在國際間流動的數量減少，美國身為關鍵通貨國的地位也將受到威脅。

談到這裡，有必要提出一個問題：今後美元能否繼續維持關鍵通貨的地位？會不會出現其他的關鍵通貨？這個爭論已經持續了二十多年，但美元的地位至今依然屹立不搖。不過，**從 2008 年以來，美元面臨危機的呼聲越來越高**也是事實，原因是美國大規模的財政赤字及貿易赤字，已經累積到了無法收拾的程度；再加上美國主權信用評等被下調，美國在全球經濟中所占的比重也逐漸降低，因此，「今後美元的地位將逐漸式微」的預測越來越具有說服力。

比特幣能否取代美元？

那麼，比特幣能否取代美元成為關鍵通貨呢？要回答這個問題，需要更具體地探討關鍵通貨的條件。關鍵通貨是指作為國際貿易結算的方式、評估匯率的指標、外匯存底的貨幣，必須具備以下四個條件：

- **經濟實力**：須能引領世界經濟。
- **可交換性**：須廣泛用於所有國際交易。
- **匯率穩定性**：貨幣快速貶值的風險必須很低。
- **金融市場的發展**：發行國際儲備貨幣的國家金融市場，必須相當先進且高度國際化。

在全世界貨幣中，只有美元滿足上述條件，讓我們跟最近崛起的中國人民幣比較看看。

在環球銀行金融電信協會（SWIFT，全球金融機構間的主要通訊通道）的系統使用比例中，美元為 42.7%，人民幣為 2.3%，兩者存在巨大的差距——在年度交易金額上，以美元支付的 SWIFT 金額高達 150 兆美元，而中國的人民幣跨境支付系統（CIPS）只有 14 兆美元；在全球外匯存底中，美元占 58.4%，人民幣僅占 2.7%，雖然人民幣繼歐元、日元、英鎊之後居第四位，但比重微乎其微。在國際貨幣基金組織（IMF）發行的國際儲備資產「特別提款權」（SDR）中也是一樣，美元占 43.3%，人民幣只有 11.6% 這麼少。最重要的是，以 2022 年的數

據來看，在全球外匯市場中，美元的交易占比接近90%。

美元指數中的歐元、英鎊、日元、瑞士法郎等，都是候選關鍵通貨，然而發行國的經濟規模和各貨幣占全球貿易的支付比重，皆無法取代美元。可能性較高的頂多只有歐元，在經濟規模方面是能取代美元的貨幣地位，不過考慮到歐元區內多數國家正在經歷經濟危機、成員國之間的利害關係緊張對立，歐元顯然不合格。美元是單一國家的貨幣，可以採取一致的經濟政策和貨幣政策，因此比歐元更具穩定性。

究竟比特幣能否取代這樣的美元，站上關鍵通貨的地位？投資人之間確實存在這種期待。不過，比特幣若想具有貨幣價值，必須克服幾個弱點。比特幣需要克服的弱點以及非常可能克服這些弱點的原因如下：

一、價格變動性：以貨幣的角度來說，比特幣的價格波動仍然太大。由於匯率會即時變動，所以支付金額會隨著結算時期不同而改變，這是比特幣的缺點，將造成貨幣可信度下降。不過，比特幣的價值日益穩定，以中南美洲、非洲、東南亞為首，使用比特幣的國家越來越多，比特幣也正在成為當地的法定貨幣。

二、通用性：放眼全世界，使用比特幣的人依然只有少數，比特幣要在全世界普及還需要一段時間。然而，現在不只個人，多個投資機構、企業，甚至是國家都正在採用比特幣，往後通用性將進一步提升。

三、安全性問題：從 Mt.Gox（門頭溝）受駭客攻擊、FTX 破產、幣安遭駭等事件可以看出，加密貨幣交易所存在各種風險，頻頻發生駭客攻擊使投資人受到損失的事件。到目前為止，穩定性還沒有得到確切

的保證。然而，事實上，駭客都是入侵交易所，難以推定為區塊鏈技術的根本問題，比特幣網路就從來沒有被駭客入侵過。

四、中央銀行的管制問題：加密貨幣的使用量越大，民間持有現金的比例就會越少，中央銀行的作用也會越小，還會對貨幣政策造成各種影響。這也跟各國的央行推動中央銀行數位貨幣（CBDC）發行有部分關聯，但是 CBDC 無法取代比特幣，比特幣也無法取代 CBDC，兩者是性質不同的資產，很有可能共存。

總之，比特幣很有可能會進一步強化貨幣地位和資產定位。雖然比特幣確實可能獲得關鍵通貨的地位，但這並不表示美元會立刻被取代，沒必要套上非黑即白的二分法，比特幣和美元今後也會繼續共存。尤其是美元供給不足的國家，可能會帶頭強化比特幣的貨幣功能。最重要的是，如果比特幣站穩了另類資產的地位，就可以避免與美元發生衝突。

中央銀行數位貨幣的四大困境

我們來仔細了解一下 CBDC 和比特幣的關係。CBDC 是「Central Bank Digital Currency」的縮寫，意指各國央行發行的數位貨幣，是將現金、紙鈔數位化的概念。貨幣數位化的構想，是在資訊及通訊技術（ICT）發展的過程中，長期被討論的問題。不過，其實讓各國正式加快開發 CBDC 的關鍵契機並不是比特幣，而是在 2019 年 6 月發布發行計畫的 Libra。

Libra 是由當時在全世界擁有超過 25 億用戶的臉書（Facebook）、亦即現在的 Meta 主導的數位貨幣。他們的目標是創造全世界都能使用的數位貨幣。由於 Libra 這款數位貨幣可以在不受央行管制的情況下發行，因此各國央行對此都非常警戒。

　　為了減少 Libra 的影響力並保護現有金融系統，當時各國央行正式著手開發 CBDC。在全世界的戒備之下，Libra 大幅縮小專案範圍，在改名為「Diem」後，到目前為止都還沒有取得有意義的成果。

　　2020 年，以國際結算銀行（BIS）為核心的六國央行開始推動 CBDC，其中有瑞士、歐盟、英國、加拿大、日本和瑞典。據美國智庫大西洋理事會（Atlantic Council）透露，有 114 個國家正在考慮發行 CBDC，這些國家占全世界 GDP 的 95%，韓國也包括在內。在 114 個國家中，最快推動 CBDC 的國家是巴西、阿拉伯聯合大公國、俄羅斯、新加坡和中國，而在實現 CBDC 方面，中國最為領先。

　　那麼，美國的 CBDC 開發到了什麼程度呢？在其他國家努力開發 CBDC 的兩年當中，**美國對引進 CBDC 採取了較保守的立場**，原因是美元作為關鍵通貨，發行 CBDC 勢必會影響美元所具有的國際地位和領導金融的能力，再加上很多國家都在使用美元，難以貿然數位化。

　　2022 年 1 月，聯準會（Fed）發表了題為〈貨幣和支付：數位轉型時代的美元〉（*Money and Payments: The U.S. Dollar in the Age of Digital Transformation*）的報告，並開始聽取關於引入 CBDC 的意見。後來到了 2 月，波士頓美國聯邦準備銀行和麻省理工學院（MIT）共同發表一份報告，名為〈第一階段數位貨幣行動專案〉（*Project Hamilton Phase*

1），然後在 3 月，喬・拜登（Joe Biden）總統下達了行政命令，要求迅速研究關於 CBDC、加密貨幣等數位資產的規範及政策方向。美國開發了名為「Project Cedar」（試點計畫）的 CBDC 軟體，並由此構建了跨國結算系統使用的區塊鏈基礎框架。美國雖然沒有直接使用分散式帳本技術（Distributed Ledger Technology，簡稱 DLT），但還是結合了區塊鏈的主要技術。

然而，美國引進 CBDC 似乎還需要一段時間，政策問題比技術更重要。美國考慮引進 CBDC 的原因大致可以整理為四點：

首先，其中存在侵犯隱私權，也就是侵犯個人生活的問題。倘若採用 CBDC，就能追蹤所有現金流和資金用途，還能與個人的社會信用評價聯動。言下之意，個人的所有行為都能被追蹤，要是有人違反規定，就能輕易罰款，這可能引發民眾反感。究竟會有多少人願意使用有侵犯個人隱私爭議的 CBDC 呢？每個決定使用現金的人各自有反對理由。

第二，可能會動搖到商業銀行的地位。這是政策面上難以批准 CBDC 的最實質原因。CBDC 由中央銀行發行後，直接匯到個人錢包，不會經過商業銀行。因此，一旦 CBDC 上市，銀行利用存款來籌措、貸放資金並收取利息的存放款業務，可能會變得困難。沒有探索出新服務的銀行可能會逐漸被淘汰。

第三，將會更容易使用量化寬鬆等控制流動性供應的工具。數位貨幣比紙鈔更容易發行，因此也會加劇通膨的風險。

第四，不能排除威脅現有貨幣系統的可能性，有可能發生各種全

新形態的金融犯罪。

想要發行CBDC，就需要經過上述這般多重檢驗，這也是為什麼所有國家都慎重處理CBDC的發行。**目前在全球主要的已開發國家中，正式發行CBDC的國家只有中國**。唐納・川普（Donald Trump）在2024年競選美國總統期間，也承諾將會禁止CBDC。

CBDC會對比特幣產生不利影響嗎？雖然這個議題，正反雙方各持己見，但我認為不會。CBDC是一種支付方式，優點多過比特幣。正如之前提到的，比起數位貨幣，比特幣作為價值儲藏工具的定位變得更明顯。以結算支付層面來說，比特幣足以跟CBDC共存，但兩者在使用方面應該還是有所差異。

另一方面，也有觀點認為，更會威脅美元未來的是CBDC，而非比特幣。數位貨幣新聞網CoinDesk的專欄作者兼作家——邁克爾・凱西（Michael Casey）認為，「以協議為基礎的相容性」讓國家間可以直接交換CBDC，這功能將劃時代地改變國際貨幣系統，其中包含了遠期外匯合約的概念，也就是約定在未來特定日期，以特定匯率兌換特定金額的貨幣；換句話說，如果將其應用在以去中心化的區塊鏈基礎的第三方託管（Escrow）架構上，並以加密技術鎖定，就會發生革命性事件。

假設巴西的農民和中國的養豬業者簽訂了飼料合約，雙方在簽約時，同意以固定的黑奧和人民幣匯率計價。之後，待飼料到達中國，就會根據智能合約（Smart Contract，又譯智慧型合約）將該筆貨款自動轉給巴西農民。倘若系統如此完善，雙方就**不需要信任對方對資金或商**

品的承諾，因為這一切過程都是透過智能合約、以 P2P（點對點）的
方式完成，出口商或進口商無須信任任何第三人，就能保護自己不受交
易期間的貨幣價格變動影響。在這種結構中，就**沒有美金介入的餘地**。

美元霸權出現裂痕的原因，就是美國自己

　　短期內不太可能發生撼動美元關鍵通貨的地位或讓美元霸權崩潰的
事件，但我認為，美元的地位很有可能在漫長時間的流逝中逐漸衰微。

　　以美國和中國為中心的新冷戰時代到來後，國際貨幣支付系統正在
迅速改變，不只是國際貿易及支付環境，以技術革新為首的金融生態也
正在改變，特別是由巴西、俄羅斯、中國、印度、南非共和國組成的經
濟共同體金磚國家（BRICS）正在嘗試多種貨幣，它們排斥以美元為中
心的生態系統，試圖建立新的貨幣體系。

　　以購買力平價（Purchasing Power Parity，簡稱 PPP，編按：根據
各國的價格水準，計算出貨幣之間的等值係數，例如大麥克指數〔Big
Mac index〕就是比較各國點一顆麥當勞大麥克，各自是多少美元）來
看，金磚國家已成長為 GDP 占全世界 36%、人口占全世界 46% 的經
濟合作體，且 GDP 的數值，已經超過了被 IMF 列為世界七大主要發
達國家的 G7（美國、德國、英國、法國、日本、義大利、加拿大）的
29.9%。

　　事實上，美元霸權出現裂痕的原因，很大一部分來自美國。這就
要說到美國在 2012 年和 2018 年將伊朗排除在 SWIFT 之外。事實上，

一旦被排除在 SWIFT 之外，便不可能進行國際金融支付。當時伊朗因為無法用美元交易原油和天然氣等主要出口產品，導致經濟急劇崩潰，外國投資人預期往後將會難以回收資金便減少投資，這使得伊朗的經濟成長減緩，失業率也隨之上升。不過，問題並沒有就此結束。由於進口量減少，商品供給減少，造成物價上漲、通貨膨脹。總之，被排除在 SWIFT 之外的伊朗經濟崩潰，在國際社會上被孤立，不僅外交談判力減弱，國際地位也衰微。SWIFT 的制裁發揮了相當於金融核彈的強大威力。

其他國家對此會是什麼心情呢？當所有支付系統都以美元進行，而且各國將透過出口賺取的美元，投資在美國國內的美元資產時，就會想到最壞的情況——美國突然施加限制。這讓各國開始想要脫離美國主導的金融支付網路。

最快行動的是中國。中國構建了人民幣跨境支付系統「CIPS」，並構建了人民幣國際支付基礎設施，而俄烏戰爭進一步加速去美元的趨勢。戰爭爆發後，以美國為首的 G7 各國加強了對俄羅斯的金融限制，正如預期的那樣，它們將俄羅斯排除在 SWIFT 之外。俄羅斯先前大量投資了美國國債等美元資產，最終，俄羅斯選擇的是中國。俄羅斯與中國 CIPS 合作，讓國內銀行交易使用的「俄羅斯銀行金融信息傳輸系統」（SPFS）能用於國際支付系統。在 2020 年之前，俄羅斯出口貿易中以人民幣支付的還不到 1%，但到了 2022 年 12 月已增加至 16%，至今仍在持續增加。

中國正以自己的跨境支付系統 CIPS 為首，構建人民幣貿易圈，因

此**有人預測，往後會是中國的人民幣成為關鍵通貨**。中國對 CBDC 下了特別多的功夫：他們將數位貨幣「DCEP」設計成在無法上網的情況下也可以使用；此外，當兩個裝置接近時，就能利用 NFC 技術交換數據，這就是用戶以智慧型手機，和特約商店的感應式終端機之間交換數據來支付的方式；還有一個技術名為「互碰即傳」，只要兩臺智慧型手機靠在一起，就能完成支付。DCEP 主要將用於中國境內的交易，但其中也帶有將人民幣推向國際的意涵。

　　人民幣真的能成為關鍵通貨嗎？實際上並不容易。中國的產業結構以製造業為基礎，在經濟上相當依賴出口，此外，中國內需市場的規模比美國更小。美國的內需市場規模為 18 兆 5,979 億美元，占 GDP 的 69%；相反地，中國的內需市場僅有 6 兆 7,206 億美元的規模，只占 GDP 的 38%。若要成為關鍵通貨國，國內經濟規模要夠大且必須以內需為中心，這樣才能維持穩定。中國不可能是貿易逆差國，他們也不願意。不僅如此，中國的資本市場還不成熟，在投資方面仍有諸多限制，政治及外交的影響力不及美國，國家信賴度也不像美國那麼高。

升息和降息對比特幣的影響

　　在整個 2022 年和 2023 年，包括比特幣在內的各種資產的價格，都被利率左右。利率和美元指數的走勢類似，利率上升意味著美元影響力上升，帶動美元指數上升。但其實影響利率和美元指數的因素有所差異，**利率由聯準會的政策決定，美元指數則受美國與其他國家的關係影**

響。因此，當美國的經濟停滯、政治不穩定、其他國家的利率上升時，兩個指標可能會出現不同的動向。重點是，這兩個指標都顯示出美國經濟的健康狀態和美元的影響力，兩者也都與通貨膨脹密切相關，從投資觀點來看，兩者都是必須參考的指標。

利率由聯邦公開市場委員會（FOMC）決定。FOMC是決定美國金融政策的最高決策機構，由可說是美國央行的聯準會的七名理事，加上五位各地區聯邦準備銀行行長組成。

聯準會每年定期召開8次FOMC會議。2013～2022年這10年中，在80次FOMC定期會議期間，共有20次變動，其中邁小步（baby step，升息25bp／1碼）10次、邁大步（big step，升息50bp／2碼）2次、邁超大步（giant step，升息75bp／3碼）4次，以及降息4次（編按：bp意指基點，每25bp為1碼，兩者都是調整利率時常用的單位，而1碼為0.25%，25bp就等於0.25%）。總而言之，就是上調利率16次、下

FOMC定期會議和比特幣價格（2013～2022年）

FOMC 定期會議	總計	比特幣價格	
		上升	下降
+25bp／升息 1 碼	10 次	5 次	5 次
+50bp／升息 2 碼	2 次	0 次	2 次
+75bp／升息 3 碼	4 次	3 次	1 次
降息	4 次	2 次	2 次

（資料來源：聯準會）

調利率 4 次。

在升息當天，比特幣的價格有何變化？觀察 16 次升息時的比特幣價格，會看到 8 次上漲，其餘 8 次下跌。降息時期如何呢？則是上漲 2 次、下降 2 次。以數據來看，即使利率決定上調，比特幣的價格也不會立刻下跌；換作利率下調，價格也不是一定上漲。

重要的是基準利率下調的原因。一般來說，經濟蕭條時會為了刺激經濟而降息。在這種情況下，應該解釋成是因為經濟困難而降息。因此，降息可以解釋為經濟不景氣的訊號，風險資產的價格可能會在短期內下跌。比特幣價格在降息時會短期波動的另一個原因是不確定性，機構會為了因應不確定性而暫時增加安全資產的比例。

然而，過了一段時間後，當利率已經充分下調、進入穩定期時，比特幣就會是非常有吸引力的資產。因此，儘管比特幣的價格可能會在開始降息的短期內下跌，但從中長期來看，價格很有可能會上漲；也就是說，**從長遠的角度來看，對比特幣而言，升息很有可能是利空，反倒降息很有可能是利多。**

升息通常是央行用來抵抗通膨的手段。一旦升息，企業和個人借貸就需要更多成本，使得經濟活動減緩。另外，如果基準利率上升，企業的收益折現率（編按：指企業未來現金流折算為現值所使用的利率）就會增加，像存款這種安全資產的利率也會上升，而多數主流金融機構認為的風險資產「加密貨幣」，吸引力則會減少；相反地，如果基準利率降低，風險資產的吸引力就會增加。至於降息，則會造成貸款增加、儲蓄減少、消費增加、資產價格上升，如此就能增加在市場流通的資

金，刺激經濟活動，提高流動性。

M2 貨幣[2] 被稱為「廣義貨幣」，從其流向也能看出流動性與比特幣價格的關係。M2 貨幣是短期內可使用的錢，新聞中經常出現的「流動性」就是指 M2。從下圖可以看到 M2 和比特幣的移動方向相同。

順帶一提，從加密貨幣投資人的立場來看，比特幣是安全的另類資產。比特幣作為去中心化資產，不受政府或中央銀行控制，由於數量被限制在 2,100 萬個，故被認為是對抗通膨的工具。因此，當通膨的隱

比特幣價格和全球 M2 貨幣的關係

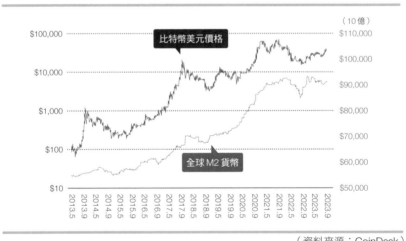

（資料來源：CoinDesk）

---

2 編按：M2 來自經濟學中貨幣供給額的類別，最常見的是 M0、M1、M2 等三種類別。M0 為現金貨幣，即流通中的現金；M1 為狹義貨幣，意指 M0 加上活期存款；M2 是廣義貨幣，涵蓋 M1、定期存款和儲蓄存款。不過，各國的表示方式可能有所不同，例如臺灣的 M1 還有細分成 M1A 及 M1B，英國的廣義貨幣可以分成 M2、M3、M4，細節項目也略有差異。

憂增加時，大眾就會為了保護資產而投資比特幣。但是在傳統金融界，依然有更多人認為比特幣是風險資產。

不再只是「數位黃金」

黃金（Gold）是人類歷史上最古老的交易工具，也是代表性的另類資產。在高流動性的環境下，黃金作為能夠對抗通膨風險的資產，一直以來都最受關注。比特幣是參考黃金的特點和價值結構設計出來的，比特幣和黃金一樣，隨著開採量越多，新開採的難度增加，稀少性和價格也跟著提高，**兩者最大的共同點是供應量有限**。比特幣有著類似於黃金的特性，從而強化了「價值儲藏」的定位，同時獲得「數位黃金」的稱呼。實際上，之後比特幣也表現出相似於黃金的模式。

兩者還有另一個共同點，就是沒有內在價值，難以正確估價。以現金流為基礎的股票等傳統資產的估價模型，比特幣並無法適用，而黃金因為很久以前就在交易，所以相對來說，能估價的一般標準比比特幣更完整。比方說，可以利用黃金和白銀的價格比率（金銀比）、金價跟物價上漲率的比較等指標，來判斷目前價格是高估還是低估。反觀比特幣，雖然只有短短 15 年的歷史，卻具備了包括鏈上指標在內的多種估價工具。當然，如果要擴大到整體加密貨幣，那就另當別論了，山寨幣的估價標準比比特幣更不健全，難以判斷長期價值。

包括安・豪柏・戴爾柏格（Anne Haubo Dyhrberg）於 2016 年發表的《比特幣、黃金和美元》（*Bitcoin, Gold and the Dollar*）在內，有多篇

論文都驗證了比特幣價格和金價呈現高度相關。研究機構在調查相關係數時也發現，黃金和比特幣經常密切相關，但 2021 年以後，比特幣的趨勢卻是跟著那斯達克綜合指數聯動，並非黃金，而且在聯準會開始急速升息的 2022 年，比特幣一直緊跟著那斯達克綜合指數的走勢。

2023 年，比特幣又恢復成與黃金類似的走向，其原因如前面所述，就是美國發生了中小型銀行破產事件。2023 年 4 月，比特幣和黃金的相關性雖然達到 50%，但這段時間並不長，後來過了三個月左右，在 2023 年年中，差距開始拉大，到了 2023 年 6 月，比特幣和黃金價格的 30 天相關係數出現了負值。**相關係數越接近 1，表示兩個資產越接近同步移動，這被稱為「掛鉤」（Coupling）；相反地，如果相關係數接近 –1，就表示兩個資產沒有同步，而是接近反向移動，通常被稱為「脫鉤」（Decoupling）**。由於相關係數很低，可以說比特幣已經超越了單純的「數位黃金」這一稱呼，正在建立獨立的定位。

黃金上漲 14%，比特幣則是 144%

現在我們從兩個方面來比較一下比特幣和黃金。

首先是投資面的比較。**以投資的角度來看，比特幣和黃金哪個資產是更明智的選擇呢？**在國家層面，對黃金的需求很大。黃金是中央銀行擁有的代表性準備資產（編按：貨幣當局所控管、隨時可動用的國外資產），占全球外匯儲備量 10% 左右。光看中國也能知道黃金的重要性——中國在持續減少美國債券持有量的同時，持續增加黃金持有量。

不過，以投資的角度來說，要靠黃金賺錢實在是盲目的幻想。看看過去數十年間金價的變動吧！相較於比特幣和美國股票，黃金的投資報酬率真的更好嗎？

把歷史攤開來看，黃金價格在什麼時期大幅上漲呢？為了正確了解金價上漲的背景和情況，首先要觀察金本位制。所謂金本位制，是將貨幣價值與純金的重量掛鉤的貨幣制度，美國從 1944 年開始以布列敦森林制度（Bretton Woods system，編按：以美元作為國際貨幣中心的貨幣制度；布列敦森林位於美國東北部的紐罕布夏州，是開會討論出此制度的地方）推動金本位制，將 1 盎司黃金訂為 35 美元，從此就固定了黃金價格。

不過，後來美國為了籌措越戰資金而大規模印製美元，導致貨幣價值下降，結果到了 1971 年，時任美國總統理查・尼克森（Richard Nixon）單方面廢除金本位制，因此後來的世界貨幣市場改為浮動匯率制。在美國霸權下，直到現在，原油還延續著只能用美元支付的「石油美元」體制。

金本位制的問題是，全球經濟規模幾乎被迫受制於黃金供應量，所以金本位制的廢除，成了經濟能更快速成長的因素。從廢除金本位制的那一刻起，黃金價格就開始暴漲，之前每盎司固定在 35 美元，但現在上限消失了。廢除金本位制後，1971 年時黃金價格約 44 美元，1980 年竟飆升到了 590 美元，10 年間累積報酬率達到了 1,240%，這是因為大眾發現美國黃金不足，稀少性推動價格上升。但是到了 1980 年代，情況改變了——1980 年的黃金價格是 590 美元，進入 2000 年後下跌到

275 美元，在那 20 年當中經歷了嚴重的停滯期。

後來，黃金 ETF 的出現，帶動了金價反彈。以前只有少數投資人可以購買黃金，但黃金 ETF 出現後，投資門檻降低，個人投資者也可以像買賣股票那樣交易黃金。2001 年價格為 277 美元的黃金，在 ETF 的幫助下，2010 年上漲至 1,405 美元，10 年間的累積報酬率為 410% 左右。上漲趨勢一路持續到 2011 年底，但在那之後超過 10 年，價格都沒有再出現明顯變化，直到 2023 年 10 月才又開始逐漸上漲。

然而，比特幣的價格表現卻輾壓黃金。**比特幣在 2023 年上漲了 144%，而黃金只上漲了 14%**。以統計數字來看，比特幣的價格漲幅超過金價漲幅的 10 倍。

黃金 ETF（GLD）上市後的價格變化

（資料來源：TradingView）

　　以下以更直觀的方式比較黃金和比特幣：在 2011 年，1 盎司黃金約為 1,700 美元，比特幣為 13 美元，可以用 1 盎司黃金購買約 130 個比特幣；在 2017 年，1 盎司黃金約為 1,450 美元，比特幣為 1,350 美元，可以用 1 盎司黃金購買 1.1 個比特幣；到了 2024 年初，1 盎司黃金約為 2,000 美元，比特幣則是 4.5 萬美元，1 盎司黃金只能購買 0.04 個比特幣。此外，以投資的角度來看，比較期間拉長到 10 年以上，比特幣的表現也比黃金更出色。

　　市場經常比較比特幣現貨 ETF 與黃金 ETF，長期來看，兩者趨勢皆為上漲。但以貝萊德為首的全球資產管理公司，大舉投入加密貨幣市場，比特幣資產的性質也比黃金更多元，故將取得更出色的報酬率。

2023 年各項主要資產的報酬率比較

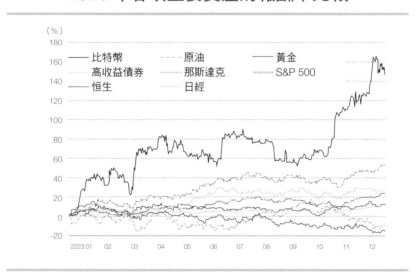

（資料來源：Kaiko）

那麼，比特幣能否超過黃金的市值（價格×供應量）？截至 2024 年 1 月，黃金的市值為 13.6 兆美元，股價全球第一的蘋果（Apple）市值為 2.8 兆美元，比特幣的市值為 0.85 兆美元。由此來看，黃金市值大約是比特幣的 16 倍（編按：雖然前面提到，比特幣漲幅大、價格高、

世界資產排名（截至 2024 年 3 月 15 日）

排名	資產	市值（美元）	價格（美元）	每日變動（%）	30 日變動線	國家
1	黃金	104,501 億	2,159	-0.37		
2	微軟（Microsoft）	30,094 億	416.42	-2.07		美國
3	蘋果（Apple）	26,650 億	172.62	-0.22		美國
4	輝達（NVIDIA）	21,950 億	878.36	-0.12		美國
5	沙烏地阿拉伯國家石油公司（通稱沙烏地阿美，Saudi Aramco）	20,140 億	8.32	-0.16		沙烏地阿拉伯
6	亞馬遜（Amazon）	18,110 億	174.42	-2.42		美國
7	字母控股（Alphabet）	17,610 億	142.17	-1.5		美國
8	白銀	14,300 億	25.4	1.38		
9	比特幣	12,860 億	65,423	-5.61		
10	Meta	12,340 億	484.1	-1.57		美國

（資料來源：Companies Market Cap）

報酬率高，但因為供應量不及黃金，所以市值低於黃金）。

在比特幣現貨 ETF 被批准後，未來兩個資產的報酬率差距將進一步擴大。雖然比特幣要超越黃金的市值還言之過早，但從過去的循環來看，也並非不可能。

比黃金更理想的價值儲藏工具

前面比較完投資面，接下來是作為價值儲藏工具的比較。黃金真的是比比特幣更出色的價值儲藏工具嗎？我認為並非如此。若比較價值儲藏工具應具備的屬性，會發現比特幣更具優勢。價值儲藏工具應具備的屬性大致有八種，我們來比較一下各屬性：

① **耐久性（Durable）**：應不易腐爛或破碎。

② **可攜帶性（Portable）**：應易於攜帶和保管，可安全持有，不易遺失或遭竊，遠距交易也便於使用。

③ **可替換性（Fungible）**：任何一個應跟另一個有同等的價值。

④ **可辨識性（Verifiable）**：應能迅速識別和驗證。

⑤ **可分割性（Divisible）**：應能輕易分割。

⑥ **稀少性（Scarce）**：應無法偽造、數量不多、無法輕易取得或生產。

⑦ **歷史（History）和普遍性**：越是長期被社會視為有價值之物，就越有作為價值儲藏工具的潛力。

⑧ **抵抗審查性（Censorship Resistance）**：機構或政府等外部人士越難強制或禁止一般人持有和使用越好。

① **耐久性（黃金＜比特幣）**：以化學的角度來說，黃金非常穩定，幾乎不會與其他物質發生化學反應。黃金不會腐蝕、生鏽，能維持原本的狀態，耐久性極高，幾千年前鑄造的黃金依然能保存到現在，然而黃金並不完美；相反地，比特幣是以程式代碼的形式存在，不同於容易受損的物理貨幣，比特幣的耐久性堪稱「完美」。

② **可攜帶性（黃金＜比特幣）**：目前 1 公斤黃金的價值約為 1 億韓元（編按：約等於新臺幣 231.3 萬元）。如果想要持有或交易 1,000 億韓元以上的黃金，就需要能搬運 1 公噸黃金的車輛或船舶等運輸工具，因此黃金是可攜帶性相當低的資產之一；相反地，價值上億美元的比特幣都可以儲存在小小的 USB 裝置裡，輕易就能隨身攜帶。只要連上網，再大的金額都可以在幾分鐘內傳送到世界上任何角落。比特幣是所有價值儲藏工具中最方便攜帶的。

③ **可替換性（黃金＜比特幣）**：摻有雜質的黃金跟純金無法按一比一的比例替換，只有同等純度的黃金才能替換；相反地，在網路上發送的所有比特幣都具有一樣的價值。實際上兩個比特幣是可以互換的。

④ **可辨識性（黃金＜比特幣）**：投資人被鎢合金或鍍銅的假金條欺騙的事件時有所聞。國際主要銀行出現假金條的消息，曾一度成為話題。不過，如果是使用比特幣，就不用擔心這個問題；比特幣擁有者可以使用加密簽名，公開證明自己的比特幣所有權。

⑤ **可分割性（黃金＜比特幣）**：黃金只能在超過攝氏 1,000 度的高溫中熔化，因此需要工業設備，儘管可以用物理的方式分割，但分割得越小就越難使用；相反地，一個比特幣可以分成 1 億個小單位，這種小單位稱為「聰」（sats）。

⑥ **稀少性（黃金＜比特幣）**：世界黃金協會的報告顯示，歷史上共開採 20 萬 1,296 噸的黃金，還有 5 萬 3,000 噸黃金埋在地底下，說不定實際上還有更多。只要出現更划算的開採方法，黃金供應量顯著增加也不是不可能。另一方面，比特幣被設計成最多只能生成 2,100 萬個，目前已經挖出 94% 左右，而且比特幣的持有者可以知道自己的持有量占總供應量的百分之幾。

⑦ **歷史和普遍性（黃金＞比特幣）**：黃金是歷史最悠久的貨幣商品。遠古時期鑄造的金幣至今仍保持著一定的價值，全世界大部分國家也都認可黃金的價值。比特幣的歷史雖然比黃金短得多，卻在市場上經歷過充分的試驗，其價值獲得了認可，往後很有可能繼續作為有價資產。不過，規範相關問題還沒有完全解決，也有可能再出現其他的驗證過程。

⑧ **抵抗審查性（黃金＜比特幣）**：比特幣的去中心化讓其擁有抵抗審查性。拜這種分散化特性所賜，理論上單一主體難以控制或審查比特幣交易，這是黃金沒有的特性。

在這八項屬性中，除了歷史和普遍性，比特幣在各方面都優於黃金，不過「耐久性」還有需要再考慮之處。因為比特幣目前只存在 15

年左右，現在就下結論說「耐久性勝過黃金」還言之過早。但是到目前為止，比特幣網路本身一次也不曾受到駭客攻擊，而且儘管多個國家試圖限制，比特幣卻依然持續成長。以這點來說，比特幣的耐久性確實越來越強。

有個概念叫做「林迪效應」（Lindy effect），像技術、創意、知識等不會腐爛的東西，只要存在時間越久，剩餘壽命或預期壽命就會越長。**比特幣也適用林迪效應。如果比特幣在未來 20 年內繼續存在並取得普遍的信任，人們就會認為比特幣可以永遠存在**，就像今天幾乎沒有人認為網路會消失一樣，區塊鏈和加密貨幣也是如此。

黃金和比特幣的通貨膨脹率和前景

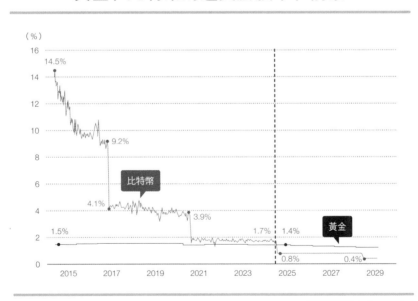

（資料來源：glassnode）

　　與此同時，在通貨膨脹率方面，比特幣也成為了大勝黃金的資產。黃金目前的通貨膨脹率為 1.4% 左右，算是通膨率非常低的資產了；但是比特幣在第四次減半以後，通膨率降到 0.8%。也就是說，作為價值儲藏工具，比特幣比黃金更具優勢。

地位轉變，從類科技股到另類資產

　　比較完比特幣和黃金，接著來比較比特幣和股票。

　　前面提到，比特幣和黃金一樣沒有內在價值，比特幣的價格只能透過供需形成，因此判斷價值的標準與股票截然不同。通常股票是使用以現金流為基礎的估價模型，最具代表性的是現金流量折現法（Discounted Cash Flow，簡稱 DCF，編按：未來的預估現金流都被折現到現值，以此計算公司企業的估值）。

　　傳統資產市場的大師批評說，比特幣本身不能創造銷售或利潤，也不能產生自由現金流（Free Cash Flow，簡稱 FCF），因此沒有價值。不過，這是沒有正確理解比特幣而產生的誤會，如果他們的說法為真，比特幣的價格怎麼會在 15 年的時間裡，上漲百分之數十萬？

　　之所以將比特幣與股票比較，是因為有一段時間，比特幣的價格與美國股市走向類似，特別是與那斯達克類似（編按：那斯達克股市以科技股為主。選取在那斯達克交易所掛牌上市的股票作為成分股的指數，即那斯達克指數，其中又可分成那斯達克 100 指數及那斯達克綜合指數，前者會挑選市值排名前 100 的股票，後者則包含了所有股票）。

比特幣和那斯達克指數出現同步的趨勢是從 2021 年以後。在 2021 年之前，比特幣和那斯達克指數的相關係數僅約 0～0.2，但 2021 年 1 月卻上升到了接近 0.7。比特幣為何開始與那斯達克指數同步？因為從 2021 年大多頭時期開始，機構投資人的資金大舉流入。先前機構投資人不曉得比特幣的本質，但後來他們知道比特幣的基礎是區塊鏈，而區塊鏈是第四次工業革命的創新技術，因此他們將比特幣比擬成那斯達克的中型科技股。不過，從資產的角度來看，比特幣的資產定位更穩固了，因為比特幣價格上漲的原因不是技術，而是總體經濟或減半等因素，這表示，比起技術觀點，從經濟學的角度解釋比特幣更有效。

比特幣和那斯達克指數的同步持續到 2022 年，兩者的相關係數平均保持在約 0.6。以那斯達克為首的科技股股價會提前考慮到未來的價值，所以對利率和總體經濟環境的變化非常敏感。這意味著當時機構認為比特幣是波動大的高風險投資商品，能帶來高報酬。**2023 年初發生的中小型銀行破產事件，使得兩者的同步告終。** 該事件讓投資人開始認為比特幣不再是那斯達克的科技股，而是能夠對抗金融脆弱性的工具。

加密貨幣市場分析公司 Kaiko 的數據顯示，2023 年 11 月，比特幣和那斯達克 100 指數的相關係數跌到了負值，這意味著兩者是反向變動的。在 2024 年比特幣現貨 ETF 被批准後，現在有更多機構投資人的資金正在流入，但為什麼兩者沒有再次掛鉤了呢？**因為比特幣已經站穩了另類資產的地位。今後機構不再單純地將比特幣視為提高報酬率的工具**，將比特幣編入投資組合的原因，已經與編入那斯達克績優股的原因截然不同。現在，我們對比特幣應該持有與過去不同的全新觀點。

比特幣與那斯達克 100 指數的相關係數

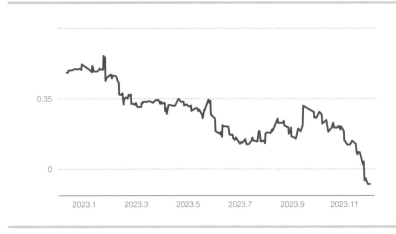

（資料來源：Kaiko）

投資組合宜分散，加密貨幣成為新選擇

　　在與各種資產比較後，可以發現比特幣是一種與傳統資產截然不同的多元資產。這種多元的定位，是機構投資人投入資金的最重要關鍵。

　　「不要把雞蛋放在一個籃子裡。」投資人一定都聽過這句格言。這是 1981 年諾貝爾經濟學獎得主詹姆士・托賓（James Tobin）說過的話，他確立了「金融投資組合理論」，分散投資的重要性也廣為人知。

　　還有一位將分散投資發展成更細膩的理論，他就是在 1990 年以「現代投資組合理論」獲得諾貝爾經濟學獎的哈瑞・馬寇維茨（Harry Markowitz），名言「分散投資能帶來白吃的午餐（Free Lunch）」，挑戰經濟學的一個基本原則——「天下沒有白吃的午餐」。

馬寇維茨在 1952 年發表的論文《投資組合選擇理論》（*Portfolio Selection*）中，用數學證明了分散投資的效率，他透過這篇論文指出，分散投資可以降低風險、提高報酬率。被稱為「機構法人界的華倫·巴菲特（Warren Buffett）」的大衛·史雲生（David Swensen）向馬寇維茨取經後，將馬寇維茨的理論運用到耶魯大學的校務基金上。1985 年史雲生接手時，耶魯大學基金規模為 10 億美元，但到了 2019 年竟然增加到 294 億美元，增加近 30 倍，每年平均報酬率為 13.7%。校務基金必須不受外部資本的擺布，永遠保持穩定，從這點來看，史雲生創下的紀錄被評價為最高的成就。馬寇維茨的現代投資組合理論，已成為所有機構投資人的公式。

從管理顧客資產的立場來看，機構不能盲目追求高報酬，將損失極小化的策略也和提高報酬一樣重要；也就是說，必須提供客戶「長期」可維持的報酬率，也要為此建議客戶「CP 值」高的投資戰略，讓他們負擔適當費用，同時達到目標報酬率。

根據現代投資組合理論，如果**投資組合內很多資產的相關係數很高，並不利於規避風險**。因此，將與傳統資產截然不同的比特幣放入投資組合，可謂理所當然。

從右頁圖可以看到，**比特幣與其他傳統資產的相關係數很低**。比特幣和黃金的相關係數是 0.15，低於和白銀的相關係數 0.26；和石油、天然氣等原物料的相關係數也很低；和債券的相關係數是 0.11，可以說幾乎與比特幣沒有關係。相較之下，比特幣與成長型基金（編按：即主動型股票，會有主動挑選潛力股作為成分股的過程）有較高的關

聯，但這種情況也很有可能隨著時間推移而改變。正如之前在說明比特幣與那斯達克的關係時提到的，比特幣作為另類資產的地位越來越高，不再是波動性高的風險資產。

在這裡談一個有趣的小插曲。2021 年，全球最大避險基金（Hedge Fund，編按：又稱對沖基金，最早是透過同時買入及賣出相關聯的金融商品來風險對沖，現今則會運用現貨和衍生性的金融商品，達到降低風險的目的）公司——橋水基金（Bridgewater Associates）創辦人瑞·達利歐（Ray Dalio）在紐約的 SALT 全球思想領袖論壇上進行演說時提到：「如果比特幣獲得成功，當局就會試圖扼殺。他們有能這樣做的手段。」然後向聽眾提問：「現場有多少投資者擁有黃金？多少投資者擁

比特幣與傳統資產的相關係數（截至 2023 年 9 月）

左邊表格的項目由上到下、由左到右分別是比特幣、以太幣、萊特幣 LTC、艾達幣 ADA、瑞波幣 XRP、黃金、白銀、天然氣、石油、彭博商品指數 BCOM；右邊表格的項目則是比特幣、以太幣、萊特幣、艾達幣、瑞波幣、被動型股票、主動型股票、被動型債券、主動型債券。

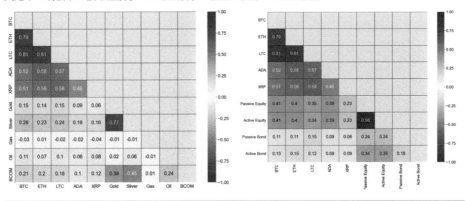

（資料來源：glassnode）

有加密貨幣？請舉手。」

　　大部分的與會者是機構投資人、基金經理等金融界人士。據說，在現場舉手的調查中，加密貨幣取得壓倒性的勝利，**約 7 成的與會者舉手表示自己正在投資加密貨幣**，無論方式為何；相反地，**表示自己正在投資黃金的人還不到一半**。

　　專門調查加密貨幣的機構 K33 Research 在報告中表示：「比特幣現貨 ETF 得到批准後，擁有比特幣敞口（Exposure，編按：可理解成暴露在風險的部分。從事什麼金融活動，對應就有什麼敞口，例如買入比特幣相關資產，就會有比特幣敞口）的方式將會被簡化，還有助於提高傳統 60／40 投資組合（股票 6 成、債券 4 成）的效率。」還強調，比特幣是強而有力的投資組合多元化工具，價值已經過驗證，在投資組合中持有 1% 比特幣的投資者，比其他沒有持有比特幣的投資者取得了更好的成果，多了 3.16%。

　　華爾街的資本正在湧向比特幣，往後機構對比特幣的需求將大幅增加。從機構的立場來看，不投資比特幣的理由很少，而該投資的理由太多了。

比特幣如金融超級高速公路，預估價值 350 萬美元

　　最看好比特幣長期價格的人，應該是方舟投資（ARK Invest）的執行長凱西・伍德（Catherine D. Wood）吧？韓國投資人稱伍德為「搖錢樹姐姐」。她的理論大多也立足於馬寇維茨的現代投資組合理論。

2021 年，伍德在 CNBC（全國廣播公司商業頻道）節目上稱，如果機構投資人將投資組合中比特幣的比例增加 5% 左右，那麼比特幣價格將有可能上漲到 50 萬美元。之所以機構投資人將比特幣納入投資資產，勢必會讓價格上升，是因為比特幣的型態與其他資產非常不同。她以投資多元化的觀點認為，避險基金等大規模機構投資人正在持續增加投資加密貨幣的比例。

方舟投資每年 1 月都會發行「Big Ideas」（重大創意）報告，提到對比特幣的長期展望，而在 2023 年的報告中，預測了比特幣在 2030 年 12 月 31 日之前可能達到的目標價格。在最好的「樂觀假設」（Bull Case）中，她認為一個比特幣足足值 148 萬美元；在基本假設下是 68 萬 2,800 美元；最後，最差的「悲觀假設」（Bear Case）中，則是 25 萬 8,500 美元。

方舟投資是根據什麼計算出這種價格的呢？他們提出了企業財務、匯款網路、國庫、新興市場貨幣、結算網路、防止扣押資產、機構投資、數位黃金等八個面向。我們看看在樂觀假設中，比特幣在各項應該要占多少比重：

- **企業財務**（Corporate Treasury）：占 S&P 500 企業現金的 5%。
- **匯款網路**（Remittance Asset）：占國際匯款的 25%。
- **國庫**（Nation State Treasury）：占全球外匯存底的 5%。
- **新興市場貨幣**（Emerging Market Currency）：在新興市場中占廣義貨幣的 10%。

- **結算網路**（Economic Settlement Network）：達到美國銀行支付結算額的 10%。
- **防止扣押資產**（Seizure-Resistant Asset）：占世界高淨值人士資產的 5%。
- **機構投資**（Institutional Investment）：占機構投資組合的 6.5%。
- **數位黃金**（Digital Gold）：達到黃金市值的 50%。

　　方舟投資樂觀看待比特幣網路成長的根據是什麼呢？首先，可以從礦工的動向中找到根據。2022 年的加密貨幣寒冬比任何時候都長，儘管當時 LUNA 幣事件、FTX 破產等重大議題席捲了市場，但礦工仍堅守崗位，算力不斷突破歷史新高。

　　還可以從機構的動向中找到其他根據。就連在熊市期間，機構也一直關注比特幣，並透過多種商品來增加比特幣敞口；敞口意指暴露在特定資產或市場會面臨的風險之中，在投資特定資產或市場時產生。

　　另外值得關注的是，比特幣長期持有者的比例持續增加，這也使得用於結算和匯款的比特幣增加；不僅如此，為了防止投資人的信心崩潰，交易所進一步加強透明度，而且也更了解去中心化這價值的重要性。最終結果就是，比特幣奠定了往後也能大幅上漲的良好基礎。2024 年 4 月，伍德稱比特幣為「金融超級高速公路」（Financial Super Highway），並認為從數學的角度來看，比特幣的價格可以上漲到 350 萬美元。

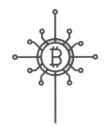

第 3 章

從機構到國家，看法逐漸改變

比特幣價格大事記

　　2009 年還不到 1 美元的比特幣，在價格上漲到天文數字之前發生了什麼事情呢？前面提到，比特幣的成長並不是偶然。讓我們按照時間順序，整理一下影響比特幣價格上漲的重要事件，便能看出在比特幣成長方面，什麼是最重要的。

2008～2009 年是比特幣的萌芽期。

　　2008 年比特幣白皮書（White Paper）公開發布。2009 年 1 月 3 日創世區塊生成；10 月，首次將比特幣的價值換算成美元的「New Liberty Standard」（新自由標準）交易所成立，不過大部分交易都是在網路社

每年比特幣的美元價格（截至 2024 年 4 月）

年分	起始價	最高價	最低價
2010 年	0.003	0.4	0
2011 年	0.3	32	0.29
2012 年	4.7	16	4
2013 年	13.3	1,163	13
2014 年	805	936	310
2015 年	318	465	172
2016 年	434	981	351
2017 年	966	19,892	784
2018 年	13,657	18,343	3,217
2019 年	3,844	13,017	3,401
2020 年	7,200	29,096	3,850
2021 年	28,951	68,789	29,796
2022 年	46,379	47,835	18,490
2023 年	16,537	44,745	16,537
2024 年	44,160	-	-

註：根據所選的資料來源，數據會有所不同，特別是在最初幾年。

（資料來源：Bitcoin Magazine）

群「比特幣論壇」（Bitcointalk Forum）上進行。儘管當時希臘爆發了歐債危機，但比特幣價值儲藏的敘事尚未形成，所以並沒有影響比特幣的行情。

2010 年，比特幣交易開始以社群為中心進行。

5 月 22 日，比特幣網路初期礦工兼開發者拉斯洛·哈涅茨（Laszlo Hanyecz）用 1 萬個比特幣買了兩片披薩。這是**首次以比特幣購買實物商品**的交易，因此將這天訂為「披薩日」，至今仍是比特幣社群的重要紀念日。7 月 18 日，第一間大規模比特幣交易所 Mt. Gox 成立。

2011 年，比特幣的匿名性和抵抗審查性突顯出來。

暗網「絲路」（Silk Road）在交易毒品等非法物品時使用比特幣，使得比特幣的流通數量開始顯著增加；揭露美國政府祕密的維基解密（WikiLeaks）在帳戶被凍結後，透過比特幣接受捐贈，這讓比特幣開始受到社會的廣泛關注。4 月 26 日，比特幣創辦人中本聰留下最後一封郵件後銷聲匿跡。

2012 年，比特幣迎來了第一次減半。

6 月，Coinbase 交易所成立，比特幣於 11 月 28 日迎來了第一次減半。賽普勒斯因爆發金融危機，向歐盟申請救助金，比特幣因而成了資產的避稅天堂（編按：賽普勒斯因為本身的低稅率，吸引了很多海外資產，但 2012 年底爆發金融危機，歐盟願意援助，條件是賽普勒斯要對銀行存款多收稅，最後賽普勒斯在 2013 年初接受條件，這讓資產擁有者紛紛決定使用比特幣來轉移資金）。在賽普勒斯因金融危機而接受援助之前，比特幣價格大約 40 美元，卻在短短兩個月內上漲 2 倍以上。

2013 年，比特幣首次出現牛市，隨即受到中國的阻撓。比特幣在八週就創下了 840% 的驚人漲幅，卻因中國禁止金融機構使用比特幣，導致價格大幅下跌。

2014 年，比特幣首次發生了加密貨幣寒冬和 Mt. Gox 遭駭客入侵的事件。駭客入侵 Mt. Gox，不僅盜走了 85 萬個比特幣，還使得比特幣價格暴跌，大幅動搖投資人對比特幣的信任。不過，這也加大「加密貨幣交易所應加強安全措施、提高加密貨幣限制」的呼聲。

2015 年，比特幣區塊大小的爭議越演越烈。

6 月 22 日，加文・安德森（Gavin Andresen）和麥克・赫恩（Mike Hearn）帶頭呼籲比特幣區塊大小應增加到 8MB。8 月，比特幣網路的第一個硬分叉「比特幣 XT」（BTCXT）出現。後來，以彼得・威勒（Pieter Wuille）為首的比特幣核心開發者，參與了改善可擴展性的隔離見證（Segwit）軟分叉；簡單來說，隔離見證就是另外儲存交易紀錄中的簽名，以便處理更多交易。

2016 年，比特幣出現第二次減半，發生日期為 7 月 9 日。比特幣價格幾乎全年維持在 350～700 美元之間，後來英國公投確定脫歐時，比特幣價格在年底達到了 981 美元。

2017 年，出現比特幣的第二次牛市和首次代幣發行（Initial Coin Offering，簡稱 ICO）熱潮。

以以太幣為首，掀起了 ICO 熱潮。ICO 這詞源自股票首次公開發行的 IPO（Initial Public Offering），可以理解為第一次公開貨幣或加密貨幣，也就是為了以區塊鏈技術為基礎，製造新的加密貨幣，而向不特定多數投資人募集初期開發資金的過程，通常會發行白皮書，內容包含製造新加密貨幣的動機、目的、經營方式、展望等內容，如此募集初期投資者；而大部分的 ICO 都是以比特幣募資，因此比特幣需求增加，其價

格自然大幅上漲，媒體也越來越關注。不過，不受管制的 ICO 遭遇了各種駭客攻擊、拉地毯（Rug Pull，中途結束計畫，捲款逃跑的行為）詐騙等，加深了大眾對加密貨幣的負面印象。

8 月 1 日，比特幣網路透過軟分叉完成了隔離見證升級，解決了部分比特幣的可擴展性問題，也為閃電網路（Lightning Network，可促進快速的點對點交易）奠定了基礎。隔離見證升級帶來了比特幣現金的硬分叉，由吳忌寒領導的比特大陸和微比特（ViaBTC）等中國礦商成為了核心。8 月 2 日，大型交易所 Bitfinex 遭駭客攻擊，被盜走了 12 萬個比特幣，這是繼 Mt. Gox 之後最嚴重的駭客事件。12 月 18 日，比特幣期貨在芝加哥商品交易所（CME）上市，奠定了傳統範疇資本流入比特幣的基礎，年初還是 1,000 美元左右的比特幣，在 12 月底達到 1 萬 9,892 美元，一年內上漲了近 20 倍。

2018 年，比特幣迎來了第二個加密貨幣寒冬。

1 月，中國下達了停止挖礦的命令。中國政府在沒有指定期限的情況下，下令「有秩序地撤離」。比特幣的價格在第一季結束時已經比 1 月分的價格下跌了近 50%，年末又比年初下跌了 73%。11 月 15 日，比特幣社群對比特幣現金升級的方向產生內訌，分歧為比特幣現金 ABC（BCHABC，維持原比特幣現金的設計）和比特幣 SV（BSV）。

2019 年，隨著機構投資人流入，採用比特幣的動向開始增加。

6 月 18 日，臉書宣布推出自己的加密貨幣 Libra，雖然這對比特幣的價格沒有太大影響，卻是各國中央銀行開始開發 CBDC 的契機。9 月 22 日，擁有紐約證券交易所（NYSE）和 23 個全球交易所、世界最大

的證券交易所集團「洲際交易所」（Intercontinental Exchange，簡稱 ICE）成立了加密貨幣交易平臺 Bakkt，比特幣的價格一整年大致徘徊在 7,000 美元左右。

2020 年，比特幣迎來第三次減半，COVID-19 疫情爆發導致金融市場整體大跌。

3 月，比特幣最低跌至 3,850 美元，跌幅達 75%。5 月，由於第三次減半和聯準會的流動性供應，比特幣價格時隔四個月突破了 1 萬美元大關。商業智慧公司「微策略」是首家藉由持有比特幣上市的公司。

2021 年，比特幣迎來第三次牛市。

2 月，特斯拉（Tesla）宣布取得價值相當於 15 億美元的比特幣；4 月中旬，比特幣價格達到了 6 萬 4,594 美元的高點；5 月，由於中國的挖礦禁令，比特幣價格暴跌至 3 萬 2,450 美元，7 月更創下年度次低價 2 萬 9,970 美元。挖礦禁令使得礦商將 ASIC 礦機轉移到俄羅斯、哈薩克及北美等地，在之後的幾個月裡，算力急劇下降；9 月，算力恢復，還傳出薩爾瓦多將比特幣訂為法定貨幣的消息；10 月，比特幣期貨 ETF 首次獲得批准，市場一片樂觀。11 月 10 日，比特幣價格漲至 6 萬 8,789 美元，是當年度最高價，也是歷史最高價（ATH）。

2022 年，比特幣的第三個加密貨幣寒冬和大規模沒落來臨。

2 月，俄烏戰爭爆發，G7 對俄羅斯的金融制裁（從 Visa、SWIFT 等全球支付系統剔除）加速了世界經濟及金融市場的混亂；5 月 7 日，算法穩定幣 UST 兌換 8,450 萬美元的 USDC（美元穩定幣），UST 開始出現與美元脫鉤的跡象。非營利基金會 Luna Foundation Guard（LFG）為

了維持匯率，拋售了約 8 萬個比特幣來因應，但比特幣價格從 5 月 6 日到 18 日下跌了 44% 左右，最終 Terra 鏈的 LUNA 幣沒落，這讓中心化金融（CeFi）公司 Celsius、Voyager Digital 和避險基金三箭資本（Three Arrows Capital，簡稱 3AC）接連破產。

6 月，FOMC 實施「超大步」（升息 0.75bp ／ 3 碼）後，又連續四次升息 3 碼。9 月 15 日，以太坊透過合併（The Merge）升級，從工作量證明（PoW）轉換為權益證明（PoS）（編按：PoW 和 PoS 都是區塊鏈共識機制，前者靠算力解題來驗證交易、新增區塊，後者則是靠「質押」的加密貨幣數量，質押數量越多，越有機會驗證交易和新增區塊）。11 月，FTX 交易所破產；年末，比特幣價格以 1 萬 6,537 美元收盤，同比去年下降 64%。

2023 年是比特幣打下制度化基礎的一年。

2 月，比特幣 Ordinals（序數）協議推出，可以在區塊鏈個別的「聰」（SAT）上分配特定的識別碼並附加額外數據（銘文）來進行交易，比特幣網路也出現了新的使用事例。3 月，包括矽谷銀行在內的美國主要中小銀行破產，比特幣價格開始恢復，這契機鞏固了比特幣作為另類資產的定位。4 月，歐盟批准了全球第一個《加密資產市場監管法案》（*Markets in Crypto-Assets*，簡稱 MiCA 法案），加強加密貨幣的穩定性和透明性。6 月，香港政府開始實施新的加密貨幣交易所管制。

7 月，貝萊德、富達、富蘭克林坦伯頓（Franklin Templeton）、景順（Invesco）等超大型金融機構，向美國證券交易委員會（SEC）申請了比特幣現貨 ETF 的批准。同一月分，美國聯邦地方法院的安娜莉

莎·托瑞斯（Analisa Torres）法官認為瑞波幣（XRP）非屬證券、而是代幣，因此裁定實際經營和管理瑞波幣的區塊鏈開發公司 Ripple 勝訴（編按：在數位資產交易平臺上發行和銷售瑞波幣並未違反《聯邦證券法》）、美國證券交易委員會敗訴。8 月，虛擬資產管理公司灰度（Grayscale）在與美國證券交易委員會針對灰度將比特幣信託基金（GBTC）轉換為現貨 ETF 的訴訟中勝訴。

11 月，幣安執行長趙長鵬辭職，象徵著加密貨幣的一個時代結束。12 月，FOMC 在 2023 年最後一次定期會議上提出了降息的可能。

2024 年也有過大型事件。

1 月 10 日，美國批准比特幣現貨 ETF，帶動比特幣大漲。4 月 20 日，比特幣第四次減半。5 月 23 日，美國批准了以太幣現貨 ETF。2024 年剩下的重要話題是：繼美國和香港之後，比特幣和以太幣現貨 ETF 能否在其他國家獲得批准？另外，如何解決加密貨幣相關限制也是一個變數。總體經濟的事件尤為重要，降息和流動性供應將會對比特幣價格帶來正面影響。2024 年 11 月舉行的美國大選，也會對加密貨幣的方向帶來巨大影響。目前，川普和拜登分別支持和反對加密貨幣，兩人形成了對立的局面。大多數人認為，加密貨幣會成為此次大選的重要焦點。

比特幣的長期成長，取決於採用率

在比特幣的使用範圍擴大和長期成長方面，最重要的就是「採用」（Adoption）。比特幣網路誕生後，需求主要來自於毒品等非法物

品的交易。這引起了大眾的誤解，以為比特幣很有可能是黑市交易的主要貨幣；比特幣投資市場中過度的波動，大多由個人投資者造成，這也使得比特幣被誤解為投機性資本。不過，現在比特幣的地位不同以往。機構採用比特幣作為資產後，投資比特幣的主體正在從個人轉變為機構。往後，若以國家層面正式採用，比特幣的地位將更加穩固。

　　第二次減半隔年的 2017 年牛市，以及第三次減半隔年的 2021 年牛市，兩者的根本差異為何？2017 年主要是由中國、日本、韓國等東亞的年輕投資人主導市場；2021 年，了解比特幣價值的機構投資人開始正式進入，2021 年 10 月比特幣期貨 ETF 獲批就是證據之一。機構投資人流入意味著比特幣洗刷了賭博或投機性資本的汙名，奠定了長期上漲的基礎。這不僅是一個階段的結束，更代表了新擴展和廣泛採用的開始。

　　從全球資產管理公司的領導人的發言中，也可以看出變化趨勢。在 2017 年牛市期間，摩根士丹利、摩根大通（J.P. Morgan）、高盛（Goldman Sachs）、城堡（Citadel）等眾多金融機構首長和分析家，一致都批評了比特幣。世界最大資產管理公司——貝萊德的執行長拉里・芬克（Larry Fink）在 2017 年 10 月提到：「比特幣是展現全世界洗錢需求量有多麼高的明顯例子。」這段話顯示他將比特幣視為用來洗錢的非法資金；隔年 2018 年，比特幣的價格暴跌了近 74%，當時他們的預測似乎是正確的，但是 6 年後的今天如何呢？芬克推崇比特幣，稱比特幣是數位黃金以及金融革新，還說比特幣是「安全資產轉移」（Flight To Quality），表示比特幣是最安全的資產。

　　還有人也戲劇化地改變了立場——肯・格里芬（Ken Griffin），

他是美國報酬率最高的城堡避險基金公司的執行長。2017 年，格里芬將比特幣投資比喻為鬱金香狂熱（編按：發生於 1637 年，是世界上最早的泡沫經濟事件，起因是荷蘭鬱金香球根吸引大眾搶購，價格不斷炒高，漸漸地買家減少，最終價格崩跌，使各都市陷入混亂）；2018 年，他對於年輕投資人比起投資股票，更被虛擬貨幣吸引而感到惋惜；最終在 2021 年，他因為貨幣投資者不相信美元、只相信比特幣，便將貨幣投資者比喻為伊斯蘭極端主義武裝分子聖戰士。但是，2022 年，他突然說出似乎在反省自己過錯的言論：「我誤判了加密貨幣，加密貨幣市場是過去 15 年來，金融界極具影響力的存在之一。」

當然，也有投資大師沒有正式收回對比特幣的負面評價。最具代表性的是 2023 年 12 月去世的波克夏・海瑟威（Berkshire Hathaway）控股公司副董事長查理・蒙格（Charlie Munger），他將比特幣比喻成老鼠藥以及毒氣彈，並且強烈批評：「不要讓我談論比特幣——那是我見過最愚蠢的投資。這些投資大部分都會歸零。」

可是有個具有諷刺意味的真相。據《富比士》（Forbes）報導，在波克夏的股票投資組合中，2023 年報酬率最高的，就是對加密貨幣友善的銀行 Nubank。2021 年 6 月，波克夏投資了 2 億美元，在 2023 年當時的報酬率超過 100%。

2023 年 12 月，摩根大通的總裁傑米・戴蒙（Jamie Dimon）也曾宣稱，政府應該禁止比特幣，但是其公司區塊鏈部門 Onyx（編按：於 2024 年 11 月 7 日重新命名為 Kinexys）的人數，在最近三年間增加了 3 倍以上，另外，每天有超過 10 億美元的巨大資本正在藉由他們發

行的 JPM 幣移動。不僅如此。摩根大通作為授權參與者（Authorized Participant，簡稱 AP，意指被授權參與 ETF 創建和贖回的機構或個人），參與了多數比特幣現貨 ETF 的業務。

比特幣現貨 ETF 獲批，退休金跟著轉變

2022 年全年，美國聯準會大幅升息，整個資產市場遭受重創，加密貨幣市場甚至受到各種內部不利因素的疊加影響而嚴重下跌。以股票來說，股價跌得越多，往往就有越多新的機構投資人看準低價機會投入。不過，**機構投資人卻難以進入加密貨幣市場**。原因為何？一般人可能會覺得是因為價格波動幅度較大，但這只答對了一部分，更重要的原因是**法律制度和規範還不明確**。

從機構投資人的立場來看，購買和持有比特幣現貨都是非常困難的事情。因此，雖然機構投資人對比特幣有興趣，卻無法直接投資，而是改以間接投資的方式進入市場，比方說，投資灰度的比特幣信託、期貨 ETF、挖礦概念股及相關技術股等。以市值來看，美國前五大礦商是 Riot 平臺（Riot Platforms，股票代號 RIOT）、馬拉松數位（股票代號 MARA）、Cipher Mining（股票代號 CIFR）、8 號小屋（Hut 8，股票代號 HUT）、Terawulf（股票代號 WULF）。除了 8 號小屋之外，其餘四家公司的第二大股東都是貝萊德。

「採用」比特幣的其中一個重要過程，就是現貨 ETF 的批准。如果要深入了解 ETF 批准的意義，就必須了解**貨幣現象**。貨幣現象由 19

世紀英國經濟學家威廉・斯坦利・傑文斯（William Stanley Jevons）提出，意思是特定物品從原先是收藏品，到後來具備貨幣三種功能的過程。這三階段過程包括價值儲藏工具、交易媒介、計帳單位。

貨幣現象的過程＝收藏品→價值儲藏工具→交易媒介→計帳單位

比特幣目前正在經歷的階段，是鞏固貨幣現象中價值儲藏工具的地位，在這個階段，現貨ETF發揮重要的功能，大幅提升了投資的便利性和穩定性。先看看穩定性吧！每個加密貨幣交易所都按照各自制定的方針經營，因此要是遭到駭客攻擊或因突然關閉而造成損失，投資人往往無法受到適當的法律保護。

你可能會產生疑問：「如果不相信交易所，利用個人錢包不就行了嗎？」個人直接保管和管理自己的加密貨幣——「自我託管」（Self-Custody），是投資加密貨幣的重要優點之一，但是程序有點複雜，很難管理，而且一旦弄丟密碼，可能會面臨永遠都找不回來的風險，也就缺乏便利性，使得機構投資人一直不願意投資比特幣現貨。然而，現在比特幣現貨ETF上市，可以像在證券交易所買賣股票那樣買賣比特幣，達到方便且穩定地購買。

換句話說，可以將比特幣現貨ETF的上市，視為總管全世界大部分財富的傳統金融圈跨入比特幣範圍的過程，市場可能會擴大到與至今完全不同的層次。美國股市是全球資本市場的最大核心，同時也是全世界機構投資人最信賴的市場。比特幣現貨ETF在這樣的美國股市上市，意

味著**遵循嚴格經營規範的傳統範疇長期資金，獲得了能流入比特幣的途徑**。因此，除了短期觀點，從長遠的觀點來看，比特幣現貨 ETF 也可以視為利多消息。

事實上，比特幣現貨 ETF 的討論從很久以前就開始了。方舟投資在 2021 年 10 月和 2022 年 10 月兩度向美國證券交易委員會申請現貨 ETF 上市，卻都遭到拒絕，理由是比特幣現貨 ETF 沒有滿足保護投資者的規定。美國證券交易委員會認為，比特幣市場波動幅度大，有詐欺和市場被操縱的風險。當然這只是名義上的理由，美國證券交易委員會無法從邏輯上說明，比特幣現貨 ETF 和期貨 ETF 在保護投資者方面有什麼差別。幸好方舟投資並沒有放棄，在 2023 年 5 月 15 日第三次申請，最終在 2024 年 1 月 10 日獲得了批准。說穿了，貝萊德的存在是此次能獲得批准的主要因素。

跟比特幣現貨 ETF 有關的最重要話題，就是全球第一大資產管理公司貝萊德的加入。貝萊德也不是在一朝一夕間決定加入的，為了布局現貨 ETF，貝萊德一直不斷在準備。2022 年 8 月，貝萊德宣布推出只對美國機構投資人開放的比特幣現貨個人信託（private trust），並決定與美國最大的加密貨幣交易所 Coinbase 合作，為機構投資人提供比特幣的交易及管理服務。這件事帶來兩點啟示：

第一，這讓比特幣基金市場內以機構為銷售對象的競爭加劇。第二，貝萊德參與，改變了監管機構對加密貨幣及相關投資商品的態度。

之前關於加密貨幣的各種問題，美國監管機構一直模糊應對，但在全球最大的資產管理公司貝萊德參與後，它們就改變了態度。為了讓

美國退休基金等長期資金打下持有加密貨幣的基礎，美國證券交易委員會必須加快腳步，努力消除不確定的限制因素。綜上所述，監管機構制定了適當的市場監管與指導，成為推動行業發展的重要催化劑。

比特幣現貨 ETF 還會帶來哪些變化呢？**很多機構決定把比特幣納入退休養老金 401(k) 帳戶**，這完全符合退休金儲蓄者的需求，他們想投資比特幣，卻不需要直接擁有加密貨幣。實際上，最近幾年間，主要的退休基金都將加密貨幣納入資產範圍內。美國的 401(k) 是個人退休金帳戶，由雇主負擔一定比例；很多企業都會為員工提供這項服務，也是求職者挑選公司時會考慮的重要因素。

比特幣現貨 ETF 的批准，意味著比特幣被認可為標的物資產（Underlying Asset，編按：衍生品合約中約定的資產）。鼓舞人心的是，以太幣現貨 ETF 也得到了批准。加密貨幣市場正在進入新的局面。隨著多種山寨幣 ETF 上市，往後加密貨幣市場的基礎可能進一步擴大。

華爾街主導虛擬資產交易所 EDX

前面簡單提到了城堡公司執行長格里芬的發言，他反省自己將比特幣投資錯誤比喻為鬱金香狂熱，並預測今後很多公司將張開雙臂歡迎加密貨幣市場，還強調很快就能看到城堡參與開拓加密貨幣市場。此舉可以解釋為，眾多公司和機構將為進入加密貨幣市場鋪路，之後在 2023 年，**華爾街開始主導推動加密貨幣交易所 EDX**（EDX Markets，又稱 EDXM），**此交易所不是針對個人投資者，而是針對機構。**

　　EDX 由三大核心組成，包括零售經紀商（Retail Broker，編按：專門為個人投資者提供金融服務的證券公司）、造市商（Market Maker，編按：一種經紀自營商，藉由隨時買入、賣出證券，幫市場創造流動性）、創投公司。證券公司以嘉信理財集團（Charles Schwab）和富達投資為主，造市商以城堡公司和 Virtu 金融公司為中心，創投公司則由 Paradigm、紅杉資本（Sequoia Capital）等組成。後來，邁阿密國際控股公司（Miami International Holdings，簡稱 MIH）、DV Crypto、GTS 等新投資者加入，持續擴大規模。

　　EDX 的執行長賈米爾・納扎拉利（Jamil Nazarali）先前在城堡公司負責全球商務，也曾任職於包括 Citadel Digital 在內的多個城堡分公司，因此可以推測城堡是 EDX 的主力。城堡公司利用電腦進行程式交易（算法交易），是目前全世界報酬率最高的避險基金，格里芬因此被譽為避險基金之王。2022 年，城堡公司賺取了 160 億美元，此為扣除手續費等費用後回饋給顧客的淨利，這個數字超過了約翰・保爾森（John Paulson）在 2007 年金融危機時利用「大賣空」策略賺取的 150 億美元，突破避險基金歷史上的最高紀錄。以時機來看，在 2022 年很難獲得投資收益，因此城堡公司的結果相當振奮人心；據說同期美國國內所有避險基金的平均報酬率是 −8.2%。

　　據 2023 年《富比士》報導，格里芬的淨資產為 350 億美元，是世界上排名第 35 位的富豪，也在美國最慷慨的捐贈者名單上。他的捐贈對象包括許多有影響力的政治人物，可以想像格里芬在政治和社會上的影響力有多大。

2021 年 10 月，比特幣期貨 ETF 獲得批准的時間，恰巧是比特幣價格達到當時歷史最高點的時間，之後就暴跌了。期貨上，雖然有看漲的多頭部位，但也有看跌的空頭部位，於是有人提出陰謀論，認為期貨 ETF 的批准，是為了壓制比特幣的急漲趨勢。而現在是什麼時機點呢？只能看漲做多的比特幣現貨 ETF 被批准，意味著**加密貨幣寒冬已過，準備迎來以減半為首的上漲趨勢**。

EDX 正在採取何種差異化戰略？

第一，它是**非託管型加密貨幣交易所**。EDX 不會直接保管或清算用戶的加密貨幣，而是將交易資產的交易所和保管資產的託管，清楚區分開來。投資人不是直接向 EDX 下單，而是透過富達、嘉信理財等證券公司下單，這與傳統資產市場的結構相似。為什麼 EDX 採取這種結構呢？因為之前加密貨幣交易所一併負責託管，結果後來發生了多次大型意外，例如 FTX 破產，正是肇因於他們任意盜用客戶資產，而 EDX 這樣的策略使得機構更信任 EDX。

第二，在券商的交易中，**EDX 只交易最安全的比特幣、以太幣、萊特幣（LTC）這三種貨幣**。原本還包含比特幣現金，但後來下架了。雖然往後可交易的加密貨幣數量應該會持續增加，不過他們很有可能會嚴格挑選符合美國證券交易委員會規範的項目（編按：在幣圈，「項目」主要是指加密貨幣的設計框架、技術、目標等，由此產生不同幣種；可以簡單把項目想成專案內容，幣種則是產品）。總之，EDX 極有可能成為美國金融當局規範下最安全的加密貨幣交易所。

由於避險基金之王也參與其中，這表示成功的可能性很高，然而

還是要銘記紐約證券交易所的母公司──洲際交易所推動的 Bakkt 交易所的失敗案例。儘管也有平臺整體的問題，但 Bakkt 失敗的原因是證券公司沒有提供報價，這產生了很大的影響。提供報價意味著證券公司參與交易所，並且信任交易商品，可是當時證券公司出於對加密貨幣波動性的擔憂和不確定，沒有提供報價，造成 Bakkt 的交易量急劇減少，變得有名無實。

　　EDX 若想成功，除了嘉信理財、富達投資之外，還需要讓多種證券商參與。當然，如城堡、Virtu 等造市商供應流動性、促進交易、穩定價格的重要性也不在話下，所以還需要多個造市商持續參與，才有機會成功。

會計準則修改，促進企業採用比特幣的意願

　　從下頁上市公司的比特幣持有量來看，前幾名除了微策略、特斯拉、Block（前身名為 Square）、樂線（NEXON）等大企業外，大多是礦商或投資機構。明明美國有很多公司認為比特幣的長期價值很高，但為何沒把比特幣放入財務報表呢？就是因為錯誤的財務會計標準。

　　2023 年 9 月，加密貨幣市場傳來了好消息。美國會計相關監管機構「**財務會計準則委員會**」（FASB）一致批准了新的會計準則，企業可以用公允的市場價值，報告企業的加密貨幣持有量。新會計準則將從 2025 年開始實行，不過企業可以提前應用該標準。先前企業或資產管理公司購買加密貨幣時，不曉得該反映在財務報表的哪個項目上，以及應

該以什麼標準衡量價值，現在有方法能解決這些困難了。

此前，擁有加密貨幣的企業根據美國註冊會計師協會（AICPA）的指導方針，將加密貨幣當成無形資產來進行會計處理。通常無形資產

上市公司比特幣持有情況（截至 2024 年 1 月）

企業	國家	代號：交易所	持有量（個）	價值（美元）	在 2,100 萬個比特幣中的占比
微策略 （MicroStrategy）	美國	MSTR:NASDAQ	189,150	8,248,648,025	0.90%
馬拉松數位 （Marathon Digital Holdings Inc.）	美國	MARA:NASDAQ	15,174	661,723,421	0.07%
特斯拉 （Tesla, Inc.）	美國	TSLA:NASDAQ	10,725	467,706,847	0.05%
8 號小屋 （Hut 8 Corp）	美國	HUT:NASDAQ	9,195	400,985,031	0.04%
Coinbase Global, Inc.	美國	COIN:NASDAQ	9,000	392,481,270	0.04%
Galaxy Digital Holdings	美國	BRPHF:OTCMKTS	8,100	353,233,143	0.04%
Block, Inc.	美國	SQ:NYSE	8,027	350,049,684	0.04%
Riot 平臺 （Riot Platforms, Inc.）	美國	RIOT:NASDAQ	7,362	321,049,679	0.03%
比特幣集團 SE （Bitcoin Group SE）	德國	BTGGF:OTCMKTS	3,830	167,022,585	0.02%
CleanSpark Inc.	美國	CLSK:NASDAQ	3,002	130,914,308	0.01%
Voyager Digital Ltd.	加拿大	VOYG:TSX	2,287	99,733,852	0.01%
樂線 （NEXON Co., Ltd.）	日本	NEXOF:OTCMKTS	1,717	74,876,705	0.01%

（資料來源：Bitcoin Treasuries）

是指企業以生產活動等為目的長期持有的資產，例如商標或專利等，如果無形資產價格低於首次取得的帳面價格，公司就會將差額反映到減損損失中；相反地，如果價值上漲，評價利益並不會反映在公司利益上，要等到售出才能反映在處分利益上。

這樣的會計處理可能會帶給企業相當大的損失，使得大眾對企業的內在價值留下負面印象，從而讓企業不願意採用比特幣。可以說，**加密貨幣的波動性比其他資產更大，現有的會計準則並不適合 24 小時都在交易的加密貨幣**。以企業的立場來看，現有的會計準則是妨礙它們持有加密貨幣的主要障礙之一。

微策略的創辦人邁克爾・塞勒（Michael Saylor）之前一直敦促財務會計準則委員會修改準則，還在 2023 年 5 月寫信支持該委員會的加密貨幣會計準則，並鼓勵其他公司積極參與。在財務會計準則委員會的決定確定後，塞勒在推特（Twitter，已於 2023 年 7 月改名 X）上表示：「財務會計準則委員會修改了會計準則，阻擋企業採用比特幣作為財務資產的主要障礙物消失了。」**財務會計準則委員會修改規定後，企業將能在季度財報中納入加密貨幣的損益，並反映價值變動**。財務會計準則委員會的決定之重大，關乎了整個加密貨幣市場，很有可能促進大規模採用。

新興國家，加密貨幣交易的中心

接著我們來了解一下比特幣在貨幣現象中，於價值儲藏工具後將獲

得的地位，也就是「**交易媒介**」。

區塊鏈數據分析企業 Chainalysis 每年都會公布「全球加密貨幣採用指數」，用指數呈現各國在經濟活動中使用加密貨幣的比例。該數值的重點不在於資產的絕對交易量，而是一般老百姓使用的程度，因此，儘管韓國的交易量是全世界最高的，卻不被列在該指標中，因為這指數的重點是貨幣的實際使用程度，目的是找出哪個國家的「普通人」最會使用加密貨幣。相較於將加密貨幣用於交易及投資上，該指數更注重加密貨幣用於商品交易及儲蓄等日常經濟活動的比例，因此排序標準是各國人均購買力平價（PPP）中加密貨幣所占的比例，以及個人對個人（P2P）的交易量，而非個人對交易所的交易量。

來比較一下 2021 年和 2023 年（見右頁圖）。

2021 年，針對全世界 154 個國家的分析結果顯示，全球加密貨幣採用指數最高的國家是越南，印度、巴基斯坦、烏克蘭和肯亞則位居前 5。排名前 20 的大部分是亞洲、非洲和中南美洲的新興國家。這些國家有個共同點——政府強力控制個人資本流出、海外移民人口眾多、國家貨幣價值正在下跌。**可以看出，這些新興國家的國家貨幣貶值後，民眾為了維持資產價值及匯款自由，轉而使用比特幣。**也就是說，比特幣是他們因應貨幣價值不穩定和匯款限制的「對策」，這點越來越明顯，值得關注。在這些國家中，個人接觸一般的加密貨幣交易所時處處受限，因此交易方式主要是以 P2P 方式進行。這也符合比特幣出現的目的。

在 2020 年的排名中，主導加密貨幣市場的美國和中國分別是第 6 名和第 4 名，但在 2021 年則是第 8 名和第 13 名。雖然兩國的排名都退

步了，退步的原因卻不同。如果說中國的原因是政府集中管制加密貨幣的交易及挖礦，使得交易減少，那麼在美國，就是交易主體從個人轉變為專業機構。

除了這兩個國家外，主要的已開發國家都不在 Chainalysis 指數的前 20 名。這是因為在新興市場中，一般消費者是為了經濟活動而使用加密貨幣，而在北美、西歐、東亞等地，機構投資人等主體則是以投資為目的，增加加密貨幣的使用量。

那麼 2023 年的排名呢？在前 20 名的國家中，大部分是亞洲、非洲、中南美洲的新興國家，可以說與 2021 年的趨勢相似，這次印度排名第 1，越南降至第 3，之前排名第 6 的奈及利亞則上升到了第 2 名。比較明顯的變化是已開發國家也大幅進步了，美國上升到了第 4 名，中國

全球加密貨幣採用指數排名

2021 年排名	國家	2023 年排名	國家
1	越南	1	印度
2	印度	2	奈及利亞
3	巴基斯坦	3	越南
4	烏克蘭	4	美國
5	肯亞	5	烏克蘭
6	奈及利亞	6	菲律賓
7	委內瑞拉	7	印尼
8	美國	8	巴基斯坦
9	多哥	9	巴西
10	阿根廷	10	泰國
11	哥倫比亞	11	中國
12	泰國	12	土耳其
13	中國	13	俄羅斯
14	巴西	14	英國
15	菲律賓	15	阿根廷
16	南非	16	墨西哥
17	迦納	17	孟加拉
18	俄羅斯	18	日本
19	坦尚尼亞	19	加拿大
20	阿富汗	20	摩洛哥

（資料來源：Chainalysis）

小幅上升至第 11 名，此外新加入了英國、加拿大、日本等國。這表示**已開發國家使用加密貨幣的趨勢也在增加。**

世界銀行（World Bank，簡稱 WB，編按：聯合國系統國際金融機構，會為開發中國家資本項目提供貸款）以人均國民所得毛額（GNI）為標準，根據收入高低將各國分為高所得（HI）、中高所得（UMI）、中低所得（LMI）、低所得（LI）。從世界銀行的分類結果來看，使用比特幣的主要是中低所得國家。這些國家往往人口眾多、產業不斷壯大，多數於過去幾十年裡已經有一定程度的經濟發展，在成長後擺脫低所得狀態；更何況，世界人口中有 4 成生活在中低所得國家，這是加密貨幣將成為未來經濟重要核心的明確證據，也表示**加密貨幣交易正以新興國家市場為中心，成為全球趨勢**。另一方面，前面提過，在高所得國家，由大規模組織主導、機構層級的採用正在進行中，暗示著在不久的將來，可以看到「採用加密貨幣」自上而下和自下而上的結合。

國家層級的引進和監管問題

全球算力最強礦商「馬拉松數位」的執行長蒂爾強調：「繼個人和機構之後，接下來就是國家層級的採用。」從主權國家將比特幣訂為法定貨幣、中央銀行或退休基金等將比特幣作為投資資產這兩個方面來看，在 2024 年，國家層級的接受度可能會更高。目前將比特幣訂為法定貨幣的國家有薩爾瓦多、宏都拉斯經濟特區 Prospera、中非共和國。2024 年南美洲、中東、非洲、西亞地區國家的相關消息也值得期待。國

家層級的投資同樣在持續，尤其 2023 年傳出不丹的主權財富基金投資比特幣的消息，更在當時成為了話題。

最值得關注的國家是美國和中國。以 2024 年 1 月來看，各國算力排名中，美國以 38% 位居第 1，中國以 21% 位居第 2，其後依序為哈薩克 13%、加拿大 7%、俄羅斯 5%、德國 3%、馬來西亞 3%、愛爾蘭 2%。雖然中國政府禁止挖礦，但中國的比特幣持有量足足占了 21%。

美中兩國的比特幣持有量也是壓倒性地高。美國以 20 萬 7,189 個位居第 1，中國以 19 萬 4,000 個位居第 2，其後依次是烏克蘭、薩爾瓦多、芬蘭、喬治亞。有鑑於此，美國和中國拋售比特幣可能會對市場造成短期的不利影響，尤其美國曾宣布會定期向市場出售比特幣。此外，透過美國金融市場批准比特幣現貨 ETF 這件事，可以看出美國是如何看

各國的比特幣持有量（截至 2024 年 1 月）

國家	持有量（個）	價值（美元）	在 2,100 萬個比特幣中的占比
美國	207,189	9,060,321,101	0.987%
中國	194,000	8,483,569,560	0.924%
烏克蘭	46,351	2,026,917,179	0.221%
薩爾瓦多	2,381	104,120,511	0.011%
芬蘭	1,981	86,628,615	0.009%
喬治亞	66	2,886,163	0.0003%
合計	451,968	19,764,443,128	2.152%

（資料來源：Bitcoin Treasuries）

待加密貨幣市場的；美國的州政府也紛紛對比特幣表現出友好舉動，紐約州和佛羅里達州對比特幣的友好程度更是高得出名。

美國證券交易委員會於 2024 年第一季的 13F 報告（Form 13F，編按：資產管理金額超過 1 億美元的機構投資人，每季需要繳交的資料，其中需有各類金融資產的名稱、多頭部位數、發行機構名稱等資訊）顯示，威斯康辛州的投資委員會擁有相當於 1 億美元的貝萊德比特幣現貨 ETF。眼下重要的是完成相關法案。

歐盟通過了全球第一個包含加密資產綜合規範的《加密資產市場監管法案》（MiCA 法案），制定規則以建立健全的市場。繼歐盟之後，英國、日本、新加坡等主要國家也在著手擬定法律框架或制定明確的法案，來保護加密貨幣投資者並支援商品開發。

美國於 2023 年 7 月在眾議院金融服務委員會（House Financial Services Committee）上通過了《區塊鏈監管明確性法案》（*Blockchain Regulatory Certainty Act*），還通過了《21 世紀金融創新及技術法案》（*The Financial Innovation and Technology for the 21st Century Act*，簡稱 FIT21），針對加密貨幣的發行和交易，明確區分美國證券交易委員會和商品期貨交易委員會（CFTC）的角色，但後來在制定追加法律時未能加快速度。2022 年，共和黨試圖主導處理加密貨幣監管法案，然而未能成功，**加密貨幣在共和黨和民主黨之間成為特別重要的政治爭論焦點**，也是美國大選中的重大變數。美國議會必須完成監管法案，才能阻止美國證券交易委員會以強制執法行動為主的監管方式。

中國雖然從源頭就禁止加密貨幣，卻仍然持續關注區塊鏈技術。

據悉，中國當局正在推動一系列對 Web3（編按：又稱 Web 3.0，即去中心化的網際網路系統）友善的政策，鼓勵開發 NFT（非同質化代幣）和 DApp（去中心化應用程式）。中國對資本外流的情況相當警戒，由此可推斷，中國應該不歡迎比特幣這樣的資產。然而，香港特別行政區卻表現出相反的動向，從 2023 年 6 月開始，香港證監會實行了新的加密貨幣交易平臺監管措施，並向滿足特定條件的平臺頒發牌照，在允許個人投資者進行加密貨幣交易的背景下，加入許可制等限制來徹底保護投資者；另外，**香港在亞洲國家中最先批准了比特幣現貨 ETF，還比美國更早批准以太幣現貨 ETF。**

　　國際上也出現了試圖釐清加密貨幣經濟實體的趨勢。2023 年 11 月，國際證券管理機構組織（IOSCO）發布了「加密貨幣及數位資產市場的政策建議最終報告」（Policy Recommendations for Crypto and Digital Asset Markets Final Report）。此外，國際貨幣基金組織先前一直要求中南美洲國家推動全面禁止加密貨幣的政策，但該組織在 2023 年 6 月發布的報告中提到，部分國家以危險為由，全面禁止加密貨幣，這從長遠來看可能是無效的；報告中還建議，應該把重點放在準確掌握且解決數位支付需求，並將加密貨幣的交易記錄在統計數據上，來提高透明度。2024 年 4 月公布的報告則分析說，**比特幣已經不僅僅是單純的投機標的，而被認為是在全球市場中保存資產的必要工具。**國際機構對比特幣的看法正在逐漸改變。

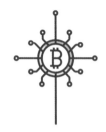

第 4 章
比特幣生態系統不斷擴展

閃電網路，讓交易更快、更便宜

中本聰建構了一套去中心化、不需要依賴信任的「P2P 電子現金系統」，最終目的是讓比特幣被認可為支付工具，但為了達成這個目的，還需要克服幾個問題。

一、區塊的生成時間太長。如果要將交易加到區塊上，必須先獲得驗證。節點的驗證，是比特幣網路去中心化和穩定的核心，卻因此需要相當長的時間才能完成交易。生成新區塊大約需要 10 分鐘。

二、可擴展性；比特幣受制於區塊太小，處理量有限。在支付效

率方面，比特幣網路經常被拿來與 Visa 或萬事達卡（Mastercard）等主要大型支付公司比較。以 Visa 為例，Visa 可以支援約 24,000 TPS（TPS 是指每秒可以處理的交易量，24,000 TPS 表示一秒可以處理 2 萬 4,000 筆交易），但比特幣區塊鏈只有 7 TPS，明顯存在處理大量交易的界限。

三、交易手續費偏高。網路相當混亂，用戶為了確保交易更快處理，需要支付更高的手續費，因此在小規模或頻繁的交易中，比特幣就失去了吸引力。以 2023 年 8 月來說，交易手續費為 0.64 美元，11 月則上漲到了 6.84 美元，漲幅達 970% 左右，在 2024 年 4 月還一度達到新高超過 60 美元。

閃電網路的出現，就是為了克服比特幣的這種限制。閃電網路是第 2 層支付協議，支援構建在比特幣區塊鏈上的支付通道；所謂支付通道，是與主鏈（主區塊鏈）並行的線下網路，也就是在想要交易的兩位當事人之間開設通道，並在支付通道交易，當中的交易是即時的，手續費也很低。

閃電網路的概念，於 2016 年由約瑟夫・彭（Joseph Poon）和撒迪厄斯・德里亞（Thaddeus Dryja）首次提出。2017 年，隔離見證的升級，奠定了閃電網路作為第 2 層解決方案的基礎，接著 2018 年，閃電網路測試版在比特幣主網上出現。到了 2021 年，薩爾瓦多將比特幣訂為法定貨幣時，閃電網路在比特幣支付方面扮演了中樞的角色。要讓閃電網路運作，需要三個步驟：

步驟一：打開閃電通道。

步驟二：在閃電通道進行交易。

步驟三：關閉閃電通道。

步驟一：假設 A 要給 B 比特幣，那麼為了開設支付通道，A、B 或兩人都必須將比特幣存入多重簽名（Multisig）錢包。這麼一來，鏈上的交易就會被記錄在主網上，資金則被鎖定在多重簽名的地址上。

步驟二：A 有可用的資金，可以匯款給 B。閃電網路使用的是雙向支付通道，如果 B 願意，也可以透過同一個通道匯款給 A。兩者之間的所有交易都是在鏈下進行的，只要各自簽署所有的交易即可。由於雙方都擁有私鑰（Private Key，用以解鎖特定地址上比特幣的私密數字），所以若要在通道上分配資金，就必須雙方當事人都同意才可以進行。每次交易時，通道餘額都會更新到鏈下。在一定的時間內，通道的用戶可以按照自己的需要進行交易。

步驟三：跟開啟通道交易一樣，關閉閃電通道也是在鏈上交易。若要關閉通道，雙方當事人都必須同意，之後資金才會回到各自的錢包裡。通道成功關閉後，只會有一筆交易傳送到比特幣網路，顯示出雙方當事人的餘額。

閃電網路正在不斷成長。據調查，閃電網路的交易在 2021 年 8 月有 50 萬筆左右，至 2023 年 8 月已經成長到 660 萬筆，成長了約 1,200%，但還是有需要考慮的地方。

　　第一，**有人批評，閃電網路可能造成中心化**。因為用戶可能會被供應更多流動性、手續費更低、資金更豐富的節點所吸引。

　　第二，**採用程度低**。如果閃電網路想要成功，得有相當多的用戶和企業採用這項技術，但目前還沒有達到那種程度。技術上的複雜性也是阻礙一般用戶廣泛採納的因素。

　　第三，還有**駭客攻擊的問題**。比特幣開源開發者安東尼・萊德（Antoine Riard）指出，閃電網路存在嚴重缺陷，並強調閃電網路可能會因此易受駭客攻擊。他認為，比特幣的底層網路需要根本性的改變，這是閃電網路難以解決的問題。

　　在引入比特幣作為支付工具這方面，還有一個更重要的問題，那就是「機會成本」。很多投資者期待比特幣價格以後會大幅上漲，所以很有可能不願意將比特幣當作支付工具。如果全球的經濟活動頻繁使用比特幣作為支付工具，那麼比特幣的價格必須相當穩定，波動幅度也必須降到極低。

新嘗試：Ordinals 協議、BRC-20 和符文協議

　　現在讓我們看看比特幣網路的新嘗試。在 2023 年這一整年，有個話題在比特幣網路相當熱門，那就是 Ordinals 協議（Ordinals Protocol，序數協議）和 BRC-20（Bitcoin Request for Comment 20）。現在 Ordinals 協議和 BRC-20 會如何影響比特幣網路？對今後網路的未來又會有什麼影響呢？

凱西・羅達莫（Casey Rodarmor）開發的 **Ordinals 協議，是將數據附加到比特幣的最小單位「聰」（一億分之一個比特幣）上**，這是一個可以製造 NFT 的技術。Ordinals 協議會依序分配號碼給各個聰，這個號碼就叫做「序數」，而在聰上可以銘刻（Inscription）照片、文字、影片等數據，這些內容被稱為「銘文」，理論上銘文最多可以刻上 4MB 的數據。

在比特幣白皮書中，並沒有在比特幣網路發行代幣的想法，是直到 2021 年 11 月比特幣網路使用的 Taproot 地址升級後，才實現了比特幣剛誕生時從未見過的創意，也就是 Ordinals 協議。

接著來了解一下 BRC-20 吧！**BRC-20 是利用 Ordinals 協議在比特幣區塊鏈上形成同質化代幣**（FT，又稱可替代代幣，代幣間可以相互替換）**的標準**，由一位匿名 Domo 的開發者於 2023 年 3 月所發明。BRC-20 這個名字取自以太坊區塊鏈的 FT 標準「ERC-20」，但兩者在功能上有很大的差異——不同於 ERC-20，BRC-20 不能使用智能合約，只具有 P2P 傳送代幣的功能；另外，由於只能在支援比特幣區塊鏈的錢包上啟動，所以需要專用錢包才能使用 BRC-20 代幣，最常用的錢包是 UniSat 錢包。

關於 Ordinals 協議和 BRC-20 存在多種正反意見。有人認為這是創新的實驗，也有人認為此舉違背了比特幣的願景，毫無價值和意義。儘管如此，BRC-20 之所以受到關注，是因為交易量龐大，而隨著 Ordinals 協議和 BRC-20 的使用量劇增，比特幣每日的鏈上交易數也連日突破最高值。

　　網路交易增加的同時，礦工的手續費收入（礦工費）也急劇增加，
這對往後的比特幣網路有很重要的影響。由於挖礦獎勵進入最後階段，
讓礦工繼續維持比特幣網路安全的誘因不足，屆時只得憑交易手續費維
持礦工的報酬。2023 年一整年，以 BRC-20 為首的交易手續費兩度劇
增，占當時礦工報酬的一大部分，此一比例與 2021 年牛市時期類似。

交易手續費占礦工費的比例

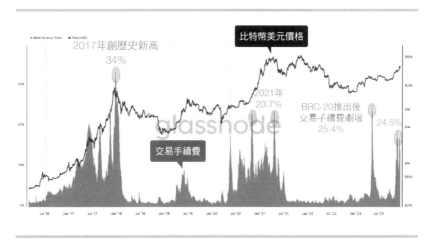

（資料來源：glassnode）

　　在第四次減半發生的第 84 萬個區塊上，符文協議（Runes
Protocol）上線了。符文協議是由創造 Ordinals 協議的凱西・羅達莫提
議的。羅達莫認為，BRC-20 使 UTXO（未花費的交易輸出）過度生
成，造成比特幣網路嚴重堵塞，而**符文協議的重點是使用便利性，減少
現有協議面臨的主要問題──UTXO 集不必要的膨脹，盡可能降低對網**

路的負擔。符文協議在初期引起了極大關注，因為在第四次減半之後，礦工費反而劇增，此時在比特幣單日交易量中，符文協議占 70％ 左右，是相當大的比例。符文協議可以視為在比特幣網路內證明區塊空間價值的新嘗試。

在比特幣網路發行新代幣意味著什麼呢？證明了比特幣不僅僅是價值儲藏及交易工具，還在持續創新和進化，構成了有意義的生態系統。當然，目前還需要進一步驗證，因為 BRC-20 和符文協議雖然迅速受到關注，但與以太坊的 ERC-20 相比，生態系統還很小，亦即用於構建和管理代幣的資源、開發者及工具都很少。另外，大部分的代幣都集中在迷因幣上，因此更需要有意義的嘗試；同時，BRC-20 和符文協議目前仍處初期階段，還未能驗證兩者能否對比特幣區塊鏈造成廣泛影響。由於目前是實驗階段，往後在設計上仍有可以改善和最佳化的空間，而且比特幣的生態系統也還在擴展。相關內容將在第二部更詳細地介紹。

挖礦需要消耗多少能源？

挖礦是驗證交易、生成新區塊的過程，也是維持區塊鏈網路最重要的過程。如果任何人隨便製作區塊並傳播到網路上，會發生什麼事情呢？交易紀錄可能會變得亂七八糟，讓網路無法發揮應有的功能。

比特幣網路的設計是，任何人都可以設置節點來參與，但不是任何人都可以建立區塊，基本上新區塊要經過90％以上的節點接收、檢核過，才算有效生成、加入區塊鏈；另外，消耗一定的算力、最快找

出 Nonce（編按：意指僅使用一次的數字，為隨機數，是挖礦中解密的特定數值）的節點就能生成新的區塊，這個機制被稱為「工作量證明」（PoW）。

　　挖礦時會使用名為 ASIC 的特殊設備，使用越多礦機，就越有可能找出 Nonce。比特幣的網路大約每 10 分鐘，就會在區塊鏈上多一個新區塊，新區塊由礦工生成，礦工們為了得到獎勵，耗費龐大的算力來解決複雜的數學問題。在這個過程中會消耗很多能源，這點是不爭的事實，尤其是前面提到的 ASIC 礦機，這個設備在解題時會散發高溫，因此還要更多冷卻設備，防止運算效率降低。

　　那麼，比特幣挖礦需要耗費多少電力呢？劍橋大學替代金融研究中心（Cambridge Centre for Alternative Finance，簡稱 CCAF）發表了比特幣耗電量指數，據調查，比特幣在 2020 年一整年的耗電量是 81.51 TWh（太瓦時，1 TWh 等於 10 億瓩時）。雖然每個調查結果略有不同，但**大約是 95～129 TWh，這數值高於奧地利、波蘭、委內瑞拉等中小型國家的年度電力消耗量。**

　　那麼，與其他類似系統相比，比特幣的耗電量達到什麼程度呢？據加密貨幣公司 Galaxy Digital 公布的報告顯示，以全世界百大銀行電算系統來說，僅數據中心和據點管理，每年就會消耗 250 TWh 的電力，如果包括 ATM 設備和信用卡，則推測超過 260 TWh。據統計，開採金礦的年度耗電量也接近 240 TWh，而比特幣挖礦的耗電量還不到這些的一半。在產出價值的過程中，勢必會消耗能量，不過，相較於黃金的市值，比特幣挖礦是否過度消耗能源也是個疑問。

比特幣耗電量比較

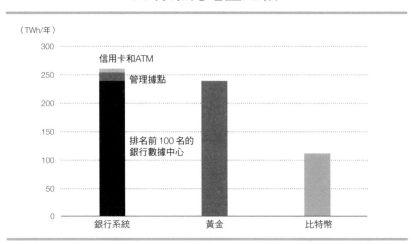

（TWh/年）

信用卡和ATM

管理據點

排名前 100 名的
銀行數據中心

銀行系統　　　　黃金　　　　比特幣

（資料來源：Galaxy Digital）

　　但重要的應該是電力來源，而不是耗電量吧？大眾普遍認為，挖礦使用的電力大部分都從燃煤火力發電廠等不可再生的地方產生。之所以會有這種觀念，其實很大一部分是受到了中國的影響。**在 2021 年之前，大部分挖礦都在中國進行。當時比特幣消耗的能源中，只有 39%是碳中和的能源**，後來中國從源頭禁止挖礦，於是礦廠大舉轉移到中國以外的地區。

　　最多礦工選擇的地區是美國。微策略創辦人邁克爾‧塞勒為了能以環保的方式挖礦，主導創立比特幣挖礦委員會（Bitcoin Mining Council，簡稱 BMC）。伊隆‧馬斯克（Elon Musk）也表示支持。據 BMC 發表的《全球比特幣挖礦數據回顧》（*Global Bitcoin Mining Data Review*）顯示，以 2021 年來看，BMC 成員使用永續能源的比例高達

比特幣挖礦使用永續能源的比例（2021 年第二季）

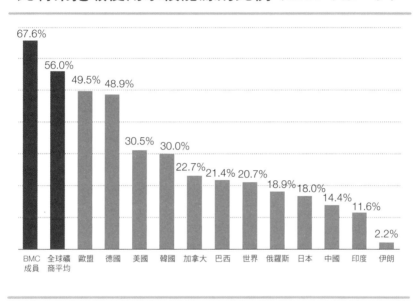

（資料來源：BMC）

67.6%，**全世界礦商使用永續能源的比例平均也達到 56%**，這個使用率比任何國家都還要高，不僅高於重視環保的歐盟，也約是美國的兩倍。

挖礦成了新再生能源的催化劑

「比特幣挖礦會對環境造成不利影響」，這個誤會一直以來都是機構跨足比特幣的絆腳石，同時也會影響價格。2021 年 5 月 13 日，特斯拉的執行長伊隆・馬斯克表示，加密貨幣在很多方面都是好點子，卻可能會對環境造成巨大破壞，因此中斷了先前特斯拉對比特幣支付

的支援，當時這消息讓比特幣的價格在一天內暴跌了近 15%。比特幣的環保問題對於必須遵守 ESG 的機構投資人來說也是一件棘手的事；所謂的 ESG，是指環境（Environment）、社會（Social）、公司治理（Governance）。

但是，全球四大會計事務所之一的安侯建業（KPMG）透過題為《比特幣：ESG 創新的催化劑》（*Bitcoin's role in the ESG* imperative）的報告，澄清了這個長期下來的誤會。該報告表示，**比特幣可以透過多種方式，為企業的 ESG 目標做出貢獻**。接下來，讓我們來談談最有爭議的環保議題。

比特幣挖礦真的會對環境產生不利影響嗎？事實上，比特幣挖礦反而朝著有利於環境的方向發展。最具代表性的例子就是埃克森美孚（Exxon Mobil）的實驗。埃克森美孚是全球最大的能源公司，從美國中北部北達科他州的巴肯地區（Bakken），向數千個比特幣礦機供應以天然氣產生的電力。該公司計畫的特別之處，在於他們將開採石油時伴生的天然氣，轉換為有用的資源。

如果要運輸和儲存天然氣，就要鋪設專門的管線，由於得負擔大規模的設備成本，所以多數能源公司一直以來都是用「燃除」（flaring）的方式，燒掉在開採石油時產生的天然氣。之所以會燒掉，是因為天然氣直接排放到大氣中會有爆炸的危險，而且天然氣中的甲烷、硫化氫等物質，有可能造成溫室效應，或對環境帶來很大的負面影響，像是甲烷造成的溫室效應，就是二氧化碳的 80 倍。

埃克森美孚不選擇燃除，而是**試圖使用天然氣來支援加密貨幣的挖**

礦事業，這方法既提高能源效率，又降低成本，還不會對環境產生不利影響，反倒對環境有利。與燃除相比，此舉可以**減少 63% 以上的溫室氣體排放量**。

　　不僅如此，現在也努力進行多種嘗試。太陽能發電、風力發電等使用可再生能源的發電目的，在於生產最大電量。不過，太陽能發電和風力發電的電量都不固定，因此會出現供需不平衡的現象。安侯建業在報告中提到，比特幣挖礦不僅可以在再生能源的周邊地區，甚至可以在任何地方進行，並且持續使用固定的電量，這將能改善再生能源的經濟效益。也就是說，加密貨幣的挖礦，可能是新再生能源的催化劑或市場誘因。前面提到，比特幣礦機在運轉過程會散發高溫，部分比特幣礦工正在將熱能回收使用在住宅、商業建築、暖房設備等多種用途上。

　　比特幣挖礦界正如此發揮自淨力（self-purification）解決問題。換言之，現在大家正在摸索多種實驗，試圖為環境和能源事業做出貢獻。這不僅可以促進各個企業和機構流入，也有利於比特幣被採用。因此，**「比特幣挖礦越來越環保」是比特幣持續成長的核心動力**。

　　當然也會有人提出疑問：「非得要消耗這麼多電力來維持工作量證明嗎？不能轉換成權益證明嗎？」以太坊從「工作量證明」轉變為「權益證明」後，能源消耗量足足減少了 99.95%。不過，挖礦本身還是需要維持下去，因為這大幅提升了網路的穩定性和安全性。如果有人想中止或控制比特幣網路，至少要花費相當於目前比特幣網路所有算力總和的費用。若將挖礦難度、獲利，還有挖礦使用的算力成本統統考量進去，就會算出一個天文數字，那是個別的特定巨頭絕對無法負擔的。

挖礦也對於去中心化有貢獻，由於礦工平均分布在世界各地，任何一人都難以隨意掌握網路。在所有加密貨幣中，比特幣網路最穩定，去中心化程度也最高，而挖礦有助於維持比特幣的行情。礦工不是免費志工，獎勵必須多於投入的成本，他們才能繼續挖礦，因此比特幣的市價往往會接近挖礦單位成本，因為如果價格低於挖礦單位成本，礦工就不會出售。

比特幣成長曲線，剛進入早期大眾階段

這次從網路和技術的角度來觀察比特幣的未來。為了提升比特幣的價值，網路價值終究也必須上升才行。富達的全球宏觀主管朱利安‧提默（Jurrien Timmer）表示，**比特幣雖是一種含有進步技術的數位黃金，卻不是單純的黃金，而是價格呈指數上漲的黃金。**

2020 年，COVID-19 病毒肆虐，各國全面推動財政政策及貨幣政策來刺激經濟，比特幣和黃金在這時出現了同樣的動向。當各國無限制地印鈔票引發貨幣通膨，造成了結構性的通貨膨脹時，能夠維持價值的比特幣便受到了關注。儘管當時比特幣頂多被當作是黃金尚未成熟的小弟，但是在價值儲藏方面，尤其是稀少性，比特幣壓倒性地勝過黃金。比特幣只有 2,100 萬個，供應量有明確的上限，但黃金的供應量每年都會增加幾個百分點；更重要的是，比特幣的特性並不僅限於有限的供應量。讓我們看看前面提到的「多元資產」的角度，比特幣是呈指數成長的**網路資產**，比特幣的採用率也遵循經典的 S 型曲線。

　　S 型曲線指的是「指數型成長曲線」，為技術革新的特徵。鐵路、收音機、電腦、智慧型手機等新技術，都是以 S 型曲線成長。朱利安‧提默注意到，儘管比特幣的價格波動很大，但活躍比特幣的地址數仍在持續增加。S 型曲線依據成長週期，分為創新者（Innovators）、早期採用者（Early Adopters）、早期大眾（Early Majority）、後期大眾（Late Majority）及落後者（Laggards）；也可視為創新、成長、加速、成熟和衰退等階段，成長大多發生在早期大眾和後期大眾的階段。**從全球投資者人數和目前的市值來看，比特幣剛剛進入早期大眾的階段。**

　　提默將比特幣的成長比喻為科技巨頭——蘋果。在過去 30 年裡，蘋果是畫出 S 型曲線的重要示範。據推測，蘋果的銷售網路自 1996 年

比特幣採用率的 S 型曲線

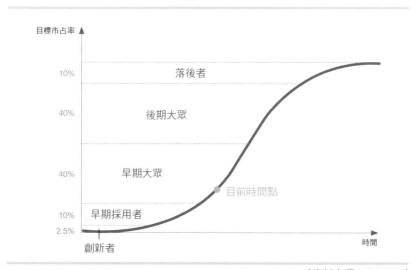

（資料來源：OSPREY）

以後成長了 53 倍，市值則上升了 1,699 倍，這應驗了梅特卡夫定律（Metcalfe's law），也就是**網路的價值與連接網路參與者的節點數量成正比**，此概念是美國電機工程師兼網路設備商 3Com 創辦人羅伯特·梅特卡夫（Robert Metcalfe）提出的，這定律提到，**隨著網路規模的擴大，成本呈線性增加，價值卻呈指數級增長。**

比特幣也是一樣。自 2011 年以來，比特幣網路成長了 867 倍，價格卻上漲了 64 萬 0,633 倍。若套入梅特卡夫定律，867 的平方大約是 751,111，也就是網路價值增長的倍數。1990 年代網路普及後，符合梅特卡夫定律的案例也增加了。目前該定律是衡量網路新創公司價值的重要方法之一。

剛剛用梅特卡夫定律比較了蘋果和比特幣，若我們再用該法則估算 Meta 和騰訊的適當價值，也能得出接近市值的結果。網路的價值與網路的活躍程度成正比，而活躍程度與使用網路的人數有關，只要使用者越多、越活躍，就能創造越多價值，就算目前創造的價值不多，往後也有很高的潛力能創造價值。

比特幣大師如何投資？

到目前為止，我們觀察了引領比特幣價格變化的主要事件、往後影響比特幣價格的要素，以及比特幣前景樂觀的原因。接著我們來看看比特幣大師是如何投資比特幣的。

現今在比特幣社群中影響力最大的人物，應該是微策略的執行長

邁克爾・塞勒（編按：已於 2022 年 8 月辭任）。他原本對比特幣持負面立場，後來在 2020 年底向加密貨幣市場邁出第一步。當全球陷入 COVID-19 引發的不安時，他認為比特幣具備作為安全資產的價值，並於 2020 年 9 月 14 日和 17 日，分別以平均 1 萬 0,419 美元和 1 萬 1,652 美元的價格開始購買比特幣，後來在 2021 年、2022 年、2023 年、2024 年都持續購買比特幣。

　　截至 2024 年 1 月初，微策略擁有 18 萬 9,150 個比特幣，因此有評價認為，微策略持有的比特幣已經超過了整體市場供應量的 1%。在 2021 年牛市中，微策略繼續購入比特幣，而後在轉跌的 2022 年，創下了巨大的未實現損失；2023 年初，微策略的未實現損失達到 18 億美

微策略的未實現損益

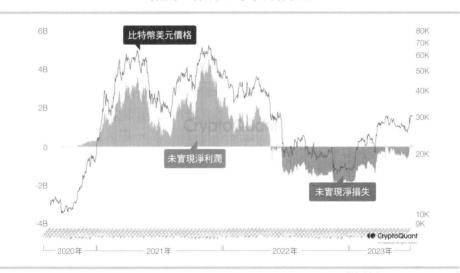

（資料來源：CrptoQuant）

元，但不到一年，12 月 27 日就由虧轉盈、獲利 21 億美元，現在獲利還在增加。

2022 年當時，塞勒的領導力和判斷力受到了董事會的質疑，不過他依然堅持投資。隨著時間推移，他購買比特幣的策略也變得越來越多元。他將在疫情期間累積的現金流投入比特幣，還透過售出股票、提供可轉換公司債、抵押貸款等方式，繼續將資產變現後購買比特幣，特別的是，**他不管行情如何，都持續購買比特幣**。2023 年 10 月，比特幣維持了一個多月的盤整期，塞勒以平均 3 萬 6,000 美元的價格持續購買約 1 萬 6,130 個比特幣。後來，比特幣繼續上漲，不斷創新高，他仍持續買進。

塞勒在寫給股東的信中強調：「高達數十億美元的比特幣，為提升股價帶來了巨大的成效。我們選擇比特幣作為主要財務資產，與其他競爭者形成差異。今後我們將繼續積極推動這樣的策略。」

塞勒的策略有相當多種，但我們可以從大趨勢整理出三個特點：

一、**觀點長遠**。他不把比特幣當成短期投資標的，而是長期成長可期的資產。他相信比特幣在未來 10 年、20 年後的價值會比現在高出許多，因此對於一般投資人看著走勢圖反覆買賣的投資行為抱持懷疑。

二、**運用平均成本法（Dollar Cost Averaging，簡稱 DCA）**。他不是逢低買進、逢高賣出，而是透過平均成本法不斷收購比特幣。這種投資方法不管市場如何波動，都定期投資一定金額，是能有效減少投資風險的策略。這種方法對個人投資者來說也是有效的策略。

三、利用有償增資及發行可轉換公司債獲得現金。他獲得資金後，就全部轉換為比特幣，這是將所有可投資的現金集中投入的策略。

截至 2023 年 12 月初，微策略的市值大約 80 億美元。我們以此為基礎，比較該公司持有的比特幣總額來檢視股票溢價的情況。微策略的總負債約莫 20 億美元。企業價值（Enterprise Value）是市值（Market Capitalization）和總負債（Net Debt）的總和，因此，80 億美元和 20 億美元相加等於 100 億美元。

雖然企業價值主要來自比特幣，但微策略是商業智慧公司，必須扣除核心事業「商務軟體」約 10 億美元的價值，所以最終股市評估，**微策略擁有的比特幣價值為 90 億美元**，但以當時的市價來看，該公司持有的比特幣價值是 60 億美元，也就是說，微策略的股票溢價幅度為 50%。於是微策略發行被高估的股票來籌集資金，再投入購買比特幣，這策略對於改善股價也有很大的幫助。微策略股票溢價的幅度通常維持在 40%～50%。

微策略投資比特幣的策略不一定適合所有投資人，卻是投資比特幣時值得參考的良好範本。

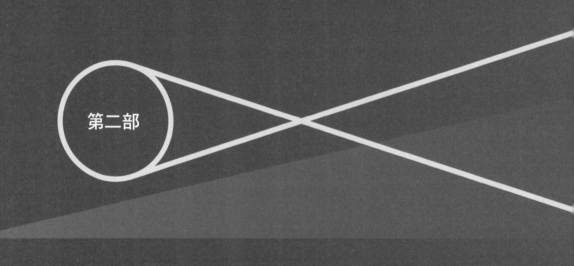

第二部

山寨幣，
比特幣以外的選擇

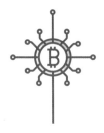

第 1 章
尋找僅 1% 的超級貨幣

山寨幣波動大，投資須留意

「山寨幣」意指除了比特幣之外的所有加密貨幣。這些山寨幣擁有極大的抱負——成為第二個比特幣，而它們的目的不僅僅是作為金融支付工具，還希望將區塊鏈運用在廣泛的領域中。其實有些山寨幣比以太幣更早出現，但山寨幣可說是從以太幣開始正式發跡。

雖說山寨幣希望成為第二個比特幣，但山寨幣還是對比特幣的成長產生了很大的影響。我認為，比特幣的價格能在短短 15 年內突破 1 億韓元（編按：約等於新臺幣 230.7 萬元），山寨幣發揮了一定的作用。當然，就算沒有山寨幣，比特幣也肯定具有 1 億韓元以上的價值，但是

山寨幣大大縮短了這個時間。比方說，當初以太坊 ICO 時就是用比特幣募集資金，因此大幅增加比特幣的需求，使得比特幣價格暴漲，社會對比特幣的關注也隨之增加。山寨幣的出現擴展了加密貨幣生態系統，成為了更多資金進入加密貨幣市場的契機。

　　為了成為第二個比特幣，山寨幣以各自的方向提高資產價值或實用性。然而，還是有很多人認為，山寨幣只是投機資產或龐氏騙局。這種觀點雖說不是完全合理，但一想到每次加密貨幣寒冬，報酬率都下跌超過 9 成，就很難堅決否定。

　　首先，山寨幣確實是風險極高的資產，可是**山寨幣給人負面印象的重要原因，並非來自山寨幣本身，而是錯誤的投資方式**。現貨 ETF 被批准後，比特幣和以太幣成為了比過去更穩定的資產，也有人預測說，往後劇烈波動將會減少。如果這兩種加密貨幣的價格穩定，那麼山寨幣的波動幅度應該也會比過去的循環更小。話雖如此，山寨幣的波動還是比任何傳統資產都還要大。因此，在投資山寨幣時，總是要格外留意。

　　投資山寨幣時最重要的是什麼？就像投資其他資產一樣，首要的是選擇優質的山寨幣，而且**一定要在「低估」區間買入**。在低估區間買入的主要原因是波動性。有時山寨幣價格會在一天內上漲好幾倍，然後在隔天恢復原價，20%～30% 的波動幅度對山寨幣來說就像家常便飯。因此，基本上要選擇能夠撐過一個循環的優質山寨幣，並且在低估區間買入，然後在牛市的過熱區間，也就是**「高估」區間賣出**，賺取適當利潤。這是投資山寨幣的重要原則。

　　那麼，**如何選擇優質的山寨幣？又要如何尋找低估區間呢？**方法

有很多種，首先需要經過量化評估和質化評估兩個過程。

　　量化評估是透過具體數據和數值來檢視山寨幣。區塊鏈是網路，所以重點是觀察有多少用戶、有多少有效交易。量化評估很重要，但在山寨幣早期，能獲得的有意義量化數據有限。如果已經有可供分析的統計數據，就表示該項目已經上軌道、發展到某種程度了。

　　所以，必須同時進行質化評估，**檢視該項目有何種方向和發展路線圖、與目前其他的貨幣有何種差異。這通常被稱為「敘事」。**

投資山寨幣的三大原則

　　在投資山寨幣時很難獲得有意義的資訊，這是因為沒有平臺或網站將山寨幣的所有資訊整理得清清楚楚。加密貨幣分析平臺之所以很難提供多種資訊，在於直接運行節點來獲得各種數據需要很多成本，因此，實際上很難免費獲得有用的數據資料。收費網站的情況也大同小異，像比特幣和以太幣等主要貨幣，鏈上指標會提供有意義的數據，但大部分跟山寨幣有關的資訊仍不充分，除非是以 EVM（Ethereum Virtual Machine，以太坊虛擬機，用來處理智能合約的部署及執行）為基礎的區塊鏈，否則很難獲得資訊。

　　投資山寨幣時遇到的另一個困難，是沒有固定的投資方法。山寨幣與股票不同，沒有一般化的估價模型來評估價值，目前的狀況是，若有人提出一個新方向，市場上許多用戶就會實際操作來驗證。這種情況會導致許多個人投資者盲目參考機構的投資組合，或是一味地根據

YouTuber、網路名人、身邊熟人的推薦買賣。因此，為了以更合理的方式評估山寨幣的價值，必須像前面提到的，同時進行量化評估和質化評估，但在那之前有幾個基本原則：

第一，一定要儲備足夠多的比特幣和以太幣。與傳統資產相比，投資加密貨幣時的資產配置更為重要。由於山寨幣的波動幅度遠高於比特幣，因此，如果投資組合是以山寨幣為主，那麼在加密貨幣寒冬期間可能會遭受相當大的損失。經歷過不只一次加密貨幣循環的投資人，應該會對這句話深有同感。

以個人投資者來說，**建議讓比特幣和以太幣占投資組合的 60% 以上**，尤其比特幣，持有越多越好。即使你是積極型的投資者，也建議將這兩種貨幣維持在 50% 以上。比特幣比山寨幣更有價格防禦力、更能抵抗風險，況且比特幣還是很有可能持續上漲的資產。在山寨幣中，可以頻繁看到上漲 10 倍、20 倍的項目，因此就算山寨幣只占整體的 40%～50%，但只要挑準幣種和時機，也能有巨大的獲利。

第二，不要妄想從所有的貨幣中獲利。一定要穩住投資的重心。投資山寨幣最危險的是什麼？就是「錯失恐懼症」，擔心只有自己錯過了別人都有的好機會。錯失恐懼症引發的最錯誤投資方式，就是被「拉高倒貨」；所謂拉高倒貨，是鯨魚等擁有大規模資本的勢力強制抬高價格後賣出、賺取差價的手段，這也是山寨幣市場中，幾乎日復一日出現的現象。

山寨幣的資本流動比一般人想的還要單純。鯨魚的資本會流向被低估的貨幣，這些貨幣得到鉅額資金後便被高估。大部分的個人投資者見狀，因為戰勝不了錯失恐懼症，而在高估區間買入，鯨魚就順勢將貨幣統統賣給個人投資者，然後離場。結果貨幣價格大幅下跌，在高點買入的個人投資者就這樣被套牢，承擔一切的損失。

　　問題是，儘管這種模式反覆出現，個人投資者仍然犯著同樣的錯誤。**買到好的貨幣後只要耐心等待，當時機成熟，價格就會上漲**，他們卻總會因為忍不住，而在低估區間賣出，改買被高估的貨幣。在價格持續走高的牛市中，加密貨幣市場的價格尤其會被炒得更高，有些貨幣甚至會在這個時期上漲 20 倍、30 倍。相當多的投資者在收盤後慘賠的原因，就是不遵守這個原則。山寨幣必須在低估區間購買，絕對不能在暴漲的時候進場。

　　第三，山寨幣與比特幣不同，並不是抱住就會有好結果。在經歷過兩次以上牛市的山寨幣中，只有極少數能突破創新高。基本上，除了以太幣之外，應該要把所有山寨幣都當成「短線操作」，堅持不懈地檢視和檢驗，重新調整（Rebalancing）投資組合。

　　有鑑於山寨幣波動程度大，我個人認為「按季度重新調整部分投資組合」是個有效的方法，但並沒有一種策略，能夠適用所有投資者。

　　因此，如果想要讓投資單純又有效，就要縮小選擇範圍，以 2024 年和 2025 年整年度較有可能上漲的貨幣為主，同時，也要在牛市結束前獲利了結。

當然，這裡還有需要注意的地方——要**放下「買在最低點、賣在最高點」的欲望**。無論是買進還是賣出，都要「**分批**」進行，應該採取慢慢入場、慢慢退場的策略。

有分析稱，比特幣現貨 ETF 獲批後，隨著華爾街的資金流入，加密貨幣市場很難像過去那樣有突飛猛進的成長，原因是資金被 ETF 綁住，儘管如此，往後山寨幣還是會出現很大的波動。

辨別並篩選出「**超級貨幣**」尤為重要。「99% 的山寨幣將會消失」這觀點仍然是成立的，只有少數貨幣能持續維持有意義的成長。因此，投資山寨幣時最重要的核心，便是制定並遵守投資原則。

五個指標，尋找被低估的貨幣

量化評估不是透過敘事，而是**藉由客觀的數值和數據，來判斷加密貨幣的價值**，比起對未來的期望，更著重於成果和結果。透過量化評估可以確認項目的實際基本面，因此在篩選很有可能會長期成長的項目時，會使用量化評估。

短期的價格漲跌是由利多、利空等事件決定的，但要達到長期成長，項目價值必須有所保證。檢視基本面的量化數據非常多，如市值、交易量、每日活躍地址數、交易紀錄、鯨魚交易次數、網路活躍度等，基本上這些數值的增長，就是該項目正在成長的證據。不僅如此，量化評估還可以用於判斷項目是否被低估。從投資的角度來看，最實用的量化指標有以下五個：

1. 流動性。

2. 在區塊鏈上質押的資金規模。

3. 機構的投資組合。

4. 開發現狀和開發者參與度。

5. 評價等級。

首先要觀察的是「流動性」。流動性可說是加密貨幣市場中價格上漲的最重要因素。流動性高意味著市場交易活躍，市場上的資本像活水一樣順暢流動，那麼，特定貨幣的流動性表現優於「市值」意味著什麼呢？**如果流動性排名高於市值排名，代表該項目被低估了**，也就是說，明明流動性很高，價格表現卻不及流動性，意味著還有上漲的空間；相反地，**如果流動性非常低、市值卻很高，則意味著被高估**。

測量流動性的標準有許多種，例如：在交易所內有多少筆交易、交易量（volume）有多少、可交易的訂單（order）有多少。加密貨幣分析公司 Kaiko 會比較流動性和市值排名，每季公布一次報告。

右頁圖表中，灰點表示現在的市值排名，藍點表示流動性排名，可以透過比較市值排名和流動性排名，來判斷是否被低估；藍點在灰點左邊是低估，藍點在灰點右邊則是高估。

從圖中可以看到，比特幣和以太幣在市值和流動性都占據 1、2 名，反觀幣安幣（BNB）的市值是第 3 名，流動性卻是第 13 名。這表示什麼？表示幣安幣被高估了，那麼現在可以購買嗎？雖然不能單純根據流動性排名來判斷，但既然被高估了，就應該慎重看待。

加密貨幣流動性排名（2023年第四季）

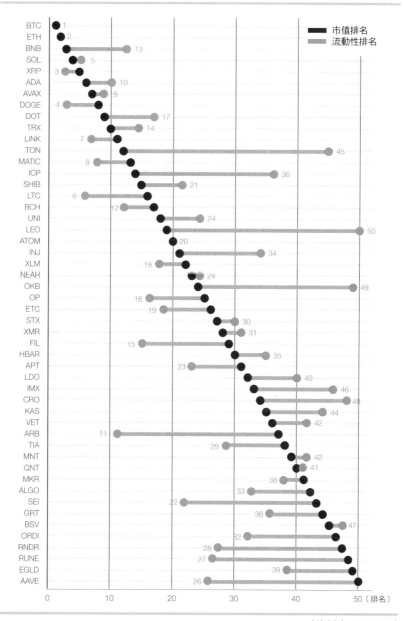

再往下看，TON 幣市值位在第 12 名、流動性排名卻是第 45 名，由此可知被高估了很多。然而，這裡還有一個重點——比較市值排名和流動性排名，是為了**確認現階段是被低估還是被高估，並不能以此評價項目本身的價值**。說回 TON 幣，它是在聊天程式 Telegram 中使用的貨幣，於實用性和生態系統擴展方面前景樂觀，因此需要再次檢視其他量化數據和質化分析。再次強調，流動性和市值的比較，是為了篩選出價格短期暴漲，導致現階段被高估的資產。

整理一下，於 2023 年第四季，流動性指標最被低估的是 L2 擴容方案 Arbitrum 的 ARB 幣（編按：所謂 L2 擴容方案，是從第 1 層主要區塊鏈〔Layer 1〕擴展出的第 2 層協議〔Layer 2〕，又稱鏈下擴容，能夠將許多交易數據移動到主鏈之外、也就是鏈下，提高處理速度，再將結果打包壓縮，記錄在主鏈上）。

除此之外，基於 Aave 借貸協議的 AAVE 幣、Sei 鏈的 SEI 幣、THORChain 鏈的 RUNE 幣、點對點網路 Render 的 RNDR 幣（編按：已於 2024 年 7 月代幣置換並更名為 RENDER）、基於 Ordinals 協議的 ORDI 幣、菲樂幣（Filecoin，幣種代號 FIL）、萊特幣（Litecoin，幣種代號 LTC）、MultiversX 鏈的 EGLD 幣、Celestia 鏈的 TIA 幣、L2 擴容方案 Optimism 的 OP 幣、Algorand 鏈的 ALGO 幣、基於 The Graph 協議的 GRT 幣、Aptos 鏈的 APT 幣等都被低估。

接著看看被高估的貨幣。除了 TON 幣，UNUS SED LEO 幣（代號為 LEO）、OKX 交易所發行的 OKB 幣、Internet Computer 鏈的 ICP 幣、Cronos 鏈的 CRO 幣、基於 Injective 協議的 INJ 幣、L2 擴容方案

Immutable X 的 IMX 幣、幣安幣等項目都被高估了。以 INJ 幣或 IMX 幣來說，雖然在 2023 年第四季被高估，但並不代表它們在此次牛市的前景不好；換言之，儘管當時在高估區間，但當它們進入以流動性排名來看被低估的區間時，就要考慮是否購買。

　　不能僅憑流動性來判斷一切，應該要利用流動性指標先找出被低估的貨幣，再綜合判斷項目本身的價值和各個議題。

加密貨幣市值與流動性排名之間的差距（2023年第四季）

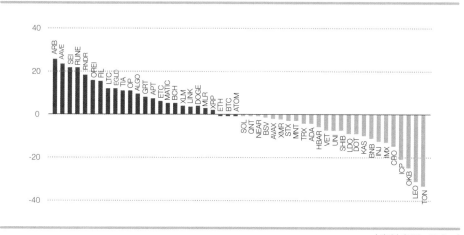

（資料來源：Kaiko）

新幣比舊幣更吸引投資人

　　接下來透過以流動性為基礎的量化評估，多觀察幾個投資時可以參考的加密貨幣市場趨勢。

一、以支付及匯款為目的出現的加密貨幣，主要都是第一代或第二代的加密貨幣，也就是以比特幣為基礎誕生的萊特幣、比特幣現金、比特幣SV、狗狗幣（DOGE），還有以匯款為目的誕生的瑞波幣、恆星幣（XLM）等。雖然以流動性來看，這些項目在每個季度都處於被低估的狀態，但上漲的幅度還是很有限。加密貨幣市場存在多種變數，長期來看，它們還是很有可能上漲，不過有幾個因素，使得漲幅有限。別誤會了，我並不是說它們不會上漲，在牛市期間肯定會充分上升，但與擁有新敘事的項目相比，上漲幅度相對有限。

因素一：累積的賣壓是問題所在。之前很長一段時間是在各個價位區間進行交易，每次只要價格達到特定區間，就會出現賣壓，這就是所謂的「套牢區」（譯註：韓文中會用시체〔屍體〕來形容這個區間，意指價格難以突破續漲，導致散戶死了一大片）。到了這個區間，山寨幣的上漲幅度會比新項目更小，因此很多有經驗的投資者只要賺回本金，就想要賣掉換成其他貨幣，這將在持續上漲方面成為絆腳石。實際上，瑞波幣、比特幣現金等主要貨幣，都是因為這樣，未能在第三次牛市超過第二次牛市的最高價。

因素二：應該展現「成果」而非「承諾」。新加密貨幣僅憑華麗的發展路線圖，便能帶給投資者滿滿的期待。如果提出的方向，也就是新的敘事，與至今為止的項目不同，就會引起投資人的關注。說穿了，**價格上漲時最重要的因素終究是「期待」**。上市許久的項目已經過了承諾的時間，所以評價的標準就是履行了多少承諾，但又因為區塊鏈和加密貨幣都還是初期產業，其實很難取得優於先前承諾的成果。

因素三：機會成本。即使是長期來看有機會大幅上漲的加密貨幣，如果需要等上好幾年，還是很難引起投資者的興趣，例如其他幣種都已經上漲了 10 倍、20 倍，若要等 3 年才能實現承諾，那麼以機會成本的角度來說非常不利，投資者沒有什麼耐心。已經上市許久的貨幣在機會成本方面，比新幣更缺乏競爭力。

因素四：考慮到機會成本，機構投資人也會更喜歡新幣，因為光是投入小額資本，就會立刻反應。這也是為什麼，拉高倒貨會更頻繁地發生在新幣；當然，貨幣市值小也是原因之一。

二、**DeFi（去中心化金融）幣的情況是，雖然每季都有很高的流動性，但相對來說價格走得很緩慢**。AAVE 幣和 Maker 協議的 MKR 幣雖然持續有所成果，但先前並沒有在價格上反映太多，不過等牛市正式開始後，就應該關注 DeFi 幣。順帶一提，若對照協議收益跟市值，會發現 MKR 幣是所有項目中最被低估的。

除此之外，建議同時觀察 DeFi 領域最近受到關注的敘事，也就是流動性質押代幣（Liquid Staking Token，簡稱 LST）、再質押（Restaking）、去中心化永續合約交易所（Perp DEX）、現實世界資產（Real World Asset，簡稱 RWA）等主題。

（編按：通常，質押的加密貨幣已經被鎖定，不能再有其他操作，這就失去了流動性，於是衍生出「流動性質押」的服務，雖然一樣是質押貨幣，但透過流動性質押協議，就可以取得 LST，進而利用 LST 去做其他操作。至於「再質押」，則是把質押拿到的 LST 再拿去

質押。）

三、**在被高估的前 10 名項目中，再區分高估和低估沒有意義。**舉例來說，SOL 幣、雪崩幣（AVAX）的市值排名和流動性排名的差距，分別是 −1 和 −2，看似被高估，但由於排名已經很前面，所以視為適當價值也合理。

四、**僅靠開發活動來帶動上漲的成效有限。**艾達幣（ADA）和波卡幣（DOT）等項目是積極開發的代表，兩者在開發活動評估中總是爭奪第 1、2 名，但是價格上漲不僅需要技術，還需要搭配行銷和社群凝聚力來增加參與人數，最後，搭配投資人期盼的方向前進，也是項目成長的重要策略。總結來說，開發活動活躍、有眾多堅定支持者的項目，長期來看仍有機會上漲。

前面說過，投資新加密貨幣是很好的選擇，但新幣並不是只有優點而已。相對來說，新幣的優勢在於敘事，而敘事跟流行一樣，變化很快，因此要觀察能否維持；再加上，現階段牛市的敘事很難延續到下一個牛市，若是根據敘事選擇貨幣，那麼有效的策略，就是在此次牛市中變現。

新幣的另一個大問題是流通量。新幣注入市場的數量非常可觀，可能會衝擊到市場的供給，所以要持續關注代幣解鎖的日期，尤其要注意初期投資者、創業者及相關人士的持有量。山寨幣最大的問題，就是

解鎖時帶來的大規模拋售衝擊（編按：最初發行加密貨幣時，通常會按比例分配給開發人員、團隊成員、早期投資人等，為了避免剛發行就被大量拋售，所以會有一定的代幣鎖定期。解鎖後，原先這些人就可以自由交易，反而容易形成賣壓，導致價格下跌）。

此外，在最近上市的項目中還觀察到了其他問題：貨幣在私人市場上的價值過高。這是什麼意思呢？加密貨幣在對一般投資者公開之前，往往會先在私人市場上買賣，過度拉抬價格，等到上市、出現在公開市場後，成長動力就打了折扣。「貨幣上市時的價格比 ICO 或種子輪投資階段高出多少」，這也可以用來判斷貨幣是否被低估。

利用 TVL 發掘被低估的貨幣

接下來，讓我們透過區塊鏈內被質押的資金規模，來判斷山寨幣的基本面、還有它是否被低估。TVL（Total Value Locked，總鎖倉價值）是指被鎖定在區塊鏈 DeFi 服務中的總資產價值，包括存款、貸款、質押、流動性供應等以多種形式鎖定的資產。

高 TVL 具有以下意義：

1. 很多用戶和資產都參與了協議。
2. 提供高流動性，讓用戶更容易進行資產交易或質押。
3. 為高水準的安全出一份力，因為攻擊者需要控制更多的資產才能掌握協議。

截至 2024 年 3 月 16 日，在 TVL 方面獲得壓倒性第 1 名的是以太坊。第 2 名則在 LUNA 幣事件前後產生了很大的變化——在 Terra 鏈發生 LUNA 幣事件之前，排名第 2 的就是 Terra 鏈（編按：曾推出穩定幣 UST，但在 2022 年因 LUNA 幣事件導致生態系統崩潰後，更名為 Terra Classic，穩定幣 UST 的代號也改為 USTC），但在 2024 年 3 月，波場鏈（Tron，幣種代號 TRX）和幣安智能鏈（Binance Smart Chain，簡稱 BSC）分別排名第 2 和第 3；第 4 名則是 Solana 鏈，其 DeFi 中的 TVL 正在迅速上升，往後以 Solana 鏈為基礎的 DeFi，很有可能會更加嶄露頭角。

再來是建立在以太坊之上的代表性 Optimistic Rollup（編按：從以太坊擴展出的 L2 擴容方案）項目，也就是 Arbitrum。在 LUNA 幣事件發生之前，Arbitrum 並沒有進入前 10 名。與 Arbitrum 同時新加入的還有 Optimistic Rollup 代表項目 Optimism，以及以太坊的側鏈 Polygon（編按：原幣種代號為 MATIC，已於 2024 年 9 月 4 日更新為 POL）。

EVM 是以太坊虛擬機，不是以以太坊區塊鏈為基礎的就稱為「非 EVM」，讓我們接著看看其排序——Solana 鏈排名第 1，比特幣排名第 2，Sui 鏈（幣種代號 SUI）排名第 3。**並不是 TVL 高就絕對值得投資，但是高 TVL 意味著用戶對該區塊鏈的「信賴度」很高**；同時，高 TVL 可能會引起機構投資人的關注，吸引更多資金。

觀察 TVL 時，重點不只有絕對的數值。透過市值和 TVL 的比率，可以判斷該項目是被低估還是被高估，這與股票中的本益比（PER）或股價營收比（PSR）等概念相似。

TVL 比例（截至 2024 年 3 月 16 日）

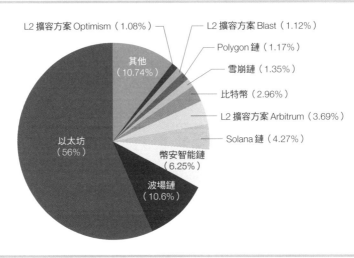

（資料來源：DefiLlama）

非 EVM 的 TVL 比例（截至 2024 年 3 月）

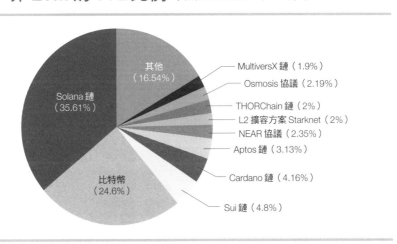

（資料來源：DefiLlama）

下方表格中 Mcap/TVL 的欄位，就是市值占 TVL 的比率。截至 2024 年 3 月 16 日，最被低估的項目是 Arbitrum，數值是 0.8，其 Mcap/TVL 數值還不到 1，跟以太幣的 8.34 和 Solana 鏈的 21.62 相比，可說是極低。Rollup 項目（L2 擴容方案）都被低估，意味著還有上漲的空間。

根據市值占 TVL 的比率，判斷適當價值
（截至 2024 年 3 月 16 日）

	跨鏈橋接 TVL	穩定幣 價值	24 小時 交易量	24 小時 交易費	Mcap/TVL	跨鏈資產 總量	NFT 交易量
以太坊	$331.751b	$76.951b	$3.939b	$23.69m	8.34	$331.751b	$5.64m
波場鏈	$64.566b	$53.011b	$55.95m	$1.82m	1.11	$64.566b	$2,811
幣安智慧鏈	$17.603b	$4.772b	$2.218b	$1.28m	16.07	$17.603b	-
Solana 鏈	$22.051b	$2.659b	$3.603b	$3.19m	21.62	$22.051b	-
Arbitrum	$14.356b	$2.559b	$1.308b	-	0.8	$17.117b	-
比特幣			$1.23m	$2.57m	482.71	-	-
雪崩鏈	$4.771b	$1.335b	$353.12m	$160,226	17.94	$4.771b	$2,811
Polygon 鏈	$8.909b	$1.447b	$280.96m	$161,513	9.71	$11.576b	-

（資料來源：DefiLlama）

分析機構投資組合，站在巨人的肩膀上投資

為了找出被低估的貨幣，下一個指標是機構，要關注知名投資機

構和創業投資（Venture Capital，簡稱 VC，又稱風險投資）公司的投資項目，初期加密貨幣投資者最關注灰度的投資組合。目前市場上最受關注的機構是安德里森・霍羅維茲（Andreessen Horowitz，又名 a16z）、Paradigm、紅杉資本、Pantera Capital 等，而韓國具代表性的創投公司是 Hashed，在世界上也發揮巨大的影響力。創投公司的投資組合都可以在公司官網上查閱，投資組合大多會公開，相當透明，但一一造訪網站還是很麻煩，所以也有一些網站把這些資訊彙整起來。

比方說 CypherHunter（cypherhunter.com）和 RootData（rootdata.com），可以集中查詢創投公司的投資組合，而在 Chain Broker（chainbroker.io）上可以看到創投的投資規模和報酬率，具體的投資金額、投資日期、各輪融資，還有報酬率有多少、有多少創投公司參與等，都整理得一目瞭然。雖然很難百分之百相信這些詳細數據，但在投資時可以參考部分內容。

話說回來，也不能因為創投公司有編入投資組合就盲目購買。當初 Terra 鏈的 LUNA 幣也得到了許多創投公司的大力支持，加密貨幣市值更是上升到了第 7 名。因此，在分析機構的投資組合時，必須經過以下四個步驟：

- 第一步：有多少間創投公司投資？
- 第二步：已經投資多久？
- 第三步：投資比重有多少？
- 第四步：有哪些創投公司參與其中？

第一步是了解「有多少間創投公司投資」。基本上，多數創投公司參與的項目，很有可能具有未來前景。Messari 等研究機構還按季度統計參與機構的數量，在 Chain Broker 網站上也可以知道有多少創投公司參與。

不過，**即使有很多創投公司參與，也不代表那一定是值得投資的項目，重點在於時機。**創投公司會在項目初期投資，進場時也會投入大量資金，因此輪到個人投資者進場時，價格可能已經上漲到數十倍甚至上百倍，這意味著個人投資者稍有不慎，就會在創投公司即將獲利了結時進場，倘若是這種情況，就會面臨很大的損失。

第二步是看創投公司「已經投資多久」。先說結論，**如果是創投公司從很久以前就開始投資的項目，從投資角度來看可能不太適合，**因為價格應該已經上漲很多了；相反地，如果創投公司投資了很久，價格都沒有上漲，那可能表示創投公司投資失敗。要謹記一點，並不是創投公司投資的所有項目都會成功，它們是在投資很多項目後，只透過少數項目賺得天文數字的報酬，這樣判斷反而才是對的。

另外，在 Chain Broker 網站上可以查看項目從何時開始募資。若想獲得高報酬，就要盡量在初期投資，因此最好多留意創投公司近期投資的項目。如果你發現某個項目已經在主要交易所上市，那麼最好等上市暴漲完、轉而大幅下跌後再進場。

第三步是確認「投資比重有多少」。光是持有還不夠，創投公司投入越多資金，就表示越信任該項目。

第四步是觀察「有哪些創投公司參與其中」。並非所有創投公司

都具有相同的影響力，如果是像安德里森・霍羅維茲這種頂級創投公司以初期投資者的身分參與，就有必要更加關注。

越多開發者參與，成長潛力越高

區塊鏈、加密貨幣產業被稱為第四次工業革命的核心技術，由此可知，開發者的角色非常重要，開發創新技術、構建生態系統、加強安全性、努力持續成長等，這些都會決定項目的長期成長。話雖如此，最近出現的項目中，也有越來越多是比起技術，更注重行銷和建構社群，不過項目的持續成長和創新，終究取決於技術和開發，所以需要檢視量化數據，了解開發的活躍程度以及有多少開發者積極參與。

首先，開發現狀主要可以利用 GitHub（github.com）這個網站確認。在 GitHub 上，可以知道有多少開發者正在參與開發、項目議題或業務、進行速度等。

只要透過 Commit log（提交紀錄）確認項目更新的頻率，就可以判斷開發進行到何種程度，**越是積極開發的項目，技術穩定度越高**。開發者會透過修改錯誤、掌握安全性漏洞來維持項目的安全。問題是，大多數投資人並不是開發者，因此很難深入理解 GitHub 的資料，而且大部分主流項目的開發都非常活躍。不過，若要辨認是否為詐騙，確認 GitHub 更有實質幫助，能篩選出絕對不該投資的項目。

在 GitHub 上固然可以看到有多少開發者參與，但如果是使用 Developer Report（developerreport.com），就可以看到更具體的資料。

透過 GitHub Commit log 檢視開發狀況

（資料來源：GitHub）

　　截至 2024 年 3 月，最多開發者參與的項目是以太坊，僅全職開發者就達 2,392 人，比排名第 2 的波卡網路（Polkadot，幣種代號 DOT）多上 3 倍。據統計，若再加上兼職參與的開發者，共有 7,864 人，大概比波卡網路多 3.5 倍。另一個統計顯示，在兼職開發者的排名中，Polygon 鏈反而高於波卡網路。

　　開發者經常參與的前 10 名項目，依序是以太坊、波卡網路、Polygon 鏈、Cosmos 網路、L2 擴容方案 Arbitrum、BNB 鏈（BNB Chain）、雪崩鏈、Solana 鏈、L2 擴容方案 Optimism 和比特幣。**雖然用市值比較時，比特幣排名較低，但比特幣生態系統正在持續擴展，因此可能會有更多開發者流入**。Solana 鏈排在第 8 名，雖然價格暴跌，但開發者並沒有離開，仍然繼續活動，這對價格回升非常重要。跟開發現

狀有關的安全審計報告，也有助於了解；此報告由專業公司評估後製作，雖然不容易找到，但有些會上傳到該項目的社群或官網。

開發者最多的前 10 名（截至 2024 年 3 月 16 日）

	全職開發者			開發者總人數		
	人數	過去 1 年增減比例	過去 2 年增減比例	人數	過去 1 年增減比例	過去 2 年增減比例
以太坊	2,392	-17%	5%	7,864	-25%	-12%
波卡網路	792	-10%	-1%	2,107	-19%	-25%
Polygon 鏈	790	-33%	-16%	2,800	-36%	-24%
Cosmos 網路	669	-17%	24%	2,035	-21%	5%
L2 擴容方案 Arbitrum	592	-19%	21%	1,823	-15%	15%
BNB 鏈	498	-20%	-25%	1,650	-36%	-40%
雪崩鏈	455	-5%	-1%	1,485	-6%	-3%
Solana 鏈	436	-36%	-29%	1,615	-46%	-49%
L2 擴容方案 Optimism	432	-15%	23%	1,299	-16%	21%
比特幣	356	-15%	-11%	1,071	-19%	-17%

（資料來源：Developer Report）

透過全球平臺，確認加密貨幣等級

事實上，個人投資者很難自行評估加密貨幣的價值，尤其是山寨幣的價值。

我們來認識一下判斷加密貨幣價值時可以使用的兩種工具：

第一，由專業機構評估加密貨幣的等級。多種全球平臺都會統計加密貨幣的等級，彙整後提供在 CoinMarketCap（coinmarketcap.com）、CoinGecko（coingecko.com）等入口網站。

我們試著在 CoinMarketCap 上搜尋 SOL 幣看看！

如下圖所示，從等級（Rating）這一項來看，在滿分 5 分中，SOL 幣的平均分數為 4.2 分；如果將游標放在驚嘆號的圖示上，會看到評分的三間機構，分別是 CyberScope、Certik、Xangle，這些都是具市場公信力的機構，其中 Xangle 是韓國公司。各機構的分數都不一樣，點擊

在 CoinMarketCap 檢視 SOL 幣評價等級

（資料來源：CoinMarketCap）

進去就可以看到評分依據。

接著來看看給予最高評價的 Certik 吧（見下圖）！

Certik 以基本面、操作、公司治理、市場、社群、程式碼等六個層面進行評估，其中社群分數最高，基本面分數最低。

在 Certik 檢視 SOL 幣評價等級

（資料來源：Certik）

第二，可以透過「行家的投資」流入現狀來確認。所謂行家的投資，就是追求高收益短線價差、根據行情快速移動的資金，這是華爾街的用語，意指投資機構或大戶的資金。該指標必須透過 Nansen（nansen.ai）等付費網站才能看到。若行家的投資大量流入，就表示該項目很有可能會在短期內上漲。

藉由「行家的投資」流入現狀來評價加密貨幣
（截至 2024 年 3 月）

幣種	交易淨額（美元／7 日）	存入金額（美元／7 日）	提取金額（美元／7 日）
USDT	276,031,731	982,201,327	706,169,596
FDUSD	64,642,226	85,660,872	21,018,646
CRV	14,023,615	26,802,506	12,778,891
AUDIO	13,695,513	13,698,001	2,488
FLOKI	8,882,732	9,314,370	431,639
APE	7,280,903	9,048,438	1,767,535
LDO	5,349,559	13,017,596	7,668,036
GALA	4,836,169	18,935,641	14,099,472
GEKKO	4,087,496	6,120,154	2,032,658
RNDR	3,393,786	12,088,260	8,694,474

（資料來源：Nansen）

四步驟，深入理解項目本質和完成度

質化評估能更深入理解項目本質和完成度，分為以下四個步驟：

步驟一：項目想要解決什麼問題？

步驟二：打算用什麼方法解決？

步驟三：哪個團隊正在解決問題？

步驟四：社群是否建構完善？

　　我們一個個來看吧！**步驟一是了解項目想要解決的「問題」是什麼**。以下舉三個例子，簡單概括了各項目注意到的問題：

　　「讓金融交易去中心化，個人之間也能進行金融交易。」

　　「如果說第一代加密貨幣是以金融交易為重，那麼接下來就是擴展到多個產業。」

　　「現有的區塊鏈速度太慢，手續費也很高，不適合交易，因此要解決可擴展性問題。」

　　這三個項目各別是什麼呢？依序是比特幣、以太坊、Solana 鏈。通常可以在白皮書和官網上看到各個項目想要解決的問題。一般來說，跟項目本質有關的內容可以看白皮書，項目的主要活動等最新資訊則能在官網上看到。

　　比特幣白皮書的第一句話是：「本文提出了一種完全透過點對點技術實現的電子現金系統，它使得線上支付能夠直接由一方發起並支付給另外一方，中間不需要透過任何的金融機構。」目的是讓金融交易去中心化，實現個人之間的金融交易。

　　以下是以太坊白皮書的一部分：「以太坊的目的是創造一個用於構建去中心化應用程式的替代協定，提供一套我們認為對於一大類去中心化應用程式非常有用的不同折衷方案，特別是快速開發時間、小型和不常用應用程式的安全性，以及應用程式間高效互動能力很重要的情形。」這是關於平臺的說明。

　　如果說比特幣製造出不需要第三方信賴機構也能流通的數位資產，那麼以太坊則想打造沒有第三方信賴機構也能流通的應用程式平臺，這

就是所謂的「**世界電腦**」。綜上所述，比特幣的問題焦點都集中在金融交易上，而以太坊試圖跳脫金融，將區塊鏈技術應用到多個產業上。

　　步驟二是解決問題的方法。各項目解決問題的方式五花八門，有些可以透過建立平臺或協議來解決，不然還可以選擇擴張社群，當然除此之外，還有多種方式。大多數的解決方法可以在白皮書和官網上看到，但還是建議要在這過程中自行尋找各種資料，投資加密貨幣時需要參考的資料比投資股票更多，這代表投資加密貨幣更加困難。

　　比特幣透過「將交易明細放入區塊後加密」的方式解決了問題，是首次使用區塊鏈的貨幣。而以太坊比比特幣更進步，將交易明細和應用程式，也就是智能合約，同時儲存在區塊中，然後有條件地傳送。

　　讓我們看看以太坊白皮書中提到的相關內容。

　　「以太坊透過建立本質上的終極抽象基礎層來實現這一點：具有內建圖靈完備（Turing Completeness，編按：意指系統或程式語言有能力模擬任何其他計算設備或者演算法）程式語言的區塊鏈，允許任何人編寫智能合約和去中心化應用程式，他們可以在其中建立自己的所有權、交易格式和狀態轉換函式的任意規則。」

　　圖靈完備、智能合約、去中心化應用程式等用語，都是實現去中心化平臺的方法。以比特幣來說，為了從根本上阻斷無限迴圈發生的可能性，比特幣禁止在腳本中使用迴圈（Loop，編按：讓程式碼依照特定條件重複執行），所以**比特幣並不具備圖靈完備性。但以太坊是圖靈完備的，能適用於多種交易條件之下，因此可以在各種商務情況中使用。**

最後，Solana 鏈透過歷史證明（Proof of History，簡稱 PoH）共識機制達到了快速交易的目標。歷史證明的概念將在本部第 3 章探討。

步驟三與解決問題的團隊有關。包括創投公司在內的加密貨幣投資機構，大多認為團隊是最重要的，萬事以人為本，就算宣稱要解決很龐大的問題，如果聚在一起的成員資歷和能力不足，往往只是空口說白話。在評估團隊時，重點是觀察成員有什麼經歷、做過什麼活動；團隊領袖比什麼都重要，領袖對市場有多大的影響力也是重要的變數。

舉例來說，馬斯克的一句話就會左右市場，狗狗幣的大漲就與他高度相關；世界幣在暴漲時，也是因為 ChatGPT 之父——山姆‧奧特曼（Sam Altman）——強大的影響力，但這種領袖的影響力，跟項目能否持續成長並沒有非常相關。雖然領袖會在短期內帶來影響，使得項目備受關注，但該項目必須在本質上成長才有可能持久。

所以說，要觀察團隊的開發能力，這之前在量化評估中也提過。從質化的觀點來看，最好確認帶領團隊的開發者能力有多強，以及參與程度有多少。歸根結柢，關鍵還是在於能否達成目標。

而且，如果開發者持續增加新功能、改善現有功能，項目價值和實用性就會提升，這也直接關係到社群的活躍程度；開發者可以透過與用戶溝通來蒐集回饋，讓項目更完善。區塊鏈市場的競爭非常激烈，**藉由活躍的開發活動，在競爭中占有優勢並擴大市占率**，就是成長的關鍵。因此，機構投資人在做投資決策時，也會將開發者現狀視為考量重點。可以說，開發的活躍程度，終究是體現項目成長潛力的核心指標。

山寨幣的另一個變數：社群建構能力

社群的溝通是否順暢？社群是誰主導的？

在加密貨幣生態系統中，社群建構能力與項目的技術完成度一樣重要。即使初期技術不足，如果社群建構完善，往後還是能引進有能力的開發者，提高項目的完成度，Solana 鏈就是一個代表案例，它先透過社群建構和行銷能力獲得曝光。

投資人可以溝通和使用的社群大致有三個：該項目的官方社群、資訊交流的社群、網路名人的社群，只要根據自己的投資目的使用各個社群即可。

進入該項目的官網，就能找到官方社群。每個項目都有經營各種官方平臺，主要會使用 Telegram 和 Discord 伺服器作為主要平臺，除此之外，通常都還會經營推特（X）、Reddit、Medium 等，或是自行架設網站。

社群的氛圍建議還是親自加入確認，基本上如果有很多參與者、對話和溝通都很活躍，那麼該項目很有可能會持續進行。社群內還會進行各種活動，包括向具有特定資格或貨幣的人以空投（Airdrop）的形式發送貨幣等，參與的投資人越多，成長潛力就越高。

資訊交流社群主要是在推特和 Telegram 上，關注全球投資機構的研究負責人或加密貨幣分析師的推特帳戶，就能獲得有用的資訊。現在也經常使用 Kakaotalk 的 Open 聊天室（譯註：類似臺灣的 LINE 社群，使用者可匿名加入）。

最後一個是網路名人的社群。極具代表性的就是馬斯克、以太坊創辦人維塔利克・布特林（Vitalik Buterin，又被稱為 V 神）、凱西・伍德等名人的推特。加密貨幣創辦人、交易所、創投公司、擁有比特幣的企業執行長等，有相當多人都對市場具有影響力。奉勸大家一定要關注有影響力的重要人物的推特；另外，關注特定人物後，系統還會繼續推薦其他相關名人，可以先看看他的推文，如果內容對你有幫助再追蹤即可。我還追蹤了介紹鏈上指標的各種帳號，最具代表性的是 CryptoQuant、glassnode、IntoTheBlock 等帳號。

加密貨幣市場 1 年，抵其他產業 10 年

質化判斷的範圍很廣。分析時時刻刻都在變化的市場狀況和項目，以及各種相關的利多和利空因素，都包含在質化評估中。如果你已經能夠清楚掌握項目要前進的方向，並透過量化評估檢驗基本面，那麼接下來就要檢視，能否完整實現發展路線圖，這要多方面觀察該項目未來會有哪些利多和利空因素，以及是否有重要的升級。

如果要把質化評估做好，最好平時就養成閱讀專業機構調查報告的習慣，這樣才能正確理解市場的大趨勢。在國外網站中，Messari 是最有名、最具公信力的，其創辦人名叫萊恩・塞爾基斯（Ryan Selkis），在市場上有著很大的影響力。以韓國公司來說，Korbit 和 Four Pillars 也發布了很多優質報告。

此外，要持續閱讀新聞報導。加密貨幣市場的變化之快，毫不誇張

地說，其他產業 10 年內發生的事情，加密貨幣市場 1 年內就會發生，每天都在快速變化。若要迅速掌握時刻變化的市場狀況，就得注意新聞。

以下介紹幾家重要的媒體：韓國有最快傳達速報的 Coinness、讀者點擊率第一的 Blockmedia、走深入調查報導路線的 Digital Asset 等，國外則有 Cointelegraph、CoinDesk、The Block、The Daily HODL、Decrypt、BeInCrypto 等，建議先訂閱或收藏，每天早上固定閱讀新聞，將有助於擬定投資方向。

如何找出投資山寨幣的最佳時機？

最後我們來看一下投資時機。在判斷山寨幣投資時機時，應該重視比特幣市值占比，顯示數據為比特幣主導指數（Bitcoin Dominance Index，簡稱 BTC.D）。比特幣市值占比表示**比特幣在加密貨幣市場的市占率**，如果占比上升，表示比特幣的市占率增加；相反地，如果占比下降，表示比特幣的市占率降低，山寨幣的市占率則會提高。

要同時觀察比特幣市值占比、比特幣價格和山寨幣市值。**進場山寨幣的標準時機**就是比特幣市值占比降低、比特幣價格反而上漲的區間，就算之後比特幣市值占比值續下降，只要比特幣的價格撐住，依然是山寨幣的漲勢期。在目前的循環中，比特幣減半後迎來了進場的好時機。換句話說，**2024 年第四次減半已過，將會迎來比特幣的牛市，以及適合投資山寨幣的最佳時期**。

另外，也需要留意山寨幣老大「以太幣」的動向。因為以太幣一

且大幅上升，先前湧入比特幣的流動性就會流向以太幣，然後再從以太幣流向其他山寨幣。

　　不僅如此，還要考慮自己的投資偏好。如果是能承擔風險的投資人，可以在減半循環前積極投資山寨幣，大幅提高報酬率，但務必保持短線操作的心態，需要在過熱區間適當地賣出變現；相反地，如果是偏好穩健操作的投資人，應該先投資比特幣，等減半後充分上漲了，再等待比特幣市值占比下降、判斷會帶動山寨幣上漲之時進入山寨幣市場。

　　加密貨幣市場存在循環，比特幣上漲後就是主要山寨幣上漲，之後是其他山寨幣如雨後春筍般上漲，接著市場轉為整體下跌的趨勢。到目前為止，循環都呈現出相同的趨勢。

比特幣市值占比和山寨幣牛市循環

比特幣 市值占比	比特幣	山寨幣
上漲	上漲	下跌
上漲	下跌	快速下跌
上漲	盤整	小幅上漲
下跌	上漲	快速上漲
下跌	盤整	上漲
下跌	下跌	盤整

造成山寨幣價格短期變動的因素之一是解鎖。**價格大幅下跌往往是因為大規模拋售，而解鎖會引發大規模拋售。**

「鎖定」（Lock-up）是在一定時期內限制貨幣或股票交易的措施，目的是防止初期投資者、開發者、基金會在貨幣上市後，立即將持有的數量投入市場造成混亂，旨在鼓勵投資者以長遠的觀點來投資，調整供應到市場的貨幣量、降低價格波動性；相反地，「解鎖」（Lock-up Release）的意思是，在鎖定期結束後可以進行貨幣交易，原先被鎖定的貨幣會被供應到市場，讓流動性增加，這可能會影響貨幣價格。

讓我們從源頭來了解，解鎖為什麼會對市場產生影響。基本上，如果供給被限制，稀少性會增加，資產價值隨之上升；相反地，解鎖會增加流通量，降低稀少性，引發通貨膨脹。因此，在供過於求的市場結構中，價格就會下跌。

每個項目鎖定的數量和解鎖日期都不同。雖然解鎖不會立刻引發拋售，但有時確實會導致大量拋售，帶給價格很大的下行壓力。從一般模式來看，解鎖日期臨近時，會進行一種名為「卡特爾」（Cartel，編按：意指壟斷集團，易發生於少數資源被數個企業完全掌握的情況）的手段，這反而會強制抬高價格，之後價格再因拋售而有部分調整。

解鎖對加密貨幣價格的影響，會根據項目價值和時期等而有所不同。如果是基本價值高、投資者需求充分的項目，那麼解鎖對長期價格的影響不會太大。從時間點來看，如果解鎖發生在牛市，那麼完全可以憑需求來守住價格；但如果長期價值不足、或者市場走空頭，價格可能會在沒有卡特爾行為的情況下大幅下跌，因此投資人一定要事先確

解鎖日期（2024 年 4 月）

Name		Price	Chg (24H)	Market Cap	Circ. Supply	Unlocked	Locked	Next Unlock	Date ^
☆	Immutable IMX	$ 2.08	+8.78%	$ 3.05B	IMX 1.46B	71.7% IMX 1.43B	28.3% IMX 566.28M	2.34% of M. Cap ($ 71.19M) IMX 34.19M	Apr 19 2024 Today
☆	Rebase IRL	$ 0.0904	+2.22%	$ 3.91M	IRL 43.22M	3.65% IRL 16.27M	61.3% IRL 306.73M	5.62% of M. Cap ($ 219.69K) IRL 2.43M	Apr 19 2024 Today
☆	Winerz WNZ	$ 0.000268	-3.96%	$ 113.71K	WNZ 425.00M	62.5% WNZ 625.28M	7.47% WNZ 74.71M	4.95% of M. Cap ($ 5.63K) WNZ 21.03M	Apr 19 2024 Today
☆	Sugar King... SKO	$ 0.0379	-2.26%	$ 430.87K	SKO 11.37M	11.6% SKO 11.58M	82% SKO 81.95M	2.53% of M. Cap ($ 10.89K) SKO 287.49K	Apr 19 2024 Today
☆	Numbers ... NUM	$ 0.0976	+9.18%	$ 59.44M	NUM 608.37M	53.4% NUM 531.86M	23.8% NUM 238.17M	1.69% of M. Cap ($ 1.00M) NUM 10.26M	Apr 19 2024 Today
☆	sudoswap SUDO	$ 0.173	+21.4%	$ 4.35M	SUDO 25.16M	71.6% SUDO 42.97M	28.4% SUDO 17.03M	1.93% of M. Cap ($ 84.02K) SUDO 486.54K	Apr 19 2024 Today

（資料來源：CryptoRank）

認解鎖日期，這可以在 CryptoRank（cryptorank.io）、Token Unlocks
（token.unlocks.app，編按：現已改為 Tokenomist，前述網址會自動跳
轉到 tokenomist.ai）等網站上查詢。

　　順帶一提，預計解鎖的貨幣數量越多，對項目的基本面越不利，
因為解鎖的數量在決定性的瞬間投入市場，可能會對價格帶來下行壓
力，所以要深入地檢視各項目的「代幣經濟學」（Tokenomics，編
按：用以統稱會影響加密貨幣價值的各種因素）。實際上，導致山寨幣
價格暴跌的重要因素之一，就是初期投資者在解鎖時就將大量貨幣投入
到市場中。

　　最後，在低估區間能獲得加密貨幣的重要方法就是「**空投**」，指
的是免費發放加密貨幣的活動，因為就像錢從天上掉下來一樣免費獲得

加密貨幣，所以才稱為空投。空投大致可分為兩種形式，第一個要先投入資本，第二個雖然不用投入資本，卻需要耗費時間。

加密貨幣和區塊鏈項目進行空投的目的包括宣傳、獲得用戶、形成社群等，因此大部分都是在項目最初期進行。參與空投時，一定要了解該項目是做什麼的，並考慮到投入時間的效益。由於是在非常初期，特別難篩選出好項目，但最重要的是掌握好趨勢。若想做到這一點，就要先爬文、尋找各種資訊，這樣才能提高獲得空投的成功率，重點是該項目能否持續，如果沒有持續性，可能就只是浪費時間、毫無意義。

若不是無資本條件限制的空投，就得先在區塊鏈的第 1 層（L1）和第 2 層（L2）上質押或供應流動性等，為維持安全和發展生態系統做出貢獻，才能得到貨幣作為獎勵。在這個情況下，應該要考慮在各區塊鏈的生態系統中，哪個生態系統的發展潛力比較高，而且由於自身資本已經投入，必須要認真思考駭客的問題，對此，另外設置一個專門收空投的錢包不失為一個方法。

總而言之，空投的本質也是要篩選出有發展潛力的優質項目和生態系統。很多人看到空投時都會陷入錯失恐懼症，但請記住，這過程絕不容易。

接下來的第 2～4 章將介紹山寨幣的各個種類，以及篩選超級貨幣時需要注意的地方。

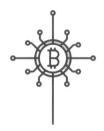

第 2 章

支付及交易型加密貨幣，追趕比特幣地位

什麼是支付及交易型加密貨幣？

山寨幣也分很多種類，同一類別的加密貨幣具有相似的屬性，因此放在一起看就更容易理解，同時也可以思考各類型的投資策略。儘管山寨幣沒有正式的分類標準，不過，根據「功能」來分類是最合理的，由此大致可分為支付及交易型加密貨幣、平臺型加密貨幣及實用型加密貨幣等三種。本章會先介紹支付及交易型加密貨幣，接著在第 3 章和第 4 章分別了解平臺型加密貨幣和實用型加密貨幣。

顧名思義，支付及交易型加密貨幣就是用於支付和交易的加密貨幣，根據目的和性質，可以**更仔細地分為支付型加密貨幣、匯款型加密**

貨幣、匿名型加密貨幣和穩定幣等。

　　在支付型加密貨幣中，從比特幣硬分叉的加密貨幣市值排名名列前茅。硬分叉的意思是獨立為全新的區塊鏈，與先前的版本不相容；與之相反，軟分叉是可以與先前版本兼容的重要軟體更新。比特幣的硬分叉雖然與比特幣的屬性幾乎相似，卻是不可相容的獨立貨幣，相當具有代表性的是萊特幣、比特幣現金，還有從比特幣現金硬分叉的比特幣 SV、eCash（XEC）等。迷因幣的代表「狗狗幣」也是比特幣的系列，最初先從萊特幣硬分叉出幸運幣（Luckycoin），再從幸運幣硬分叉出狗狗幣。

　　國際匯款型的加密貨幣代表，就是瑞波幣和恆星幣。由於恆星幣是瑞波幣硬分叉出來的，因此兩者的技術屬性相似，只是追求的最終方向不同，瑞波幣的目的是與全球大型銀行建立夥伴關係來取代SWIFT，但恆星幣的目的是為擴大第三世界的金融普惠性做出貢獻。

　　匿名型加密貨幣又是什麼呢？以比特幣為首的加密貨幣通常都可以檢視誰匯給誰、匯了多少，非常透明，只是無法確定錢包的擁有者。然而，匿名型加密貨幣則是處理到無法在區塊鏈上檢視匯款者的錢包地址和匯款金額，由於無法確認交易明細，可能會用於洗錢等各種犯罪行為上，因此又被稱為「暗幣」。包括韓國在內的多個國家，都已經不再支援，或使其退出市場。

　　穩定幣就是將貨幣價值跟實際資產掛鉤，是沒什麼波動性的加密貨幣。穩定幣大致可分為三種：法幣穩定幣、加密貨幣穩定幣、算法穩定幣。法幣穩定幣是最直觀的穩定幣，好比市值最高的泰達幣（USDT）

和 USD Coin（USDC），這兩種穩定幣的價格都與美元聯動；這種穩定幣可以在經營機構以法定貨幣兌換，技術上也很簡單，因此最穩定。然而，這種貨幣有中心化的問題，而且資產明細的透明度驗證也有限。

接下來是加密貨幣穩定幣，這種類型是先抵押以太幣等加密貨幣，再發行穩定幣。由於是在智能合約內進行抵押、發行、銷毀，所以高度透明且去中心化，但由於加密貨幣的價格波動幅度大，如果抵押的資產價格低於標準價格，就會有被清算的風險。最具代表性的是借貸協議 MakerDAO 發行的 Dai（DAI）。

最後是算法穩定幣，是指同時管理兩種貨幣，反覆銷毀和發行來調節供需，讓價格控制在 1 美元，最具代表性的是 TerraClassicUSD（USTC）。

比特幣硬分叉，追求不同理想

想要理解支付及交易型加密貨幣的話，首先得要了解「區塊大小」的概念。

比特幣的區塊很小，只有 1MB。2017 年，比特幣網路的部分開發者計畫進行「SegWit2x（簡稱 S2X，隔離見證 2x）硬分叉」，將區塊大小擴大一倍，增加到 2MB，不過後來社群內部意見分歧，硬分叉暫時被推遲，SegWit2x 硬分叉的支持者決定另外建立區塊鏈網路，當時出現的就是比特幣現金。

2017 年 8 月 1 日，比特幣現金在比特幣的區塊高度（Block Height，

編按：區塊鏈中一個區塊和創世區塊之間的塊數，即區塊編號）為478,558時進行了硬分叉。**除了區塊大小之外，比特幣現金在結構上與比特幣幾乎相似，**用於支付及交易，供應量同樣也是2,100萬個，使用工作量證明共識機制，每四年減半一次，時間點也與比特幣相似。

為什麼比特幣現金重視區塊大小？原因是這會直接影響網路能處理的交易量。開發者認為，比特幣現金可以解決一部分比特幣交易速度慢和交易手續費高昂的問題，還認為比特幣的可擴展性問題將妨礙比特幣的長期成長，而比特幣現金比比特幣更快，手續費也更便宜。

這裡可以提出一個問題：擴張區塊大小確實有很多優點，那麼比特幣為什麼要堅持區塊大小是1MB呢？有個概念是**「區塊鏈三難困境」，意思是區塊鏈很難同時解決去中心化、安全性、可擴展性這三個問題。**比特幣著重於去中心化和安全性，認為交易的穩定性最為重要；相反地，比特幣現金更注重速度，即可擴展性。也就是說，更多的人認為，能更快速支付才重要，彼此追求的不一樣。

現在知道區塊大小與可擴展性有關，但是與去中心化有什麼關係呢？我們簡化問題來看看。連接到區塊鏈網路的電腦稱為節點，節點有分成好幾種。到目前為止，擁有所有區塊鏈紀錄的節點稱為「全節點」，在全節點中挖礦的電腦稱為「礦工」。如果區塊大小變大，全節點所需的容量也會等比例變大，那麼就難以用低廉的基礎設施挖礦，換句話說，處理區塊所需的電力和設備會變得昂貴，這麼一來，只有大企業等巨頭才能挖礦，這將可能造成高度中心化，還可能會威脅共識方法，對比特幣共同體帶來不利影響。結論是，比特幣網路認為，擴大區

塊大小違背了去中心化的精神。因此，比特幣現金透過硬分叉將區塊大小增加到 8MB，現已擴大至 32MB，但比特幣並沒有擴增區塊大小，而是找到了其他方向——試圖透過新的擴容方案解決問題，其中一個就是在閃電網路或交易時採用「Schnorr Signature」（施諾爾簽名），**將多個簽名合而為一來進行驗證，用一個簽名取代每個人的簽名。**

比特幣現金硬分叉自比特幣，因此具有與比特幣相似的有利條件。

第一，在證券議題上相對自由，如果比特幣不是證券，那麼比特幣現金也沒有理由轉為證券。

第二，採用方面：2018 年美國金融服務公司羅賓漢（Robinhood）繼支援比特幣和以太幣之後，決定支援比特幣現金和萊特幣；2022 年，線上匯款公司 PayPal 決定支援比特幣、以太幣、比特幣現金、萊特幣的發送和接收；2023 年，華爾街主導的虛擬資產交易所 EDX 也決定支援比特幣、以太幣、萊特幣和比特幣現金的交易，但是在 2024 年 3 月時，已經停止支援比特幣現金。

比特幣現金在與比特幣相似的時機迎來減半，這也是它的優點之一。如果說比特幣強化了價值儲藏工具的定位，那麼比特幣現金則是為了鞏固數位貨幣的地位而追求實用性。

比特幣社群的「分家」之爭

硬分叉關係到項目的具體方向。比特幣現金的硬分叉由 ASIC 礦機的製造公司「比特大陸」的吳忌寒主導，據傳在比特幣和比特幣現金分

叉的過程中，中國勢力發揮了很大的影響力。比特幣 SV 也是比特幣硬分叉的代表，準確來說是在 2018 年 11 月硬分叉自比特幣現金，其名稱是在既有的比特幣加上「中本聰願景」（Satoshi Vision）的縮寫，表明比特幣 SV 將建立全球支付系統，繼承比特幣創辦人中本聰的精神。

在比特幣上進行硬分叉後，比特幣現金開發者之間就對於「升級方向」產生了技術意見的分歧，當時比特幣現金社群大致分為「比特幣現金 ABC」和「比特幣現金 SV」兩派。**在網路升級的方向上，兩個陣營針對是否包括智能合約解決方案、是否擴大區塊大小等幾個技術問題產生了衝突**，該升級中還包括支援「原子交換」（Atomic Swap）的智能合約功能，這功能允許不同的加密貨幣直接進行交換，不用透過傳統交易所。

比特幣現金 ABC 希望引進包括原子交換在內的新功能；相反地，比特幣現金 SV 陣營則認為要在不變更既有比特幣協議的情況下，將區塊大小從 32MB 擴大到 128MB，並恢復成原本的比特幣結構。簡單來說，衝突點在於「要用區塊鏈開拓新功能」還是「要承襲比特幣原本的精神」。

最終，兩個陣營展開了激烈的算力競爭，2018 年比特幣現金 SV 陣營透過硬分叉，創造出了名為比特幣 SV 的貨幣。比特幣 SV 的開發由英國區塊鏈技術開發公司 nChain 的執行長克雷格・史蒂芬・懷特（Craig Steven Wright）主導，他聲稱自己就是中本聰。比特幣 SV 將重點放在穩定的協議和鏈上大規模的可擴展性，協助全球商務人士建立一個更便於使用、以比特幣區塊鏈為基礎的環境，這與比特幣現金存

在著方向上的差異。順帶一提，2024 年 3 月 15 日，英國倫敦高等法院宣判懷特並不是比特幣創辦人中本聰（編按：懷特在美國申請到比特幣白皮書及比特幣原始碼的著作權，從而對許多比特幣開發者提起訴訟，後來，加密貨幣開放專利聯盟認定懷特捏造身分，也提出訴訟，最後英國法院判決指出懷特並非中本聰。由於懷特來自澳洲，社群便戲稱他為「澳本聰」）。

比特幣另一個硬分叉是比特幣黃金（BTG）。2020 年 11 月，比特幣現金上出現的硬分叉是比特幣現金 ABC，現在重新命名為 eCASH（XEC）。

不過，其實在比特幣的硬分叉項目中，**知名度最高、歷史最悠久的是萊特幣**。2011 年 10 月 7 日，Google 軟體工程師李啟威（Charlie Lee）在比特幣的代碼庫（code case）中修改幾處後發行了萊特幣，萊特幣在很多方面都與比特幣非常相似，但它是為了解決比特幣緩慢的交易速度和高昂手續費而出現的代表性項目，由此也產生了明顯差異。比特幣每 10 分鐘生成一個區塊，而萊特幣的交易速度比比特幣快了 4 倍，每 2.5 分鐘就會生成新的區塊；為了避免數量太少導致價格上漲，萊特幣將挖礦量增加到比特幣的 4 倍，總發行量為 8,400 萬個。如果說比特幣是數位黃金，那麼萊特幣就是「數位白銀」，因此萊特幣也被稱為「銀色比特幣」。

2017 年 12 月，萊特幣創辦人李啟威公開表示他出售了自己擁有的所有萊特幣，此舉引起了爭議。當時是加密貨幣市場的第二次牛市，萊特幣的價格已經上漲了 75 倍左右。對於李啟威的出售，萊特幣投資人

意見相左，分為兩種見解，一種是創辦人放棄了萊特幣，另一種是萊特幣可以在不受創辦人的干涉下，成為真正去中心化的貨幣。對於這樣的爭議，李啟威解釋說，自己繼續持有萊特幣可能會與目前從事的產業發生「利益衝突」，所以才為了避嫌而出售。

萊特幣在啟動 MWEB（MimbleWimble Extension Blocks，編按：藉由隱私保護協議 MimbleWimble 來擴展區塊，該協議既讓交易數保持隱私，又能刪除、壓縮多餘的交易訊息，降低鏈上數據量，提高交易效率）升級後，韓國交易所停止支援，因為該升級雖然提升了萊特幣網路的可擴展性，但其核心細項包含了強化安全功能，可以選擇不洩露交易資訊的「匿名傳送」。

瑞波幣，夢想取代 SWIFT 系統

韓國投資人之間最常交易的第 1 名加密貨幣是比特幣，第 2 名則是瑞波幣，而非以太幣，由此可見瑞波幣在韓國有多熱門。2023 年，瑞波幣與美國證券交易委員會的訴訟獲得簡易判決結果後，瑞波幣價格暴漲，韓國交易所 UPbit 的交易量是所有交易所中最高的。韓國人對瑞波幣又愛又恨，所以替瑞波幣取了一個外號——「瑞又騙」，意思是「又被瑞波幣騙了！」。

「瑞波幣」正式名稱是 XRP，瑞波既是發行 XRP 的公司名稱，也是協議名稱，該公司過去的名稱是 Ripple Labs，之後更名為 Ripple，同時加密貨幣也是這個名稱。在韓國交易所 UPbit、Bithumb、Korbit 中，

都是以「Ripple」稱呼該貨幣。

瑞波幣始於 2004 年電腦工程師萊恩・福格（Ryan Fugger）開發的瑞波支付（RipplePay），比比特幣還早出現，而瑞波支付是為了讓全世界的銀行能即時匯款而開發的服務，在當時跟以區塊鏈為基礎的加密貨幣毫無關係。2012 年，萊恩・福格辭職後，克里斯・拉森（Chris Larsen）和傑德・麥卡勒布（Jed McCaleb）收購瑞波支付公司，成立名為 OpenCoin 的公司，引入區塊鏈和加密貨幣的概念，因此目前的瑞波體系是在 2012 年以後形成的。2013 年 9 月，公司名稱從 OpenCoin 改為 Ripple Labs，又於 2015 年 10 月更名為 Ripple，在加密貨幣領域持續深耕了超過 10 年。

但其實在公司打下基礎沒過多久，共同創辦人、優秀開發者傑德・麥卡勒布與理事會發生摩擦，2013 年 7 月便離開公司了；事實上，麥卡勒布是被趕下臺的，後來他在瑞波幣上硬分叉，創造出恆星幣。目前瑞波公司的執行長是布拉德・加林豪斯（Brad Garlinghouse），韓國投資者之間稱他為「麵包哥哥」（譯註：推測是因為 Brad 音近 Bread）。

瑞波幣創辦人點出了國際匯款系統的問題，並制定了瑞波幣的發展路線圖，就是將落後的 SWIFT 轉換成以區塊鏈為基礎。金融是所有產業中變化最慢的，國際匯款系統雖然有很多缺點，但至今都沒有嘗試特別的變化。1977 年，美國和歐洲的商業銀行為了進行跨國的資金交易而成立了環球銀行金融電信協會，也就是 SWIFT；目前全世界大約 200 個國家、超過 1 萬 1,000 個金融機構都是透過 SWIFT 付款或結算交易款項，而且 SWIFT 是以關鍵通貨「美元」進行，在國際金融交易中是絕

對需要的服務。

不過，透過 SWIFT 匯款會遇到什麼問題呢？問題有各式各樣，但大致可分為兩種，其一是匯款時間過長，其二是手續費昂貴。SWIFT 匯款基本上要 4～6 個步驟，甚至更多，而且需要 2～3 天才能完成匯款。有時如果遇到匯款銀行和收款銀行的資金持有量有問題，就需要經過多家中轉銀行，過程中匯款遭到取消的情況相當常見，這也造成手續費上漲，雖然基本上是在 2% 左右，但要是金額大、換匯比例高、經過很多中轉銀行，可能會增加到 8%～23%。

瑞波項目的目標，是透過他們開發的解決方案來處理這些問題。由於 SWIFT 是單向的，必須透過代碼逐步確認，這使得匯款需要耗費很長的時間才能完成，而瑞波解決方案採用了雙向溝通的方式，服務大致有「xCurrent、xRapid、xVia」這三種。

2019 年，瑞波公司將這三種服務整合到了由他們開發、以分散式帳本為基礎的支付網路 RippleNet 之中。

在三種服務中，特別需要關注 xCurrent 和 xRapid。從金融機構只引進兩種服務的情況來看，可以知道瑞波項目最終想要前進的方向，和目前情況之間還存有差距。

擁有最多合作夥伴的是 xCurrent。這項服務不會使用到瑞波幣，而且實際上是以中心化的方式運作。匯款銀行和收款銀行都會搭載 xCurrent 解決方案相互交換資訊、確認收發與否，然後使用 ILP 分類帳（Interledger Protocol，簡稱 ILP，編按：ILP 是一種開源協議，允許跨多個帳本發送付款）進行匯款。銀行之所以喜歡 xCurrent，是不用大幅

xCurrent 和 xRapid 的概念

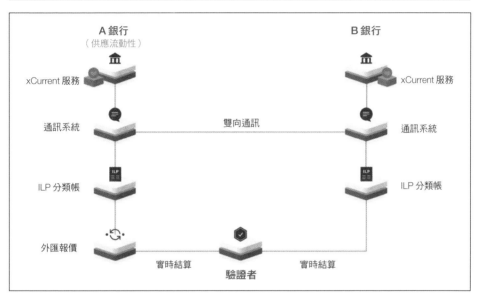

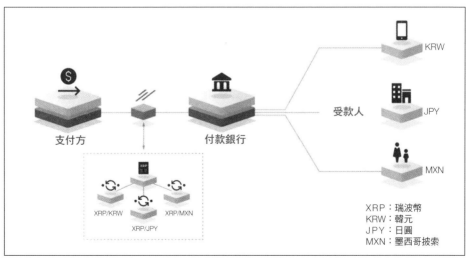

（資料來源：ripple.com）

改變目前匯款的基礎設施，就能提高速度、節省費用。

第二個是 xRapid。這種方式利用了 ODL 解決方案。ODL 是「On-Demand Liquidity」（按需流動性）的縮寫，意思是供應透過 RippleNet 匯款時所需的流動性，簡單地說，就是利用瑞波幣來匯款的解決方案，如果以 xRapid 匯款，就能在 2～4 秒內迅速完成。

投資瑞波項目需要考慮的第一個因素是，大部分銀行引進的是 xCurrent，而非 xRapid。由於加密貨幣的價格時時刻刻都在變化，從銀行的立場來看，持有瑞波幣確實有風險。瑞波公司基本上是提供解決方案的公司，但必須提高瑞波幣的價值才能繼續成長，因此應該積極推廣 xRapid。瑞波公司每季都會公開 ODL 解決方案的銷售額，xRapid 的使用率也在持續增加。

第二個需要考慮的因素是，瑞波幣必須與其他匯款型加密貨幣競爭。方便匯款的加密貨幣並不只有瑞波幣，硬分叉後出現的恆星幣和波場幣（TRX）也被廣泛使用，而且還有更強大的競爭者，就是以美元為基礎的穩定幣。目前最常用於匯款的穩定幣是 USDT，其次是 USDC，摩根大通主導的 JPM 幣也被評價為強而有力的競爭者。

第三個需要考慮的因素是官司尚未結束。從 2020 年 12 月 22 日開始，瑞波公司就在與美國證券交易委員會打官司，實際上法官也支持瑞波，認為瑞波幣本身並不是證券，不過法官裁定，瑞波公司提供公司資訊給避險基金或機構投資人，進而大量銷售，這部分就違反了《聯邦證券法》。官司還沒有完全結束，再加上瑞波項目想要取代 SWIFT 系統，可能讓美國政府擔心瑞波幣會影響到美元的霸權，這不僅僅是單純

的陰謀論，我認為，美國證券交易委員會最先提告瑞波公司的原因也在
於此。

　　儘管如此，瑞波項目還是有很多優點。首先，為了改善和革新全球
金融體系，他們正在**與多方合作夥伴簽訂協議，此外還帶頭構建國際匯
款網路、開發並發行中央銀行數位貨幣**。目前，瑞波幣擁有兩百多個合
作夥伴，其中包括美國銀行（Bank of America）、渣打銀行（Standard
Chartered）等國際銀行，尤其還與全球五十多個國家簽訂了 CBDC 協
議，也就是中央銀行數位貨幣協議。不僅如此，還為開發和發行 CBDC
提供所需的技術和綜合解決方案，這為瑞波幣打下了成為各國 CBDC 橋
接貨幣的基礎。

　　此外，瑞波幣宣布將於 2024 年下半年進入穩定幣市場。布拉德‧
加林豪斯認為，穩定幣有助於擴展和完善瑞波幣生態系統，他還強調他
並沒有放棄將瑞波幣當成結算工具，另外更計畫要將事業領域擴大到真
實世界資產市場。不僅如此，瑞波幣正在透過 XRPL EVM 側鏈加強與
以太坊的連結。在 XRPL EVM 側鏈中，開發者只需稍微變更，就可以
將 EVM 應用程式部屬到 XRPL（瑞波幣分類帳）上，這有助於加速生
態系統的擴展。官司結束後，瑞波幣還能在美國市場發揮多大的影響
力，將會是重要的變數。

　　順帶一提，瑞波幣的總發行量訂為 1,000 億個，而且已經全部發
行，沒有挖礦過程。有些投資者誤以為瑞波公司可以任意調整發行量，
但事實並非如此；**瑞波基金會會將瑞波幣匯入託管帳戶，並在每個月將
一定數量的瑞波幣投入市場，然後回收市場上沒有使用的瑞波幣**，這是

瑞波基金會為了控制瑞波幣的流通量、維持價格穩定性而設計的獨特方式。瑞波公司公開了託管的貨幣數量，相當透明，同時提供給開發者和金融機構，促進瑞波幣生態系統的成長。瑞波幣會隨著交易量增加而銷毀，每次匯款都會銷毀 0.00001 個瑞波幣。

匿名幣無法追查，遭多國政府排斥

在韓國，匿名幣（又稱隱私幣）之所以受到關注，很大程度上是受到全球最大的數位資產投資集團——數位貨幣集團（Digital Currency Group，簡稱 DCG）的創辦人兼執行長貝瑞・西爾伯特（Barry Silbert）的影響，貝瑞・西爾伯特對匿名幣情有獨鍾，這件事眾所皆知。2018 年，他在貼文中表示，匿名幣的代表 Zcash（ZEC）的價格，在 2025 年將達到 6 萬美元，但是目前價格只剩當時的 1／20，還因為法規面臨了很多風險。

匿名幣為何會出現？雖然有很多原因，但其中之一就是絲路事件。絲路（Silk Road）是在 2011～2013 年出現的暗網市場，用於交易毒品、武器等非法物品，之前絲路都是使用比特幣進行交易，後來隨著開設並經營絲路的羅斯・烏布利希（Ross Ulbricht）被捕，比特幣的匿名問題開始浮上檯面。當然，打著匿名的名號，將加密貨幣用於犯罪是不可取的，但最終問題的根源在於政府的「監管」。

匿名幣出現的目的，就是要追求比比特幣更嚴格的安全性和匿名性，其關鍵在於**讓資金來源和去向變得不明確，無法追查**——匿名幣可

以隱藏用戶的錢包地址、交易金額、餘額等識別錢包持有者所需的重要資訊。

　　2014 年 1 月，名為「X 幣」（XCoin）的貨幣出現了，一個月後，也就是 2 月，X 幣改名為「暗幣」（Darkcoin），2015 年 3 月再次改為達世幣（Dash，幣種代號 DASH）。過去的名稱「暗幣」，現在則成了通用的代名詞。達世幣選擇透過「混幣」（Coin Mixing）的技術來混合交易，進而提高匿名性。

　　以下舉個例子說明。假設同時有兩個交易，一個是從 A 到 B，另一個是從 X 到 Y，但**這兩筆交易並不會單獨分開記錄，而是只在帳簿上反映一筆交易**，也就是從 {A, X} 到 {B, Y} 的交易。這原理讓他人難以單獨獲得個別的交易連結。

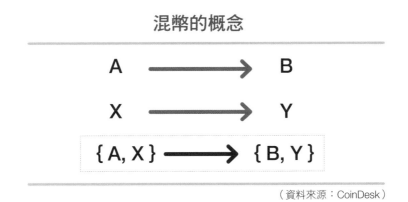

混幣的概念

（資料來源：CoinDesk）

　　匿名幣會使用各種技術，大致可以列舉混幣交易、隱身地址、零知識證明、環簽章等四種。

一、混幣交易（CoinJoin）。這是貨幣混合的一種類型，在說明達世幣時有提過混幣。這是一項加強交易匿名性的技術，蒐集多筆交易，混合在一起，然後重新分配。

二、隱身地址（Stealth Addresses）。為了保護收款人的個人資訊，每次交易都會任意生成新的一次性地址。

三、名為「zk-SNARK」的零知識證明（Zero-knowledge Proof，簡稱ZKP）技術。zk-SNARK是不分享匯款人、收款人、金額等詳細資訊，也能證明交易有效的技術。簡單來說，這種加密技術能讓用戶不分享資訊，也可以證明他知道這些資訊。

四、環簽章（Ring Signatures）。無論是小組中哪個成員使用私鑰在特定交易上簽名，該技術都能讓別人無法識別實際的簽名者是誰。

達世幣、門羅幣（XMR）、Zcash經常被選為三大匿名幣，其中門羅幣和Zcash被公認是技術上最進步的，但兩者之間仍存在關鍵性的差異，也就是對隱私的觀點不同。不同於門羅幣，Zcash遵循美國和歐洲的反洗錢政策，會依法調查顧客、報告可疑交易、提供加密貨幣交易所轉移加密貨幣所需的匯款人及收款人資訊。

讀者可能會想：「做到這樣能稱得上是匿名幣嗎？」因為這似乎與匿名性完全背道而馳。然而，Zcash的目標是為用戶提供類似於現金交易的隱私保護，從一開始就沒有要鑽法律漏洞的意圖。Zcash提供隱匿交易的選項，但未隱匿的交易則完全透明，跟比特幣、以太幣一樣。

僅從匿名性來看，門羅幣來得更強大，實際上，**在毒品交易等網**

路犯罪者中最常使用門羅幣，韓國「N 號房事件」也是使用門羅幣。不過，由於匿名性高，很可能引起相關單位注意，因此投資風險也很大。

　　從各國政府的立場來看，並不歡迎匿名幣，因為可能被用作洗錢或犯罪等非法用途，無法追蹤資金流，也不利於稅收。韓國加密貨幣交易所根據防制洗錢金融行動工作組織（FATF）的指導方針，停止支援所有匿名幣；不只韓國如此，澳洲、日本等多國也不再支援，西方國家亦然，美國同樣將匿名幣列為制裁對象，歐洲則在提出 MiCA 法案後，形成了排斥匿名幣的氛圍。2024 年 2 月 19 日，全球最大的加密貨幣交易所幣安停止支援門羅幣，使得門羅幣的價格暴跌。

　　匿名幣未來前景如何？Coinbase 執行長布萊恩・阿姆斯壯（Brian Armstrong）曾指出，區塊鏈產業成長有四個核心領域，也就是可擴展性、去中心化的身分證明、開發者工具和匿名性。匿名幣今後還是可能持續受到市場關注，具體內容如下。

　　第一，匿名幣有可能像比特幣一樣成為地緣政治資產。 美國和歐盟在對俄羅斯的制裁手段中納入加密貨幣，導致 2022 年匿名幣的需求上升，往後地緣政治秩序可能會更加複雜。以 Zcash 來說，其供應量與比特幣相同，上限為 2,100 萬個，也引進挖礦證明，還存在四年為一週期的減半，不過匯款手續費比比特幣便宜。

　　第二，匿名性很有可能成為今後區塊鏈產業非常重要的課題。 維塔利克・布特林曾針對以太坊跟匿名的關係發表見解，認為保護隱私是以太坊終將面臨的重大課題之一，除了以太幣之外，他對 Zcash 最感興趣。摩根大通發行的 JPM 幣也使用了與 Zcash 相同的零知識證明技術。

穩定幣快速成長，有益於全球金融生態系統

　　穩定幣是追蹤特定貨幣或商品價格的加密貨幣，目前全世界發行的穩定幣大多追蹤美元，有預測稱，隨著傳統金融和加密貨幣之間的連結進一步加速，穩定幣的角色往後將進一步擴大。目前市值前 10 名的加密貨幣中，也包括泰達幣（USDT）和 USDC 這兩個穩定幣。

　　穩定幣是加密貨幣領域成長最快的領域。截至 2022 年，鏈上穩定幣支付價值達到 11.1 兆美元，遠超過 PayPal 的 1.4 兆美元，規模已經成長到接近 VISA 的 11.6 兆美元。在支付領域，特別是從提供有效的鏈上支付系統的角度來看，這結果顯示出穩定幣的巨大潛力。研究機構 Messari 報告稱，穩定幣是第一個真正的殺手級應用程式，實際上可以說，在之前的區塊鏈及加密貨幣產業中，沒有比穩定幣更強大的使用成果。

　　而且，在支付系統及銀行系統落後的發展中國家，穩定幣的角色特別重要，因為它能提供高效又便宜的解決方案，所以**在建立全球金融生態系統、普惠金融和經濟成長上，穩定幣越來越重要**。美國政府繼 2023 年推出《穩定幣透明度法案》（*Stablecoin Transparency Act*）之後，預計在 2024 年對穩定幣產業提出明確的指導方針，期待更多的公司以此為契機，參與穩定幣市場。

　　目前市占率最高的是泰達公司的泰達幣。在加密貨幣市值排名中，泰達幣排在比特幣、以太幣之後，位居第 3，若泰達幣的流動性增加，將會對整個加密貨幣市場產生多個影響。2022 年，泰達幣因準備金相關的疑點和用途等各種爭議，使得大多數人認為，其市占率可能會被

USDC 超越，擔心泰達幣會受到美國的強力規範；但與預測不同的是，2023 年泰達幣與 USDC 的市占率差距進一步拉大，**如果說 USDC 在美國的使用率明顯突出，那麼泰達幣的使用範圍則是遍及全球**。泰達公司表示，2023 年第二季穩定幣的發行準備金，超額準備到 33 億美元，第二季營業利潤則達到 10 億美元，與全球最大的資產管理公司貝萊德不相上下。

有分析認為，穩定幣雖然仍存在各種擔憂，但泰達幣還是會適當地配合美國當局的規範，從長遠來看，可能會進行祕密合作。2023 年初，矽谷銀行、簽名銀行、銀門銀行等對加密貨幣友善的地區銀行發生擠兌事件，唯獨泰達幣的業績領先；另一方面，反而是 USDC 與美元脫鉤，信賴度出現下滑的趨勢，不過還是在全球市場上透過多種合作，逐漸提高市占率。有分析稱，從 2024 年開始，泰達幣的成長速度會比 USDT 還要快，東南亞最多人使用的應用程式 Grab，也曾表態要與 USDC 的發行公司 Circle 合作。

PayPal 和 Visa 等多家全球支付企業也正進軍穩定幣市場，PayPal 與穩定幣發行商 Paxos 結盟，推出了穩定幣 PayPal USD（PYUSD），PYUSD 可以透過應用程式 Venmo 進行購買和交換，由於 Venmo 支援加密貨幣的支付，因此可以期待今後多樣化的合作。考慮到 PayPal 用戶超過 4.3 億，在全球行動支付市場上，是繼 Apple Pay、支付寶之後的第四大事業體（譯註：第 1 名是微信），PayPal 穩定幣的上市結合傳統的便利金融和創新的數位貨幣，將會大幅提升加密貨幣的採用普遍度。

也有人認為，各國未來會專注在發展中央銀行數位貨幣（CBDC）

及管制穩定幣。以美元（或歐元）為基礎發行的法幣穩定幣如泰達幣、USDC、PYUSD 等，遵守國家規範，可期待未來將穩定成長。穩定幣也為新興市場帶來了相當多的益處。

「因為很有趣，因為有小狗」的狗狗幣

迷因幣的代表「狗狗幣」（DOGE）是最古老的迷因幣，也是最成功的迷因幣。狗狗幣出現於 2013 年 12 月，由 Adobe 軟體工程師傑克森・帕爾默（Jackson Palmer）和 IBM 軟體工程師比利・馬庫斯（Billy Markus）玩笑般地用當時網路上相當熱門的迷因（meme）「日本柴犬」的圖像所製作。

如果少了馬斯克，就無從解釋狗狗幣了。馬斯克持續在推特上發文支持，使得狗狗幣的價格暴漲，而他對狗狗幣情有獨鍾，甚至被封為「狗狗幣之父」（Doge Father）。馬斯克在收購推特後將其改名為「X」，並開始推動要讓 X 成為全球最大的金融機構，X 很有可能引進新的支付系統、帶動加密貨幣支付。在這種情況下，對於 X 採用狗狗幣的預期正在帶動價格。

馬斯克想把 X 打造為「萬能應用程式」（Everything App），他還親自公開了應用程式的範本，也就是中國的微信（WeChat）。微信透過在應用程式中加入迷你應用程式來提供所有服務，不僅能傳送訊息、作為社交平臺，還能提供支付、匯款、貸款、保險等多種金融服務，除此之外，還有購物、遊戲、影音串流、叫車等功能。這種超級應用程式

（Super App）的最大優點是將用戶關在平臺內，於其中使用日常生活中的所有服務，在操作過程中，超級應用程式內會產生大量交易。

但是馬斯克的超級應用程式與微信有個關鍵差異，那就是建構 X 應用程式技術和支付的中心在區塊鏈，因此馬斯克很有可能會使用加密貨幣。X 在密西根州、密蘇里州、新罕布夏州、羅德島州等地獲得了貨幣支付許可，可以在當地合法地保管、轉移、交換數位資產，那麼 X 究竟會採用什麼樣的加密貨幣呢？

狗狗幣持有者相信那就是狗狗幣。馬斯克在某次廣播節目中被問到為什麼喜歡狗狗幣時，他回答：「因為很有趣，因為有小狗。」這個回答讓很多人認為馬斯克把狗狗幣的推廣當成一種玩笑，但這是誤會。馬斯克曾說狗狗幣是「所有人的貨幣」，這代表狗狗幣的普遍性和去中心化的價值，他之所以覺得「有趣」，是因為狗狗幣明明是為了嘲笑加密貨幣而出現，卻成了市值前幾名的貨幣，相當諷刺。

所有人的貨幣是什麼意思呢？狗狗幣的兩位開發者很早之前就離開這個項目了，現在狗狗幣不是由特定企業或組織經營，而是**由全世界狗狗幣使用者組成的社群所經營，因此完全去中心化**。

然而，馬斯克喜歡狗狗幣，似乎還有其他更實際的原因。他在《Full Send Podcast》節目上曾提過自己喜歡狗狗幣的兩個原因，首先是**支付速度快**。馬斯克說：「用比特幣支付貨款，需要 10 分鐘才能完成交易，但狗狗幣只需要 60 秒。」第二個原因是全年總發行量，比特幣的總發行量上限為 2,100 萬個，透過減半降低供給速度；相反地，**狗狗幣每年規律地增加 50 億個**，可見馬斯克認為狗狗幣更適合用作交易

型貨幣。

話說回來，馬斯克同樣支持比特幣，特斯拉也持有比特幣，有人推測，Space X 也持有比特幣。馬斯克曾直接表達支持比特幣去中心化的精神，對比特幣的技術完成度也給予了正面的評價：

「比特幣是人類歷史上最優秀的發明之一，即使沒有中心化的管制，也能成為安全有效的支付工具！」

馬斯克還與微策略的創辦人塞勒一起主導創立比特幣挖礦委員會（編按：但 2021 年 6 月 10 日宣布委員會正式成立時，馬斯克並沒有在組織中擔任角色，其參與僅限於之前的比特幣挖礦會議）。如果馬斯克必須在比特幣和狗狗幣中選擇一個，比特幣也許更有機會，因為比特幣網路穩定許多，也完成了驗證，行情波動幅度也比狗狗幣小很多。從支付工具的角度來看，可能會誤以為是比特幣太慢才引進狗狗幣，但只要使用閃電網路，其交易速度每秒可處理上千件，在實際生活中可以輕鬆快速地支付比特幣，手續費也比 Visa 和萬事達卡還便宜。

不過，為什麼非得要二選一呢？馬斯克表示，他可以允許用比特幣購買電動汽車，也可以用狗狗幣購買產品，他還直接表示，將迎來用狗狗幣支付特斯拉的那一天。

總而言之，我認為兩者都可能採用。如果 X 真的成為金融機構，而中心是區塊鏈和加密貨幣，那麼比特幣和狗狗幣各自都會有多種目的和用途。X 擁有超過 4 億名用戶，如果變成超級應用程式，降低使用門檻，那麼相當多的用戶將成為加密貨幣的潛在投資人，也將帶動加密貨幣市場成長。

支付及交易型加密貨幣的四個投資指標

比特幣硬分叉產生的加密貨幣或是其他支付及交易型加密貨幣，地位能否超過比特幣？比特幣現金在硬分叉上出現時，外國媒體和海外專家都評價說：「如果無法改善區塊大小，比特幣的未來將一片黑暗。」當時全球媒體《財星》（Fortune）預測，比特幣現金有可能會在幾個月內取代比特幣。實際上，當時比特幣現金大幅走漲，市值排名第 3，緊追以太幣。從那時的市值來看，比特幣約為 1,000 億美元，以太幣為 307 億美元，比特幣現金為 225 億美元。不過，值得注意的是，現在差距已經比當時拉開了更多。

那麼，在投資支付及交易型加密貨幣時，應該採取什麼樣的策略呢？為了投資該領域的山寨幣，應該思考該項目能否獲得與比特幣相同的地位和定位，然後還要判斷以下兩點：

一、能否獲得價值儲藏工具的定位？
二、能否成為廣泛使用的貨幣？

首先從價值儲藏工具的角度來看萊特幣和比特幣現金。前面提到，基本上這兩種加密貨幣與比特幣的技術結構和用途是一樣的，本質上都有作為價值儲藏工具的定位，而萊特幣發行量為 8,400 萬個，比特幣現金發行量則與比特幣相同，都是 2,100 萬個，且兩者都有減半。但是，兩者作為價值儲藏工具的地位，是否高於比特幣呢？比特幣至今還存在

著，還有持有這兩種貨幣的動機嗎？如果有，那麼就可以考慮投資。

第二，要考慮能否成為廣泛使用的貨幣。正如第一部說明的，一個物品誕生後到成為貨幣的過程，就是從最初的收藏品發展到價值儲藏工具、交易媒介，最後是計帳單位，我們通常想到的貨幣，就是交易媒介的階段，表示使用範圍擴大。這次也以萊特幣和比特幣現金為例，兩個項目在支付方面都比比特幣更有優勢。

比特幣的區塊大小為 1MB，而萊特幣的容量為 4MB，是比特幣的 4 倍；比特幣現金則足足有 32MB，因此速度更快，可以處理更多交易。然而，區塊較大並不意味著更容易被當成貨幣，比特幣也可以利用閃電網路加快處理速度。為了作為貨幣使用，需要具體的發展路線圖以具備多種用途，比方說，預期狗狗幣上漲的投資人，期待馬斯克在他領導的 X、Space X、特斯拉等平臺使用狗狗幣。

判斷支付型加密貨幣的具體指標共有四個：第一，以網路來說，最重要的就是「交易」，要觀察實際發生的跨國交易和匯款有多少；第二，要看有多少機構將該項目編進投資組合中，上述的萊特幣和比特幣現金，從很早以前開始，就被市場上具有巨大影響力的灰度資產管理公司編入組合；第三，可以在多少平臺或交易所交易；第四，清楚掌握各類議題，要持續關注是否受到政策和法規等管制。

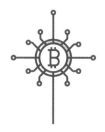

第 3 章

平臺型加密貨幣，
未來很有可能大漲

什麼是平臺型加密貨幣？

　　簡單定義一下平臺型加密貨幣，就是創造生態系統的加密貨幣。
區塊鏈網路由多層組成，最具代表性的是**第 1 層和第 2 層，也就是 L1
和 L2**。第 1 層是提供區塊鏈基本基礎的技術層，有著交易處理、維持
安全、共識機制等最核心的功能；第 2 層是另外構築在第 1 層之上的技
術層，用於解決第 1 層的可擴展性及效能問題，最具代表性的是與主網
分離的「側鏈」（Sidechain）和「Rollup」（卷軸）等。Rollup 的目
的是提高可擴展性和交易處理量，詳細內容將在後面說明。

　　主網會在第 1 層；所謂主網，是指實際推出的區塊鏈網路，用戶在

其中參與並進行交易，可以將其視為擁有自身節點的獨立平臺。主網之所以重要，是因為資產，即資金的流動都在於此，生成資產、交換價值的功能就是主網的核心。

　　貨幣（Coin）和代幣（Token）的不同點也取決於是否參與主網，**如果擁有獨立的區塊鏈網路主網，就稱為貨幣；反之，沒有主網的就稱為代幣**，因此以太幣是貨幣，在以太坊生態系統執行的 DApp（Decentralized Application，以去中心化區塊鏈平臺為基礎的應用程式）發行的加密貨幣則是代幣；另外，以太坊主網發行的代幣標準就是 ERC-20（Ethereum Request for Comment-20）。

　　簡單來說，擁有主網如同擁有自己的房子；相反地，如果沒有主網，就相當於跟別人租房子來住。看到這樣的描述，讀者應該會產生一個想法：「既然如此，有自己的房子不是更好嗎？」舉個例子好了，如果有一筆錢，你會選擇獨自住在人煙稀少的地區，還是要在首爾租房子呢？雖然每個人的情況各有不同，但如果必須賺錢為生的話，很多人應該會選擇後者。造訪主網的用戶要多才有意義，因為有流動性才能正常執行功能，所以很多代幣都會在以太坊或 Solana 鏈等所謂活躍的主網上「租屋」。

　　我認為，**10 年後上漲 100 倍的加密貨幣，很有可能是平臺型加密貨幣**，這句話提到的「10 年」和「100 倍」都是重要的關鍵詞，比起數字，更要看重意義——「10 年」的意思是，這些貨幣很有可能會長期存在，儘管服務本身的壽命很短，但平臺的壽命很長。如同很多智慧型手機的應用程式會反覆地出現又消失，但 iOS 和安卓（Android）等作業

系統依然健在，App Store 和 Google Play 商店的獲益也依然上漲，讓公司得以維持。平臺型加密貨幣也是類似的情況。

這也代表，要構建出一個優秀的生態系統非常困難。儘管現在出現了很多第 1 層平臺，但用戶會使用的平臺依然有限，以太坊仍然保持著壓倒性的影響力。

那麼「100 倍」的意義是什麼呢？可以解讀為，隨著基礎設施持續擴展，價格可能會大幅上漲，基礎設施完善的生態系統更有可能長期存在並持續成長。

評價標準：成長潛力、穩定性

我們應該如何評價平臺型加密貨幣？**評價的兩個主要標準是成長潛力和穩定性。**

首先來看一下成長潛力。成長潛力是觀察網路生態系統會擴大到多少。通常會以第一部介紹的梅特卡夫定律來計算網路的成長，如果參與人數是 n，那麼網路的價值就會增加到「n(n-1)/2」，舉例來說，1 名參與者的網路價值是 0，但 2 名參與者為 1，4 名參與者為 6，8 名參與者為 28，10 名參與者為 45，20 名參與者為 190……會以這種方式指數型成長。

在區塊鏈中，n 是指什麼呢？通常是鏈上的錢包地址數量，也就是說，錢包持續增加的鏈條會有很高的成長潛力。當然，有可能是一名用戶擁有多個錢包，而且也有很多是中心化的交易所或鏈下的用戶，因此

根據鏈上錢包地址的趨勢來測定用戶活動量，並不是非常完美的方法；另一方面，梅特卡夫定律並不重視網路參與者的權重，在計算上，個人投資者和鯨魚都有相同的價值，但實際上兩者對網路價值的影響力並不同，這也意味著絕對不能盲目相信量化評估。

在檢視成長潛力時，DApp 的數量也很重要。DApp 數量多表示項目多、服務多，因此往後用戶和流動性都可能增加，平臺價值也可能隨之上升。

比較一下平臺會發現，以太坊和幣安智能鏈的 DApp 數量特別多，尤其幣安智能鏈上的 DApp 最多，不過比數字更重要的，是要取得有意義成果的殺手級 DApp。在 Token Terminal（tokenterminal.com）這類數據網站上，可以檢視協議手續費等收益，目前以太坊最高。

各加密貨幣的 DApp 數量

種類	個數
幣安智能鏈	5,246
以太坊	4,518
Polygon 鏈	2,024
波場鏈	1,378
EOS 鏈 （幣種代號 EOS，又稱柚子幣）	583
雪崩鏈	557

（資料來源：DappRadar）

　　網路的可擴展性也是了解成長潛力的重要項目。可擴展性主要是比較 TPS，關鍵在於能處理得多好、多快；TPS 是指一秒內可以處理的交易筆數。

　　以太坊每秒可以處理 15～20 筆左右，Solana 鏈理論上可以處理 6 萬 5,000 筆，比以太坊快約 4,000 倍。全球支付基礎設施 Visa 的處理速度為 2 萬 4,000 TPS 左右，但是以太坊以差異化的策略來處理可擴展性——與其破壞安全性和去中心化來提高鏈上的速度，不如利用以 Rollup 為基礎的第 2 層來解決該問題。

第 1 層 TPS 比較

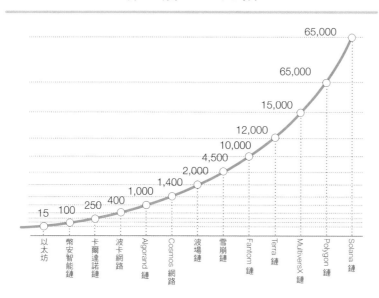

註：卡爾達諾（Cardano）區塊鏈的原生加密貨幣為艾達幣。

（資料來源：Solana）

評價平臺型加密貨幣的第二個項目是穩定性，這問題也可以看作是「可持續性有多高」。在這個細項中，資本的規模非常重要，用來確認資本的指標有市值和 TVL。

首先是市值，市值意味著該網路發行的貨幣整體價值有多高。**在山寨幣中，以太坊的市值最高。**

之前提過，TVL 是鎖定在網路內 DeFi 的資產總量，在 TVL 的指標中，以太坊也是最高的。市值和 TVL 越高，該生態系統的價值在一夕之間崩盤的可能性就越低，因此相對穩定。

接下來的問題是：「去中心化的程度有多高？」這是透過礦工或驗證者（Validator）的數量來評估的。在比特幣等以工作量證明為基礎的區塊鏈上，有著許多礦工，**「驗證者」的角色與礦工類似，是生成區塊、參與區塊驗證的核心經營主體。** 在比特幣網路中，礦工會耗費強大的算力來加強安全性，而在權益證明的基礎上，投入多少資金非常重要，驗證者越多，去中心化和安全性就越高。在所有鏈中，以太坊的驗證者最多。

以太坊提出六階段升級，躋身主流資產

讓我們詳細了解一下平臺型加密貨幣的代表、山寨幣的老大——以太坊。以太坊是為了解答「為什麼區塊鏈技術只能作為交易貨幣？」這根本疑問而出現的。以太坊的目標是成為所謂的**世界電腦**，為了實現這一目標，他們引進了智能合約。

　　智能合約的系統，會將簽約當事人之間的交易內容用程式代碼記錄下來，然後上傳到區塊鏈，在條件滿足時自動履行合約。多虧有這樣的系統，才開啟了將區塊鏈使用於多個領域的道路。

智能合約的概念

支付加密貨幣　　　　基於區塊鏈的　　　　提供服務
　　　　　　　　　　智能合約　　　　　　或產品

（資料來源：Solana）

　　如前所述，以太坊是一個平臺，只要想成是 Google 的安卓、蘋果的 iOS 就很容易理解了。在平臺上會以應用程式的形式提供多種服務，亦即去中心化應用程式，簡稱 DApp。

　　資金會在以太坊平臺上流動。驅動應用程式需要付錢，但用的不是法定貨幣，而是加密貨幣，也就是以太幣。為了與網路有所區分，會將以太坊的加密貨幣稱為「以太幣」；以太幣是讓以太坊區塊鏈網路運轉的能源，也是進入以太坊平臺的入場券和使用券，對投資者來說則是一種資產。

　　以太坊在成長潛力、穩定性方面都是最出色的，但隨著 DeFi、NFT 等各種服務開始流行、使用者迅速增加後，問題也浮現出來——它面臨到網路速度變慢、手續費變貴的可擴展性界限，於是 Solana 鏈、雪崩

鏈、卡爾達諾鏈等強而有力的競爭平臺，就利用這個機會迅速崛起。

以太坊為了解決可擴展性問題，正在透過六階段升級成「以太坊2.0路線圖」。以太坊基金會認為，如果按照發展路線圖升級，就可以達到10萬TPS。

以太坊的六階段升級：

**合併（The Merge）→激增（The Surge）→災厄（The Scourge）→
邊際（The Verge）→淨化（The Purge）→誇耀（The Splurge）**

讓我們了解一下各階段的核心。「合併」升級已經在2022年9月15日成功結束。這是**將共識機制從工作量證明轉換為權益證明**的重要升級，為了成功完成這一過程，以太坊於2020年12月引進了信標鏈（Beacon Chain）。信標鏈與現有的以太坊鏈不同，提前採用了權益證明的方式，只要在約2年的測試中，質押超過32個以太幣，就可以參與區塊生成過程，於是合併升級成了改善以太坊可擴展性的多種升級的基石。2023年4月，透過上海升級（Shapella），即可提取先前質押在以太坊信標鏈上的以太幣。

合併升級讓代幣經濟發生了變化，以太坊的資產價值也隨之提升。代幣經濟一詞由代幣和經濟組合而成，意指利用代幣的經濟系統，也就是**為了引導參與者做出特定行動，而提供代幣作為獎賞的系統**。區塊鏈沒有中央機構，因此必須精細地制定規則和架構，來吸引參與者積極貢獻並給予獎勵，這樣網路才能持續發展。以太坊代幣經濟存在三個

主體——用戶、以太坊主網和驗證者。

　　之前提到，驗證者扮演的角色類似以前的礦工，為區塊鏈的安全和穩定做出貢獻。用戶會傳送代幣、質押、交換代幣、購買 NFT 等，使用各種區塊鏈的服務，每次使用都會支付網路手續費，這種網路手續費就是燃料費（Gas Fee）。以太坊主網會生成新的以太幣，並銷毀部分手續費；另外，每當生成新區塊，一個區塊會提供 2 個以太幣作為給驗證者的獎勵，用戶的部分網路手續費也會作為獎勵提供給驗證者（礦工費）。透過這點就可以推測，為什麼往後以太坊的價值會升高。

以太坊代幣經濟的三個主體

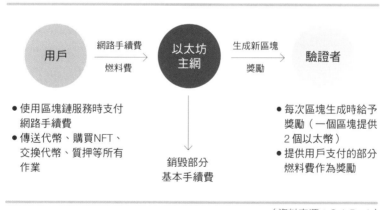

（資料來源：CoinDesk）

　　第一，以太幣可能會成為通貨緊縮的資產。現在出現了很多以以太坊主網為基礎的服務（DApp），如果使用服務的人變多，被銷毀的以太幣就會增加，購買以太幣來支付手續費的需求也會增加，總而言之

就是供給減少、需求增加，再加上質押的以太幣被鎖定，造成供給緊縮。以太幣將會像比特幣一樣獲得資產的地位。

以太坊社群稱以太幣為「超音波貨幣」（Ultra sound money），意思是超強的健康貨幣。然而，在坎昆（Dencun，編按：主要目的是解決可擴展性問題，降低第 2 層的交易成本）升級後，以太坊已經轉變為通貨膨脹的狀態。以太坊的通膨率和供應動態將受到未來網路升級和採用趨勢的影響，如果網路手續費和銷毀率維持在較低的程度，短期內可能會持續引發通膨壓力，但是長期的方向和趨勢，則會隨著剩餘升級的成功和以太坊生態系統的成長而充分改變。

第二、轉換為權益證明後，耗電量減少了 99%，解決了 ESG 一大部分的問題，有利於機構和企業採用以太幣。

第三、繼比特幣之後，2024 年 5 月以太幣現貨 ETF 被批准，以太幣也因此躋身主流資產的行列。以太幣現貨 ETF 獲得批准的特別原因，顛覆了所有人的預料，可以看作是給牛市加速預備了動力，同時也為山寨幣現貨 ETF 批准備好踏板，這可能關乎山寨幣生態系統的擴展。

之前以太幣受到美國證券交易委員會質疑，引發了證券爭議，但現貨 ETF 的批准為以太幣奠定了能擺脫證券爭議的基礎，特別是美國眾議院的共和黨和民主黨，不分黨派一致通過了《21 世紀金融創新及技術法案》。該法案明確規定，不能僅憑投資合約就認為代幣是證券，也就是說，**70% 的加密貨幣應該被分類為商品，而不是證券**；另外還**指定商品**

期貨交易委員會為數位資產的主要管轄機構，作為非證券現貨市場的監管機構。如果最終真的通過了，加密貨幣市場的管制方向將變得明確。

比特幣現貨 ETF 上市時，美國證券交易委員會和資產管理公司，在贖回方式的立場並不相同，最終是按照美國證券交易委員會的要求，將申請書改為以「現金贖回」（編按：投資人在向發行人申請贖回時，並不會實際獲得比特幣，而是發行人出售比特幣，並返還同等價值之現金予投資人）的方式，才得以推出 ETF。

從以太幣現貨 ETF 的情況來看，質押成了主要爭議點。以富達為首的主要資產管理公司，將投資人藉由以太幣現貨 ETF 購入的以太幣進行質押，制定了 ETF 投資者能額外獲利的方案。但美國證券交易委員會持續提出「質押是否算是證券」的質疑，基於保護投資者的觀點要求修改申請書，於是所有發行公司一致刪除質押條款，現貨 ETF 才得以批准。

另一方面，也有分析認為，以太幣現貨 ETF 獲批帶有政治因素。拜登政府先前一直表現出反對虛擬貨幣的態度，但由於其前一任總統川普積極支持虛擬貨幣，拜登政府才趕緊批准了以太幣現貨 ETF。

同時，還有令人擔憂的部分。有人批評說，在權益證明系統中，持有的證明越多，獲得的權益就越多，獲得的以太幣也就越多，這可能會加劇以太坊生態系統的貧富差距。

Rollup 升級路線圖，最適合解決區塊鏈三難困境

「合併」升級的下一步是「激增」。2024 年 3 月 13 日，坎昆升

級成功，進入了「激增」時代。坎昆升級的目標是加快區塊鏈速度、降低燃料費等改善可擴展性，核心任務是名為「EIP-4844」的 Proto-Danksharding（Dank 分片的原型）。

Danksharding 的分片（sharding）是將區塊鏈網路分成多個小塊、平行處理交易的技術，這將能增加以太坊可以處理的交易數據量。坎昆升級的另一個重點在於引進 Blobs 技術；Blobs 是僅儲存在以太坊信標鏈上的新型態數據結構，用以儲存 Rollup 數據。有預測稱，由於 Blobs 的燃料費低於一般交易，所以可以大幅降低 Rollup 的成本，因此 Proto-Danksharding 的目的是要獲得以 Rollup 為中心的可擴展性，來加快數據處理的速度。

之前簡單提到了第 2 層。第 2 層是以第 1 層為基礎運作的網路，實際交易由第 2 層生成並處理，然後僅將結果值記錄在第 1 層中，比起利用第 1 層處理所有交易，可以更快地處理更多數據。**在第 2 層上有很多方法，最具代表性的解決方案就是 Rollup**；Rollup 是將大量交易壓縮在一個區塊內，提高交易速度、降低交易成本，總之 Rollup 上的交易完成後，會以 1,000 筆交易、1 萬筆交易匯整成一個單位，只將結果儲存在以太坊區塊鏈上。

摩根大通預測，如果 Proto-Danksharding 成功，Arbitrum、Optimistic 等利用 Rollup 的 L2 擴容方案，手續費最低可能會降到 1／100～1／1,000。以太坊很有可能會跟著第 2 層，尤其是 Rollup 一起成長；Rollup 主要有兩種類型，一個是使用「欺詐證明」（fraud proof）的 Optimistic Rollup，另一個是使用「有效性證明方式」的 ZK Rollup。

　　Optimistic Rollup 是先根據提交的狀態來顯示，必要時再透過欺詐證明揪出不正確的狀態變化；ZK Rollup 則是在顯示之前先驗證有效性，以過濾不正確的狀態，只要這樣理解就行了。由於 Optimistic Rollup 會先顯示再驗證，因此為了取得最終結果，最多需要 7 天左右的時間；對比之下，ZK Rollup 幾乎是立刻提供最終結果，安全和技術也更卓越。儘管如此，目前主要還是使用 Optimistic Rollup，原因是費用低廉、輕鬆、單純。代表性 Rollup 項目包括 Arbitrum 和 Optimism，兩者都是使用 Optimistic Rollup，但是有預測稱，今後 ZK Rollup 更有可能成為主流，其代表性項目有 ZKsync、Starknet 等。

　　Rollup 之中，Arbitrum 的 TVL 最高，先前的第 2 名是同樣以

Rollup TVL（截至 2024 年 5 月 2 日）

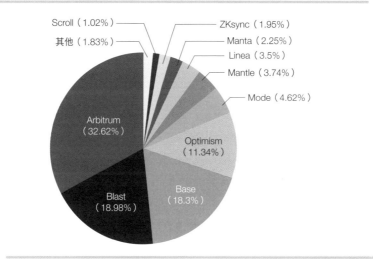

Scroll（1.02%）
其他（1.83%）
ZKsync（1.95%）
Manta（2.25%）
Linea（3.5%）
Mantle（3.74%）
Mode（4.62%）
Arbitrum（32.62%）
Optimism（11.34%）
Blast（18.98%）
Base（18.3%）

（資料來源：DefiLlama）

Optimistic Rollup 為基礎的 Optimism，但是最近 Coinbase 推出的 Base 和 Blast 急劇上漲，這趨勢使得 Optimism 退到了第 4 名，第 2 名是 Blast，第 3 名是 Base。順帶一提，Blast 是由 NFT 交易所 Blur 的創辦人 Pacman 主導的。以後 TVL 排名應該也會出現很大的變動。

鏈上分析平臺 Dune Analytics 公開的數據顯示，以太坊坎昆升級後，Base 的單日交易量暴增 5 倍左右，單日平均交易筆數則超過了 200 萬筆，新用戶人數也急速增加 32 倍，可以看出先前以 Arbitrum 和 Optimism 為中心的局勢出現了變化徵兆。

以太坊透過 Rollup 發展的路線圖，也被評為最適合解決「區塊鏈三難困境」的方式。**區塊鏈三難困境，指的是很難一次突破去中心化、**

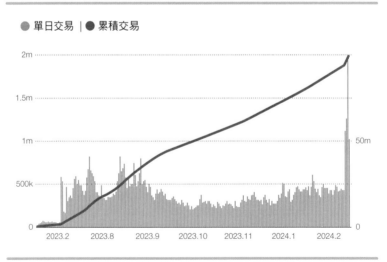

Base 單日交易趨勢（截至 2024 年 3 月）

（資料來源：Dune Analytics）

以太坊升級路線圖

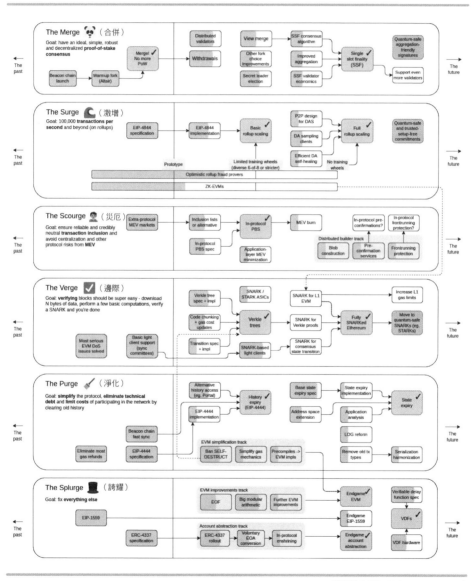

（資料來源：X@VitalikButerin）

安全性、可擴展性三個限制，如果追求去中心化和安全性，可擴展性就會降低，以太坊就是這種情況；相反地，如果追求可擴展性，去中心化和安全性就會下降，代表性例子為 Solana 鏈。以太坊利用 Rollup 的策略，是在不傷害自身區塊鏈的去中心化和安全性的同時，追求可擴展性。順帶一提，第 2 層大部分都屬於以太坊系列，而 Solana 鏈的速度已經很快了，現階段並不需要第 2 層。目前進度就到這裡，接下來也簡單說明一下剩下的升級過程。

「災厄」是讓以太坊能夠處理可信賴且中立的交易的過程；「邊際」升級則讓區塊的驗證過程更加容易，也讓更多的參與者參與驗證，是將現在的默克爾樹（Merkle Tree）基礎轉換為 Verkle Tree（編按：一種高效數據結構，縮短了默克爾樹的驗證數據大小，從而節省儲存空間，讓區塊驗證更有效率）的過程；「淨化」是清除技術債、簡化協議的過程，簡單來說，就是刪除過去不必要的數據；最後一步的「誇耀」，指的是不屬於上述類別的其他更新，簡化使用方式讓任何人都可以輕鬆使用以太坊，包括銷毀燃料費和帳戶抽象化等概念。

以太坊殺手──Solana，手續費低但不夠穩定

與以太坊並列為平臺型加密貨幣的代表就是 Solana 鏈，該區塊鏈在 FTX 破產事件後經歷了近 95% 的下跌，但再次成功地華麗反彈。以太坊和 Solana 鏈這兩個項目的方向雖然不同，但都是在擴展廣闊的生態系統，持續有意義地成長。

Solana 鏈有「以太坊殺手」的別稱。業界普遍認為，Solana 鏈贏不過以太坊，但最近從基本面來看，Solana 鏈確實取得了比以太坊更卓越的成果。

2024 年 3 月初，**以 Solana 鏈為基礎的去中心化交易所，單日交易量超過了以太坊鏈的單日交易量**，3 月 16 日，Solana 鏈的單日交易量為 35.2 億美元，而以太坊為 11 億美元左右。據統計，Solana 鏈的每日活躍用戶（Daily Active User，簡稱 DAU）約有 100 萬人，而以太坊只有一半，約 50 萬人；最後，在單日交易筆數，Solana 鏈也比以太坊多出 20 倍以上。當然，Solana 鏈**快速增加的活躍度也是大受迷因幣影響**，不過 Solana 生態系統的擴展確實不尋常，現在正朝著與以太坊不同的方向尋找屬於自己的特色。

Solana 鏈是由曾任職於高通（Qualcomm）的阿納托利・雅科文科（Anatoly Yakovenko）開發後，於 2020 年 3 月推出的項目。與以太坊相比，**最大的優點是可擴展性和低廉的手續費**，理論上 Solana 鏈每秒可以處理 6 萬 5,000 筆交易，雖然 Solana 鏈基本上是以權益證明為基礎，但在這基礎上增加了時間這一變數，這被稱為「歷史證明」。

若想記錄時間，網路就必須對時間達成共識，歷史證明可以在兩個發生的事件之間蓋上時間戳，再加入交易中，以此追蹤各交易的順序，目的就是公開驗證的順序，這樣一來，無須等待其他驗證者的同意，就能大幅提高網路效率和速度。**區塊生成的速度很快，特別是驗證時間更快**，這與不能即時交易的以太坊交易排序截然不同；同時，Solana 鏈透過「無狀態」（Stateless）的結構，減少占用記憶體的程

度，這些優點使得 Solana 鏈的可擴展性非常強（編按：Solana 鏈上的智能合約是無狀態的，這意味著合約本身不儲存任何狀態數據，而是存在外部帳戶）。

　　不過，Solana 鏈去中心化的程度不及以太坊。有評價認為，以太坊的權益證明比比特幣的工作量證明更中心化；權益證明是指投入越多資本，能獲得越多獎勵，也就是說，這是個讓富人變得更富有的制度。然而，Solana 鏈中心化的程度比以太坊更高，因為 Solana 鏈前 30 名驗證者的持有量占總量 35% 以上。

　　Solana 鏈令人擔憂的原因之一是「穩定性」。Solana 區塊鏈系統中斷的情況相當頻繁，第一次系統中斷發生在 2020 年 12 月，持續了大約 5 個小時，後來在 2021 年 9 月足足持續了近 17 個小時。在資本流動的主網中，中斷這麼長的時間，實際上是一個非常嚴重的問題，之後在 2023 年又發生一次，2024 年 2 月也中斷了將近 5 個小時。

　　初期的系統中斷是受到分散式阻斷服務（Denial of Service，簡稱 DDoS）的攻擊，由於 Solana 鏈手續費低廉，因此會更頻繁受到駭客攻擊。儘管遭受惡意攻擊和系統停止運行，所幸並無資金損失，但 2022 年以後就不是駭客的攻擊了，而是自身系統的問題，才導致網路停止。

　　Solana 社群期待透過「Firedancer」解決問題；Firedancer 是 Solana 網路的新獨立客戶端軟體，預定於 2024 年下半年上線，而它是將現有客戶端代碼庫徹底重新編寫的升級版，由極具代表性的流動性供應造市商 Jump Trading 主導進行，將交易處理、廣播、共識形成等主要功能組件，逐一用 C 語言重新構建。

以太坊和 Solana 鏈的系統比較

	以太坊	Solana 鏈
出塊時間	15 秒	1 秒
共識機制	權益證明	歷史證明／委託權益證明（DPoS）
程式設計語言	Solidity	Rust、C、C++
優點	●經過驗證的網路 ●大型開發者社群 ●巨大的 DeFi 和 NFT 生態系統	●交易快速 ●手續費低 ●可擴展性高 ●對環境的影響較小（不需要大量算力）
缺點	●交易成本高 ●交易速度緩慢 ●新的程式語言	●項目數量少 ●中心集中 ●透明度不足

　　Firedancer 的設計目的，是大幅減少軟體的瓶頸，並且根據硬體（CPU 核心數量）或網路環境提高性能。在初期的展示中，Firedancer 每秒可處理的交易超過 100 萬筆，前高盛經理勞爾‧帕爾（Raoul Pal，編按：他因多次發表金融災難預言且應驗，而被譽為「災難先生」，最知名的是準確預測過 2008 年的金融風暴）預測：「Firedancer 不僅會提升 Solana 的交易速度，還會強化整個區塊鏈的安全性，成為『改變遊戲規則的關鍵人物』（game changer）。」

　　Solana 鏈一直透過單一程式庫 SPL（Solana Program Library）來支援代幣，這與以太坊相反，以太坊是用代幣標準 ERC-20 和 ERC-721 來區分並支援一般加密貨幣和 NFT。Solana 鏈長期使用的這種方式，在開發速度方面具有優勢，開發者可以共享基礎設施；缺點是很難客製化程

式碼、代幣功能很難擴展，對此，Solana 鏈宣布推出代幣擴展（Token Extensions）程式，以鼓勵開發者透過該程式，自行設計和實現代幣功能。代幣擴展提供一個具有各種功能的開發環境，能增加傳送手續費來創造收益、元數據管理、利用零知識證明匿名傳送、根據規則靈活地客製化等，因此，有望在支付、穩定幣、真實世界資產等多種產業中增加開發者的便利性。

Visa、Worldpay、Stripe、Google、Shopify 等公司都在關注 Solana 鏈的成果優勢。身為 2023 年漲幅極大的加密貨幣之一，Solana 鏈引起了全世界投資者的注意，Solana 基金會新發布的代幣擴展，也將增加企業採用區塊鏈的可能性。由此可見，Solana 鏈正在積極擴展生態系統，這部分將在本部第 4 章中進一步了解。

企業偏愛的雪崩鏈和 Chainlink

這次我們來了解一下真實世界資產代幣化領域的代表——雪崩鏈和 Chainlink，以市值來看，這兩個項目都名列前茅，不僅確保了往後的成長，還確保了穩定性。

雪崩鏈是由康乃爾大學資工系教授 Emin Gün Sirer 主導的，於 2018 年開始啟動第 1 層，然後在 2020 年 9 月正式上線。Emin Gün Sirer 過去在 P2P 網路領域不斷積累經驗，在比特幣誕生 6 年前的 2003 年，就製作了基於工作量證明協議的數位貨幣「Karma」。他似乎從初期就對金融很感興趣，並注意到強調去中心化的公共區塊鏈，在速度和便利方面

缺乏實用性。

雪崩鏈的最大特點，是在一個網路上兼容三個不同的區塊鏈，也就是交易鏈、合約鏈和平臺鏈。

- **交易鏈（X-Chain，縮寫自 Exchange Chain，又稱 X 鏈）**：生成數位資產「雪崩幣」並記錄一般交易的區塊鏈，使用權益證明，每秒處理 4,500 筆交易。
- **合約鏈（C-Chain，縮寫自 Contract Chain，又稱 C 鏈）**：智能合約和 DApp 都能運行的區塊鏈。因為可以兼容 EVM，所以已經在以太坊等地成功的 DApp 很容易引入。
- **平臺鏈（P-Chain，縮寫自 Platform Chain，又稱 P 鏈）**：協調網路驗證者，創建子網並管理的區塊鏈。

一般熟知的雪崩鏈就是合約鏈，平臺鏈和交易鏈是為其他目的而設計的特殊鏈，這可視為雪崩鏈獨有的差異點，尤其要關注子網。在以權益證明為基礎的平臺鏈上可以生成子網；子網雖然是使用雪崩幣的區塊鏈，卻可以獨立經營，是單獨的小規模網路。換句話說，**子網是客製化的區塊鏈，可以讓各項目想要的區塊鏈輕鬆上線**。如果想推出區塊鏈事業，與其直接構建主網，不如利用雪崩幣的子網，這樣就能節省開發主網所需的時間和費用。

還有一個優點是，可以根據自己想要的事業方向客製化子網，**也能與建構子網的主網連結起來**。雪崩鏈在 B2B 領域能獲得市占率的原

因就在於此，就連想要使用區塊鏈的公司都是他們的客戶，這是很明顯的差異，而實際上，摩根大通、花旗銀行、SK Planet 等跨國公司都正在使用雪崩鏈的子網。

此外，雪崩鏈支援 Solidity 語言，是現有以太坊虛擬機（EVM）主網中最快的主網，不僅速度快，子網也表現出卓越的可擴展性。在 EVM 鏈中，雪崩鏈的交易完成速度「最終確定性」（Finality）是最快的，意即**最終傳達給用戶的交易速度最為快速，只花了不到 1 秒**。順帶一提，以太坊的最終確定性是 15 分鐘。由此可見，雪崩鏈在金融服務方面具有優勢。

接著我們來了解一下 Chainlink（幣種代號 LINK）。Chainlink 是由賽吉‧納扎羅夫（Sergey Nazarov）和史蒂夫‧艾莉斯（Steve Ellis）製作的去中心化預言機（Oracle）網路，2017 年 ICO 上市。

Chainlink 是去中心化的預言機代表，在相關領域具有壓倒性的市占率。如果要將區塊鏈作為商務使用，就要將商務所需的市場數據、各種合約數據等外部網路數據，引入區塊鏈內，在中間發揮這種功能的就是預言機，它填補了以區塊鏈技術為基礎的智能合約與真實世界應用程式之間的差距。

Chainlink 受到關注的另一個原因，在於他們獨創的「跨鏈互操作協議」（CCIP），其目標是**創造出一個能利用 CCIP 連接不同區塊鏈來交換價值的區塊鏈網路**；CCIP 是讓各個碎片化的區塊鏈之間能互通的標準協議，相當於網路的 TCP/IP（傳輸控制協定／網際網路協定）。

CCIP 不僅會像預言機那樣單純傳遞數據，還提供差異化功能，讓

用戶能在不同區塊鏈之間傳送代幣或訊息。在現階段，用戶如果要在不同的區塊鏈之間傳送加密貨幣，就需要橋接器等複雜的裝置，其過程也不簡單，CCIP 讓這過程處理起來更容易，如果把單獨存在的區塊鏈網路比喻成島嶼，CCIP 就是把多個區塊鏈網路連接起來的橋梁。

Chainlink 的基礎設施實現了 8.5 兆美元的交易規模，與 DeFi 市場規模不相上下，其目標是透過 CCIP 連接 DeFi、傳統銀行與金融服務。Chainlink 在 DeFi 領域也可能會成長為最受關注的項目，目前正與 SWIFT 組成夥伴關係，構築獨特的區塊鏈基礎設施。

順帶一提，在 Solana 基礎上的預言機也備受矚目。Pyth 網路號稱是 Solana 鏈的 Chainlink。

世界幣，試圖解決 AI 社會的問題

ChatGPT 是 AI 普及化的一大功臣，有評價稱，ChatGPT 將資訊化社會轉換為 AI 社會。2024 年，OpenAI 執行長奧特曼的動向使得世界幣（Worldcoin，編按：已於 2024 年 10 月更名為 World Network，或簡稱 World）備受矚目。

世界幣這個項目的出發點，是解決 AI 社會到來後將發生的各種問題，那麼在 AI 時代最大的問題為何？奧特曼認為主要有兩點：

第一個問題，是證明自己不是機器或機器人，而是人類。有個名為深偽（Deepfake）的技術，利用人工智慧合成人臉或聲音，如果這種技

術越發精緻，以後人工智慧就可以模仿人，模仿得一模一樣，因此奧特曼認為，全世界的人都需要確實的數位身分認證方法。

那麼**世界幣如何認證身分？就是利用人們的眼睛虹膜**。每個人的虹膜都獨一無二，據說指紋的特徵有四十多個，而虹膜的特徵約有 260 個之多，再加上幾乎一輩子都不太會變，因此比指紋認證更有用。虹膜掃描儀識別虹膜後會加密並轉換哈希值（Hash，編按：任何形式的數據經過哈希函數，就會生成一個長度固定的哈希值，而我們無法從哈希值倒推原始數據），當這哈希值儲存在區塊鏈後，虹膜資訊就會被銷毀。

世界幣項目由加密貨幣「世界幣」（WLD）、保管世界幣並認證用戶的錢包「World App」、透過虹膜辨識確認用戶的虹膜掃描儀 Orb 等三個部分組成，這就是眼睛直視球狀 Orb 後能夠識別虹膜的原理。

Orb 設置在世界各地，韓國也有，起初是在世界幣書峴店，後來開設聖水快閃店，然後搬到江南、乙支路等地，在應用程式上能輕鬆確認 Orb 的確切位置。不過另一方面，利用 Orb 識別虹膜這件事引發了侵犯個資的爭議，西班牙、香港等地就終止了虹膜註冊，韓國也曾一度中斷虹膜註冊，後來又重新開始。

第二個問題，是很多人的工作將被 AI 奪走，而財富會集中在少數人身上。對此，他提議以世界幣的形式，向所有公民提供基本收入，就能解決這些問題，也就是說，透過 Orb 登記虹膜後，就能獲得基本收入。這是非常激進的政策，很多人質疑能否成功。

奧特曼的重點是，**希望透過「加密貨幣」來供應基本收入**。畢竟能

世界幣的虹膜掃描儀 Orb

（資料來源：Worldcoin）

讓全世界一起使用、自由跨越國境的貨幣，終究是以區塊鏈為基礎的加密貨幣，換句話說，目前最受關注的 AI 領域領導者認定——區塊鏈和加密貨幣產業，在未來一定會成為更核心的產業。

說穿了，世界幣實際上是乘著 AI 話題的熱度，以及奧特曼的知名度而上漲的。正如之前所說，奧特曼是 OpenAI 的執行長，在創立 OpenAI 之前就已經是知名的投資大師，曾是美國創業加速器 Y Combinator 的執行長，也在 Airbnb、Stripe、Dropbox、Reddit、Pinterest 等公司創立初期就投入資金，因此獲得了巨大的收益，他也為這些公司的成長做出了貢獻。2015 年，《富比士》將他選為 30 歲以下的頂尖投資者。他是一個具有超凡慧眼和先見之明的人，ChatGPT 的成果也令人驚訝，上市僅兩個月，月活躍用戶數就突破了 1 億人，在當時創下了史上最快的紀錄。要知道，TikTok 和 Instagram 分別花了 9 個月和 30 個月才達到這個

程度，ChatGPT 的速度卻比這兩者還快，只是這個紀錄後來被 Threads 打破了，Threads 在不到一週的時間裡，用戶就超過了 1 億人。

不過確實有人強烈批評奧特曼的行為。**以太坊創辦人布特林認為，世界幣的身分證明方式在隱私、友善程度、中心化及安全性等多個方面皆存在風險**，掃描虹膜可能會洩露比預期更多的資訊，而且個人無法確認 Orb 的結構是否完善、有沒有後門，說不定其實世界幣基金會在系統中加入後門，任意製造假人的身分，而且一般人想要接觸到 Orb 也不容易；另外，這種使用特殊硬體的系統會有高度中心化的問題，這是非常大的缺點，尤其世界幣主要是在非洲等地蒐集虹膜數據，過程中甚至出現了剝削窮人、竊取數據的爭議。

話說回來，嘗試新東西時總是要面對批評，想想比特幣當時也是如此。奧特曼提出的「世界幣」顯然是個新穎的嘗試，雖然能否開啟新時代還有待觀察，但如果能夠克服各種爭議，往後很有可能成為更受關注的項目。對加密貨幣來說，**通過壓力測試、證明恢復力**是相當重要的課題。

以敘事吸引資金的新項目

現在我們快速看看其他主要的平臺型加密貨幣。

首先是最初模組化（Modular）的區塊鏈 Celestia（幣種代號 TIA）。**Celestia 是模組化區塊鏈的代表**，將區塊鏈網路的四種主要功能——執行、結算、共識、資料可用性（Data Availability，簡稱 DA），

分離到各階層，「模組化」的概念也首次被提出。整體式（Monolithic）區塊鏈是由單一區塊鏈執行一切，而模組化區塊鏈就是為了解決整體式區塊鏈的可擴展性問題而出現。

Celestia 網路還能充當共識和資料可用性層，以儲存 Rollup 這類執行層的數據，開發者可以透過 Celestia 提供的 Rollkit（用於 Rollup 的模組化框架），任何人都能以最低的成本，部署屬於自己的 Rollup。Celestia 在開發方面被稱為「改變遊戲規則的關鍵人物」，在加密貨幣社群也是備受矚目的項目，同時是空投的受惠代表。

第二個是首次並行 EVM 的 Sei（幣種代號 SEI）。Sei Network 首次提出並列 EVM 敘事，這是以「交易」為特色的第 1 層區塊鏈，以**改善交易用戶體驗**為重要亮點。

Sei Network 標榜「去中心化的那斯達克」，目標是將訂單的匹配和執行方式構築在區塊鏈上，從訂單簿訂單到選擇權及期貨等多種類型的金融商品都可以進行交易，特別是為了確保可擴展性，Sei Network 將焦點放在縮短區塊的最終確定時間（Time to Finality，簡稱 TTF），也就是交易完成時間，而不是區塊鏈每秒處理交易的速度 TPS；這表示區塊的最終確定性在交易處理中非常重要，Sei Network 選擇縮短這個時間，這與雪崩鏈的方向類似。據聞，實際上 Sei Network 的 TTF 最長只有 0.39 秒，這性能比至今以快速交易為優勢的其他第 1 層區塊鏈，如 Solana 鏈、Aptos 鏈等，來得更為卓越。

第三個是 Meta 的區塊鏈項目 Diem 所衍生的 Aptos（幣種代號

APT）和 Sui（幣種代號 SUI），也因為源自 Diem，因此備受關注，兩者都使用 Diem 當時使用的開源語言「Move」。與傳統區塊鏈不同的是，**Aptos 和 Sui 是採用並行執行，隨著需求和活躍度增加，網路處理量可以擴展到無限大**。據韓國研究機構 Xangle 透露，兩者在共識機制、設計結構等方面的介面和前景不同，如果說 Aptos 接近典型的第 1 層，那麼 **Sui 的特色則是自由的開發環境，是以物件（Object）為中心的區塊鏈**（編按：物件包含了 NFT、代幣還有智能合約等，以物件為中心表示交易紀錄上，變更的是物件所有地址；Aptos 則是以地址為中心，變更的是地址上的所有物內容）。

Aptos 透過 HotStuff 共識算法的進化版——Block-STM 執行引擎，動態檢測交易間的依賴關係並執行工作，從而實現並行拜占庭容錯（BFT，編按：系統能夠在某些節點出錯的情況下，仍然達成一致性）共識機制。為了能並行，Sui 在執行層中採用了基於有向無環圖（DAG，支援並行處理的數據結構）的內存池（Mempool，用於保存等待執行的交易）和 Tusk 共識（負責交易分類與排序），讓 Sui 隨機地只在需要確認狀態時執行共識，個人間匯款（P2P）等單純的交易就省略了共識過程，至於 NFT 發行等複雜交易則使用另外的共識機制；這與 Aptos 形成了鮮明的對比，Aptos 在驗證所有區塊鏈之前，需要等待交易結束。不過，Sui 接連引發了有關代幣流通量的爭議，如果代幣釋放時機不明確，可能會引發短期價格波動。

Aptos 和 Sui 這兩個項目皆以優秀的開發人力、豐富的資源、卓越的技術為基礎，具備了高水準的安全性、可擴展性和便利性，因此在市

場上都具有競爭力。它們還握有「Meta」這張王牌，該公司有 30 億用戶。不過，有意見認為，除了可擴展性之外，兩者與其他第 1 層貨幣的差異還不明顯；同時，也有意見表示，它們未能構築虛擬貨幣特有的社群基礎，這也是限制它們成長的因素。

至於第四個，是提高區塊鏈互操作性（Interoperability）的全鏈（Omnichain）。如果一條鏈不僅只於自身的生態系統，還能與其他鏈自由地相互操作，這能力在區塊鏈上被稱為「互操作性」。區塊鏈基本上是各自獨立的網路，許多項目一直在努力連接流動性、建立具互操作性的生態系統，後來便出現了多種方式的跨鏈橋（Cross-Chain Bridge），還實現了可以呼叫其他鏈上智能合約的傳遞功能。

然而，這過程中會面臨到必須維持並管理多個網路服務的複雜性挑戰。全鏈的概念於是出現，**讓特定兩條鏈無須另外橋接就能通用**，這樣的概念正逐漸廣為人知，其中的代表有 Axelar（幣種代號 AXL）、ZetaChain（幣種代號 ZETA）、LayerZero（幣種代號 ZRO）等。

最後，我想提到最近在市場上備受矚目的第 1 層區塊鏈——Monad 和 Berachain。雖然 Monad 主網上線的時間比 Sei Network 還晚，但 Monad 卻是第一個使用並行 EVM 的，在保持以太坊 EVM 兼容性的同時，它還擁有可以並行處理的特點，未來可能會與 Solana、Aptos、Sui 等其他高性能的第 1 層區塊鏈競爭，然而 Monad 被認為在技術上更具優勢，並得到了包括 Paradigm 在內的多間創投公司的投資。

Berachain 起源於藍籌 NFT 項目「吸菸熊」（Bong Bears）。吸菸熊在 2021 年 8 月成功鑄造（發行）後，推出了多個系列項目，迅速擴大社群規模。「Berachain」的名字也來源於熊，他們開始稱呼自己的社群為「Bera」，這是由「Bear」調換字母順序後出現的字，在社群上形成一種迷因。Berachain 的目標是透過流動性證明（Proof of Liquidity，簡稱 PoL）克服現在的缺點——權益證明，目前它正以強大的社群為基礎，和 Monad 一樣，成功接連獲得創投公司的資金。

「敘事」會決定山寨幣的流向。這裡的敘事是故事的意思，雖然此用語意指文學作品、電影的脈絡、主題、作品意涵等，但**在商業領域，「敘事」包含著提供給顧客的價值、商業模式、信任體系、趨勢等多種意義；簡單地說，也可以看作是吸引顧客的各種賣點。**

不過，因敘事而帶動的價格上漲可能無法持續很久。敘事類似一種約定，雖然能引起投資者的期待，卻有時效性；而實際上，受到敘事影響最多的並不是上市很久的項目，反而是新項目。在牛市期間大幅上漲的項目中，也有很多敘事豐富的新項目，不過為了能長期且持續成長，必須具備基本面，而且技術必須扎實、實用性必須明確，最重要的是不斷取得有意義的成果，流通量和代幣經濟也是需要重視的因素。因此，投資山寨幣時必須同時考慮敘事和基本面這兩方面，而基本面可以用前面提到的質化評估和量化評估來判斷。

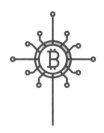

第 4 章

實用型加密貨幣，跨足 AI、遊戲、金融

什麼是實用型加密貨幣？

我們來了解一下山寨幣類型中的最後一種——「實用型（Utility）加密貨幣」。可以將實用型加密貨幣理解為：以平臺為基礎提供服務的去中心化應用程式，以及由此發行的代幣。

實用型加密貨幣大致有三個評價標準：實用性、獲利結構、獎勵系統。

首先是實用性。實用型加密貨幣是提供服務的概念，因此各自的用途、目的和功能都很明確。以 2021 年牛市時相當熱門的虛擬實境平臺 Decentraland（幣種代號 MANA）為例，其發行的 MANA 幣將用於購

買元宇宙內的數位土地，因此**具有明確的用途，即實用性**，當然這也反映了人們對未來元宇宙房地產成長的期待。

再來是獲利結構。這次也以 Decentraland 為例說明，它讓用戶得以透過 NFT 創建出自己的作品和資產，建立起一套能獲利的商業模式。隨著元宇宙崛起，人們也越來越關注元宇宙房地產，因此使用相關服務的用戶和代幣需求劇增，進而帶動加密貨幣的價格上漲。可以說，**代幣存在著明確的獲利結構。**

最後是獎勵系統。實用型加密貨幣具有獎勵性質。以 Theta 網路（Theta Network）發行的代幣——THETA 和 Theta Fuel（TFUEL）為例，THETA 是支付給內容提供者的代幣，系統利用代幣吸引創作者繼續生產高品質的內容；TFUEL 則是支付給共享多餘頻寬的用戶的代幣，讓用戶能在享受影片的同時獲得收益。**只要獎勵合理，用戶數量就會增加，服務品質跟著提升，最終加密貨幣價格就會上漲。**

平臺型加密貨幣擁有類似的目標，也就是構建區塊鏈生態系統，雖然各有自己的核心亮點和差異化策略，有的是速度、有的是安全性、有的重點是去中心化，但最終目的地都是一樣的；另一方面，實用型加密貨幣各自想要提供的服務完全不同，因此很難分析，而且實用型加密貨幣對趨勢和流行很敏感。2018 年 DeFi 備受矚目；2021 年 NFT 強勢崛起，之後擴展到了與遊戲相關的「邊玩邊賺」（Play To Earn，簡稱 P2E），以及與特定活動獎勵有關的 X2E（X To Earn）；2024 年也很有可能出現 AI、DePIN、RWA 等多種主題，引領新趨勢。接下來，我會分析各領域，讓大家更仔細了解。

攻破科技巨頭堡壘的 DePIN

DePIN 是「Decentralized Physical Infrastructure Networks」的縮寫，即「去中心化實體基礎設施網路」。**DePIN 是用代幣作為獎勵、鼓勵共享個人資源的網路**，而個人可以共享的資源有非常多種，如儲存空間、電信流量、雲端運算、能源等，簡單來說，DePIN 這個項目，會提供代幣獎勵給那些為區塊鏈網路提供實際硬體和軟體資源的用戶。

DePIN 的代幣經濟和經營方式就是重複以下四個步驟：

1. 用戶為了獲得代幣獎勵而提供基礎設施。
2. 越多用戶為了獲得代幣獎勵而參與，服務量就增加得越多。
3. 基礎設施供應量增加之後，有更多用戶和企業為了使用該技術而進入。
4. 代幣獎勵就會更多。

經過這四個步驟後，就會再回到第一步，用戶又會為了得到更多獎勵，而提供更多的基礎設施。目前提供 DePIN 基礎設施的人非常集中。為了理解 DePIN 的環境，以下會以雲端運算服務為例來探討。

亞馬遜（Amazon）的 AWS、微軟（Microsoft）的 Azure、Google 的 GCP 等雲端運算服務，幾乎將市占率分為三大份，這代表科技巨頭完全支配市場。阿里巴巴（Alibaba）、賽富時、IBM、Oracle、騰訊等跨國企業則是在競爭「三大巨頭」占有率之外的少許比例。

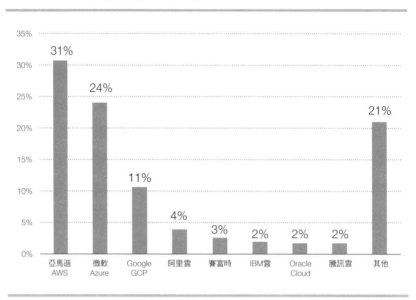

雲端服務市占率（2023 年第四季）

（資料來源：Statista）

　　DePIN 可說是試圖改變由高度中心化的企業提供基礎設施的現況，在目前這種型態下，如果某個地區的資料中心發生問題，服務將立即受到打擊，營運費用也會變得非常高昂。

　　另一方面，**DePIN 引人注目的領域是分散型雲端儲存、運算資源、無線感測器網路等**。以輝達（NVIDIA）為中心急速成長的 AI 主題，也跟 DePIN 有著密切關係，考慮到輝達提供的高性能圖像處理器 GPU 價格昂貴，目前出現了嘗試共享 GPU 的項目。

　　嘗試共享 GPU 的代表範例有 Akash Network（幣種代號 AKT）和 io.net（幣種代號 IO）。產出圖像時，算圖（圖像合成）技術不可或

缺，因此能將需要算圖的創作者和閒置的 GPU 結合起來的「算圖網路 Render」（幣種代號 RNDR）也備受矚目。這三個項目在 AI 領域相當重要。

　　讓我們來看一下 Messari 蒐集到關於去中心化儲存網路的統計資料。與亞馬遜 S3 雲端儲存的價格比較就會發現，亞馬遜的費用跟去中心化儲存網路差距很大。Messari 報告顯示，使用亞馬遜 S3 需要 23 美元的成本，但使用菲樂幣（幣種代號 FIL）只需 0.19 美元，可以省下超過 22 美元，其他如 Arweave（幣種代號 AR）、Siacoin（幣種代號 SC）、Storj（幣種代號 STORJ）分別以 0.47 美元、0.54 美元、4 美元緊跟在後。實際上去中心化儲存網路市場正在持續成長，尤其還聽說菲樂幣儲存市場的活躍交易量在 2023 年內增加了 414%。

去中心化儲存和中心化儲存的單價比較（截至 2022 年 1 月）

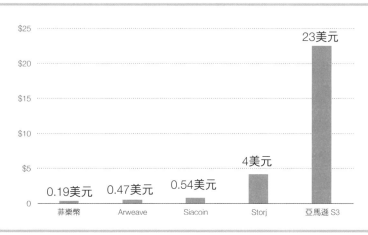

（資料來源：Messari）

在以權益證明為基礎的服務中扮演驗證角色的驗證者，並不是在本人居住的空間或公司現場驗證，而是利用 AWS 等服務驗證，以便管理與維護。這說來諷刺，在以去中心化為核心價值的區塊鏈及加密貨幣產業中，雖然有驗證者，但他們實際上是在中心化的伺服器上驗證，然而 DePIN 領域進入正軌後，就能解決這些問題。儘管目前還處於非常初期，技術能力和便利性等需要改善之處還很多，不過往後會持續成長。

Helium（幣種代號 HNT）和 Livepeer（幣種代號 LPT）等項目在市場上也相當熱門。Helium 透過分散型無線網路，以任何人都可以獲得加密貨幣的方式提供無線連接；Helium 正在多個國家擴大物聯網的覆蓋率，隨著熱點在全球擴展，Helium 網路也迅速成長，作為分散型無線基礎設施提供者，它的地位非常穩固，還進一步擴展到了 5G 領域。據傳，Helium 在一年內部署了超過 8,000 個 5G 公民寬頻無線電服務（Citizen Broadband Radio Service，簡稱 CBRS）。

Solana 在同步化速度上也占據優勢。因此，**DePIN 很有可能會以 Solana 生態系統為中心進行擴展**，前面提到的 Arweave、Helium、Render 等，也是以 Solana 為基礎。

Livepeer 為具有直播影片功能的 DApp 開發者，提供高度可擴展性且相當划算的影片基礎設施解決方案。

在 Coinbase、Messari 等機構的展望報告中，DePIN 亦受到重視，相關項目也已經在 Coinbase 交易所上市，之後還會有其他項目上市。

跟 DePIN 同樣受到市場關注的還有 DESO。DESO 一詞縮寫自「Decentralized Social」（去中心化社交），是為了解決現有社交媒體

平臺的問題而設計的加密貨幣，其目的在於創造新的社交媒體市場，讓用戶可以透過自己的內容直接獲利，擺脫現有社交媒體平臺中心化的結構，幫助用戶直接建構和管理平臺。這將讓用戶擁有自己的數據，並且參與平臺的決策，最重要的是平臺不能隨意審查，用戶的所有權將會得到保障。DESO 項目目前也吸引了包括安德里森‧霍羅維茲在內的多間全球創投公司投資。

AI 改變市場模式，與區塊鏈技術互補

　　AI 是 2024 年極有潛力的趨勢之一。不僅是加密貨幣，綜觀所有產業，AI 都非常重要，被認為是繼網路、手機進化之後的重要技術變革，而且 AI 能與區塊鏈技術互補，隨著時間推移，未來很有可能會以彼此為基礎，綜合性地發展。

　　那麼 AI 為什麼需要區塊鏈呢？

　　首先，區塊鏈可以解決 AI 數據的信賴問題。區塊鏈提供了必要的框架，將內容的真實性固定在鏈上，並建立一個蒐集和分享真實數據的獎勵機制；另外，還促進 AI 基礎設施去中心化，包括數據儲存、數據集生成、運算能力等，降低 AI 高度中心化的風險。

　　第二，有人提出大型語言模型（LLM）市場高度中心化的風險。AI 是資本密集產業，權力可能會集中在擁有大規模數據設施的少數科技巨頭手中，如果由少數勝者占據市場，很有可能會收取高額手續費。全球 GPU 稀缺也是一個重要的問題，**由於訓練 AI 模型的需求增加、模型**

複雜度及各種要求，**全世界都出現了 GPU 短缺的現象**，這使得輝達的 GPU 價格上漲。區塊鏈可能會促進 AI 基礎設施的去中心化，並對大公司的壟斷提出對策。

去中心化的 AI 可能會透過代幣與用戶共享平臺獎勵，開發者就能藉此省下訓練模型所需的費用，計算資源供應商則能利用閒置的計算資源獲利，考慮到全球 GPU 稀缺，這個做法特別管用。AI 去中心化基礎設施的例子有：去中心化儲存、運算網路、機器學習、數據集生成等，前面介紹過以 Render 為首的 DePIN 領域，也是重要的例子；Akash Network 則是開源超級雲端運算的重要例子，用戶可以安全有效地購買和出售運算資源。

AI 改變了去中心化網路和應用程式，有潛力促進 Web3 技術的大規模採用。反過來看，為什麼區塊鏈需要 AI 呢？

第一，需要智能合約及智能協議。以 AI 為基礎的智能合約，能夠即時根據鏈上數據做出決策，讓決策更準確也更有效。目前正在持續研究以 AI 為基礎、處理共識機制的方法，共識機制將決定區塊鏈的安全性和可擴展性。

第二，需要 Web3 保障的安全性。以 AI 為基礎的 Web3 安全解決方案，可以監測網路攻擊，提高區塊鏈項目的安全性。安全問題是加密貨幣能不能被採用的關鍵因素，為了讓加密貨幣被廣泛採用，這是最重要的一環。目前在評估貸款者的風險時，就會利用 AI 運算，還有即時監控欺詐行為、交易策略及交易機器人等，也都是使用 AI。

除此之外，預測分析、以 AI 為基礎管理投資組合及自動重新調整

資產、支援 AI 支付的基礎設施、以零知識機器學習（ZKML，編按：能夠在保護數據隱私的狀況下，讓機器學習模型執行任務）為基礎的解決方案等都很重要，往後區塊鏈和 AI 的合作方向是無窮無盡的，**國際企業普遍認為區塊鏈和 AI 是互補的技術**。

　　然而，到目前為止還處於實驗階段。與其說取得了明顯的成果，不如說是提前反映出對未來的期待。因此，從短期來看，無論投資何種 AI 項目，都可以期待價格上漲，但從長遠來看，必須辨別璞玉才行。

　　那麼，讓我們整理一下代表 AI 的項目有哪些吧！在 CoinGecko 或 CoinMarketCap 的 AI 類別，可以看到類似下圖的多個項目。

　　把 AI 項目分類來看，大致可分為 AI 基礎設施及資源（Infrastructure

AI 相關貨幣

#	加密貨幣		匯率	1小時	24小時	7天	24小時交易量	總市值	最近7天
☆ 33	Render RNDR	買	US$10.52	-0.8%	-1.5%	-4.2%	US$169,170,469	US$4,016,593,209	
☆ 36	Bittensor TAO	買	US$569.89	0.5%	-4.0%	-9.2%	US$23,135,973	US$3,697,623,320	
☆ 39	The Graph GRT	買	US$0.3643	-0.5%	-0.2%	-7.3%	US$131,786,842	US$3,445,763,049	
☆ 53	Fetch.ai FET		US$2.44	-0.6%	-0.5%	-1.1%	US$231,060,430	US$2,549,868,291	
☆ 82	SigularityNET AGIX		US$1.03	-0.7%	0.3%	0.3%	US$172,744,698	US$1,323,743,347	
☆ 94	Akash Network AKT		US$5.27	0.0%	0.5%	-4.8%	US$6,535,131	US$1,215,507,193	
☆ 114	AIOZ Network AIOZ		US$0.8844	-0.4%	10.2%	21.9%	US$19,961,499	US$953,728,701	
☆ 149	Ocean Protocol OCEAN		US$1.06	-0.1%	-1.9%	2.0%	US$33,968,390	US$640,844,427	
☆ 171	Arkham ARKM		US$2.59	-0.8%	0.9%	-1.9%	US$55,763,333	US$530,804,011	

（資料來源：CoinGecko）

and Resources）和 AI 應用程式（Application）這兩種，前者用以協助訓練人工智慧，會為機器學習提供數據和各種閒置資源；後者可以看作是一種服務，兩者中理應更關注前者。

　　如果再細分第一個大分類「基礎設施及資源」，可以分為：提供運算資源（Compute）、數據所有權及模型訓練（Model and Data）、中介軟體及工具（Middleware and Tools）。說明一下，中介軟體是讓不同應用程式能互通的軟體。

　　在提供運算資源方面，重點是共享 GPU，前面已經詳細說明了，這裡只會提及幾個項目，例如 Akash Network、Render、io.Net 等就是代表；除此之外，該領域還有許多項目的市場討論度很高，像是 AIOZ Network（幣種代號 AIOZ）、Golem（幣種代號 GLM）、Gensyn、Nosana（幣種代號 NOS）等。

　　在數據所有權及模型訓練領域的代表有Bittensor（幣種代號 TAO）、SingularityNET（幣種代號 AGIX）、Ocean Protocol（幣種代號 OCEAN）、Myshell 等，這些都備受關注。

　　在中介軟體及工具領域，需要關注 Fetch.ai（幣種代號 FET）和 Ritual 等。順帶一提，AI 相關項目也出現了合作或合併的動向，比如 Fetch.ai、SingularityNET 和 Ocean Protocol 的代幣，會合併為一個名為「ASI」（Artificial Superintelligence）的代幣（編按：於 2024 年 3 月宣布，已於同年 7 月實行）。

　　在第二個大分類「AI 應用程式」也出現了多種服務，例如聊天機器人、DeFi、AI agent（AI 代理）、數據蒐集及分析（Analytics）。韓國

人熟知的 Delysium（幣種代號 AGI）就是 AI agent 的代表，可以將 AI agent 視為一種製造 AI 祕書的項目。在數據蒐集及分析領域，最具代表性的是 Arkham（幣種代號 ARKM）。

還有一些項目，嚴格來說很難歸在 AI 類別，但已經涉足相關主題，最具代表性的是世界幣、NEAR Protocol（幣種代號 NEAR）、The Graph（幣種代號 GRT）等。在輝達 2024 年的 GTC 大會活動中，邀請了多個加密貨幣的領導者，其中有 Render 和 NEAR Protocol 的創辦人，由於此一利多因素，使得它們的價格比其他 AI 項目上漲更多。今後 AI 領域的未來很有希望，必須長期關注。

鏈上遊戲讓你「邊玩邊賺」

在上次牛市期間，「邊玩邊賺」（P2E）的新遊戲模型受到了市場的極大關注；P2E 是一種遊戲經濟，使用區塊鏈技術提供了一個系統，可以將遊戲內的資產，透過代幣和 NFT，轉換為具有實際價值的資產。P2E 遊戲利用 NFT，**將遊戲內資產的所有權賦予使用者，而不是遊戲公司，因此用戶之間可以自由交易**；同時，由於區塊鏈的核心價值基礎是「去信任」，所以提供了安全又透明的交易環境，交易當事人之間不需要相互信賴。

掀起 P2E 遊戲熱潮的代表是 Axie Infinity（幣種代號 AXS）。Axie Infinity 構建了一個最成功的生態系統，讓用戶可以輕鬆將遊戲中獲得的代幣和 NFT 販售變現，尤其是在 COVID-19 疫情期間，Axie Infinity 在

菲律賓等東南亞地區非常受歡迎。然而，P2E遊戲雖然成功為遊戲產業創造了新的類別，但大眾的關注並沒有持續很久。一般手機遊戲的壽命是2～3年，可是Axie Infinity只有七個多月，為什麼Axie Infinity的壽命這麼短呢？

第一，代幣經濟無法持續。玩P2E遊戲時，遊戲內的資產持續外流，引發代幣通貨膨脹的問題。大部分P2E遊戲結構簡單，用戶人數增加時，獎勵也會增加，代幣獎勵將用於角色升級、創建新角色、獲得道具等，這種代幣的用途會帶動需求，而同樣的模式持續越多次後，代幣獎勵就會越多，結果就是，隨著用戶人數和遊戲時間增加，代幣的通膨率呈現指數級上升。

第二，缺乏遊戲的本質——娛樂性。如果遊戲帶來的樂趣很低、「獲得經濟獎勵」反倒成了玩遊戲的主要目的，那就無法長久遊玩，而遊戲產業對P2E遊戲根深柢固的負面印象就源於此。加密貨幣市場最有前景的創投公司安德里森・霍羅維茲（a16z），在2024年提出的區塊鏈市場展望中，建議將Web3遊戲主題從P2E轉移到「Play and Earn」。

意思是，如果至今為止，以區塊鏈為基礎的遊戲（簡稱「鏈遊」）只是賺錢的工具，那麼期待它能在未來發揮遊戲真正的功能。比起「創造收益」，目前鏈上的遊戲開發者更注重「樂趣」，並且努力減少負面形象，最近上市的Pixels和Parallel等遊戲，就被評價在一定程度上成功改變了P2E遊戲很無聊的既定印象。

那麼投資遊戲領域應該關注哪些方面呢？如果以長遠的觀點看待鏈

上遊戲市場，就應該關注平臺，最具代表性的是 Immutable（幣種代號 IMX）和 Beam（幣種代號 BEAM）等項目，由 Sky Mavis 經營、推出鏈遊 Axie Infinity 和 Pixels 的 Ronin（幣種代號 RON）也值得關注。

雖然特定遊戲可以在牛市取得有意義的成果，但從長期投資觀點來看，應該加以投資在基礎設施上。這就如同特定服務能在短期內獲得很多關注，生命週期卻很短；相比之下，平臺成長曲線雖然緩慢，卻會因為不斷出現新的遊戲和服務，得以持續成長。多家機構如安德里森‧霍羅維茲、DWF Labs 等，都在關注區塊鏈遊戲。

韓國公司的鏈遊也值得關注。遊戲業界排名第 1 的樂線公司在 2023 年底透過子公司 Nexon Block，重新展開區塊鏈領域的新事業，在 Nexon Block 投資的幫助之下，結合區塊鏈技術和人氣遊戲 IP《楓之谷》（*MapleStory*）的 NFT 生態系統建設活動，將會更加活躍。在楓之谷宇宙（MapleStory Universe）這個項目中，將發行以《楓之谷》遊戲角色或道具為素材的 NFT，並為用戶提供自由互通環境的生態系統；當然，這很有可能是封閉的生態系統，如此一來，擁有楓之谷 IP 的樂線公司，就能保有發行和交易 NFT 的主要權利，而其目標是支援與其他 NFT 項目的聯動，成為全球區塊鏈社群的一員。

順帶一提，P2E 遊戲無法在韓國發行，因為《遊戲產業法》認定，遊戲內的 NFT 是受到法律規範的「贈品」，故加以限制，不能成為個人的資產，而韓國遊戲界為了躲避政府的限制，將目光轉向了海外 P2E 遊戲市場。**除了中國和韓國之外，大部分國家都沒有限制 P2E 遊戲**，因此業者有可能會跨足其他國家的市場。雖然鏈遊產業這個領域具有未

來潛力，但有人擔心，韓國可能會受制於政府的方針，在世界潮流中落後，政府的 P2E 管制終將削弱產業競爭力，同時還會讓資金和高級專業人才外流。遊戲業界批評政府無法讀懂世界潮流，與其盲目地限制 P2E 遊戲市場，不如研究如何同時擁有競爭力又能成長。

DeFi 改革傳統金融，有七點須關注

DeFi 是「Decentralized Finance」的縮寫，意思是「去中心化金融」，是**基於區塊鏈的 P2P 金融服務，向所有能使用網路的人開放**，不受政府或企業等中央機構的管制，只要能連接網路，就可以透過區塊鏈技術享受多種金融服務，提升金融普惠性。

DeFi 是區塊鏈生態系統中最多資金聚集的領域，也是極為活躍的部門之一，正以「透過區塊鏈改革現有的銀行及貸款方式」為目標，快速成長中，且由於有大筆資金流動，站在機構的立場也是喜聞樂見。各個專業機構的 2024 年展望報告也預測，DeFi 將再次崛起。2022 年，中心化金融服務（Ce-Fi）出現了很多問題，DeFi 的運作相對穩定得多；現在，傳統金融和 DeFi 相互映照和結合，這表示在 DeFi 上可能會持續出現新趨勢。接著我們來一一了解**投資 DeFi 領域時需要關注的事情**：

一、去中心化交易所（DEX）。

往後也要持續關注去中心化交易所。以太坊的去中心化交易所代表──Uniswap 升級治理系統後，用戶只要將持有的 UNI 幣質押，就能

得到 Uniswap 的分潤作為獎勵，而手續費分潤政策的改變，就是 DeFi 上漲的訊號，以後 Uniswap 很有可能在以太坊去中心化交易所中擁有更壓倒性的市占率。雖然以後也會繼續出現新的去中心化交易所，但除非有明確的差異，否則在以太坊和 Rollup 上，很難獲得比 Uniswap 更有主導地位的市占率，Uniswap V3 在第 2 層的 Arbitrum、Optimism，以及第 1 層的 Base、Polygon 等鏈的交易量均居首位，待 2024 年 V4 升級完成後，市占率將進一步提升。在其他鏈上，去中心化交易所也是最受矚目的領域，例如 Solana 的 Orca、幣安智能鏈的 PancakeSwap、雪崩的 Trader Joe、Cosmos 的 Osmosis 等。

二、傳統的 DeFi 貸款市場。

由於 DeFi 透明且容易往世界擴展，因此被評價為比中心化金融貸款服務更安全，Aave、Maker、Compound 等項目，今後也有可能會持續受到機構的關注。

三、流動性質押代幣（LST）。

LST 是為質押資產提供流動性的代幣。一般來說，質押是鎖定資產後能獲得獎勵的方式，但 LST 提供流動性，讓資產在被質押的同時，還可以在去中心化交易所自由交易。在流動性質押衍生商品領域，Lido Finance 擁有最大的 TVL，除此之外，還有以太坊質押協議 Rocket Pool 等。可以將 LST 領域視為支援第 1 層安全性的產業。

四、再質押。

再質押是將質押的獎勵再次質押，藉此獲得更多獎勵的方式，同時還提出敘事——以加強以太坊網路安全為目的。最受關注的項目是EigenLayer，該項目首次提出「再質押」的概念，簡單地說，就是將先前質押得到的 stETH 再次質押。在眾多投資者的期待之下，EigenLayer 的 TVL 急速上升，由於是將衍生商品再次衍生，因此出現兩派意見，有人認為這會引起泡沫，有人則認為往後市場規模將成長到 89 兆韓元（編按：約等於新臺幣 2.1 兆元）。

五、為了獲得更多代幣流動性和機會，流動性再質押代幣（LRT）也備受關注。

Pendle 項目是這場 LRT 戰爭的最大受惠者，因此受到注目。獲得 Binance Labs 和以太坊基金會支持的流動性質押協議 Puffer Finance 預測，Pendle 的 TVL 及交易量將會增加。加密貨幣衍生品交易所 BitMEX 的共同創辦人、在市場上發揮巨大影響力的亞瑟‧海耶斯（Arthur Hayes）曾發文表示，自己正在購買 PENDLE 幣。Pendle 提供了多種交易策略，如將本金代幣（Principal Token，簡稱 PT）和收益代幣（Yield Token，簡稱 YT）分離的功能。

六、2024 年 DeFi 中最值得關注的，就是去中心化永續合約交易所（Perp DEX）。

Perp DEX 是為了克服現有 DEX 的限制而出現的新交易所，支援

沒有到期日的「永久性期貨合約」，投資者可以使用槓桿來押注資產
價格變動。2023 年，DEX 現貨交易量平均占中心化交易所的 15%，
Uniswap 保持領先地位；在期貨和永續合約方面，dYdX 交易所以 70%
以上的市占率位居第 1；除此之外，還有 Vertex（幣種代號 VRTX）、
Solana 生態系統的 Drift（幣種代號 DRIFT）、Jupiter（幣種代號 JUP）
等交易所。以 Synthetix（幣種代號 SNX）來說，由於引入 Andromeda
版本的新功能，包括交叉保證金、支援各種新的抵押品類型、改善多種
交易、改變 SNX 代幣的手續費分潤方式等，因此受到了市場關注。

七、最後一個是聚合器（Aggregator）。
聚合器有三個作用，分別是便利性、效率、低門檻。首先是便利

Perp DEX 分類

（資料來源：Messari Crypto Theses for 2024）

性，用戶即使不直接連接多個 DeFi 協議，也可以在一個 DeFi 聚合器平臺上使用多種 DeFi 服務；再來是效率，DeFi 聚合器幫助用戶尋找最佳交易途徑，讓報酬率最大化，有效管理資產；最後是低門檻，DeFi 聚合器幫助用戶輕鬆獲得各種 DeFi 協議的資訊。機構 Messari 關注的有 0x 協議（幣種代號 ZRX）、1inch Network，以及 Solana 生態系統的 DEX 聚合器 Jupiter。

資產代幣化，大量機構資金流入 RWA

RWA 是現實世界資產（Real World Assets）的縮寫，表示現實世界的所有資產都可以被轉化成代幣，並且在區塊鏈上進行交易。雖然與證券型代幣發行（Security Token Offering，簡稱 STO）相似，但 RWA 不僅是證券，從現實世界資產代幣化的角度來說，**RWA 的範圍更廣，包括房地產、藝術品、國債、著作權等容易接觸到的有形和無形資產。**

RWA 與傳統金融息息相關。市場普遍認為，2024 年如果機構資金在金融機構的主導下流入加密貨幣市場，RWA 領域可能是獲益最多的。貝萊德、富蘭克林坦伯頓、智慧樹投資（WisdomTree）等大型資產管理公司已經進軍 RWA 市場，正在提供服務，富蘭克林坦伯頓曾正式宣布，正在營運規模 3 億美元的美國國債代幣。

主導比特幣現貨 ETF 批准的貝萊德也在忙於宣傳 RWA，貝萊德的執行長芬克甚至親自出面表示：「資產代幣化是金融市場的未來。」比特幣現貨 ETF 獲得批准時，他曾說過：「下一步是金融資產代幣

化，這些措施將解決債券和股市的非法行為。」2024 年 3 月，貝萊德向美國證券交易委員會申請推出「貝萊德美元機構數位流動性基金」（BlackRock USD Institutional Digital Liquidity Fund），該基金透過名為 BUIDL 的 ERC-20 代幣，在以太坊區塊鏈上實現了代幣化。貝萊德的第一個 RWA 基金上市了，今後華爾街的資本很有可能關注 RWA。

RWA 有什麼優點呢？

第一，可以透過 RWA 更多樣化地利用區塊鏈，最重要的是可以與 DeFi 共同成長。代幣化資產可以在 DeFi 中使用，所以具有抵押品的價值，參與者會體驗到更輕鬆的貸款過程，但重要的是，代幣化資產不僅可用於貸款，運用程度還可能進一步提升，進而擴大新產品的實用性。

第二，投資者可以透過代幣化，對以前很難投資的大規模資產進行小額投資。像是投資房地產就需要大筆資本，而資金不足的人就可以透過「碎片化投資」（小額投資）參與；以前只有機構投資人才能投資的私募股權基金，現在也因為代幣化，增加投資機會；這也會影響音樂著作權及藝術品等領域，目前影響範圍已經擴大到多種資產。

第三，流動性提升。加密貨幣市場不受地區和時間限制，投資者隨時隨地都能接觸到。

第四，提升金融普惠性。RWA 能向被金融界疏遠的國家及低收入階層提供金融服務，並提供自由交易信用及資本的機會，藉此提升普惠性，有助於為整體社會構建公正且普惠的金融體系。

RWA 的項目有哪些呢？在 CoinGecko 上搜尋 RWA 領域，就會出現下頁圖中的加密貨幣。

前 8 名的 RWA 貨幣（截至 2024 年 4 月初）

#	加密貨幣	匯率	1小時	24小時	7天	24小時交易量	總市值	最近7天
☆ 106	Ondo ONDO	US$0.702	-0.1%	-1.8%	36.5%	US$265,095,477	US$1,016,697,884	
☆ 178	MANTRA OM	US$0.6026	-4.4%	-0.1%	44.5%	US$61,045,988	US$489,055,582	
☆ 179	Polymesh POLYX	US$0.4687	-1.6%	16.7%	87.4%	US$328,643,112	US$485,963,810	
☆ 195	Centrifuge CFG	US$0.8869	0.7%	-10.5%	31.3%	US$7,055,782	US$431,132,685	
☆ 234	Pendle PENDLE	US$3.43	-0.4%	6.2%	22.3%	US$121,061,318	US$332,604,503	
☆ 263	Creditcoin CTC	US$0.8815	-2.1%	1.9%	0.9%	US$16,079,040	US$282,538,555	
☆ 328	LCX LCX	US$0.252	0.6%	6.4%	-5.6%	US$3,498,128	US$195,278,605	

（資料來源：CoinGecko）

極具代表性的有 Ondo Finance（幣種代號 ONDO）、MANTRA（幣種代號 OM）、Centrifuge（幣種代號 CFG）、Polymesh（幣種代號 POLYX）等貨幣。貝萊德公布 BUIDL 基金後，RWA 的貨幣價格也跟著暴漲。此外，Ondo Finance 與貝萊德、摩根大通等美國金融機構建立夥伴關係後，得到來自 Founders Fund、Pantera Capital、Coinbase Ventures 等創投公司的投資，在 RWA 項目中備受關注。

Chainlink、雪崩、Maker 等項目也被歸類為 RWA 相關主題，儘管這些項目出現的目的並非 RWA，但特性上卻符合 RWA，有評價稱，Chainlink 在 RWA 的核心「預言機」與跨鏈互操作性協議技術上獨占鰲頭。SWIFT 在題為《區塊鏈連接：克服代幣化資產的碎片化》（*Connecting blockchains: Overcoming fragmentation in tokenised assets*）的報告中評價道：「支援代幣化資產的機構可以透過 Chainlink 的互操作

性協議，大幅減少經營費用和難題。」平臺型加密貨幣雪崩鏈也因此被視為 RWA 的受惠者，因為很多金融機構在構建自己的私人區塊鏈時都會使用到雪崩鏈。至於 Maker，其 RWA 金庫的價值約 30 億美元，占協議資產的 55%，隨著 RWA 持有量增加，Maker 的獲利也大幅提升。

　　RWA 領域目前處於非常早期的狀態，據預測，到 2030 年，RWA 將比現在成長超過 500%，規模將達到 16 兆美元，具有龐大成長潛力。

擴展生態系統，比特幣和 Solana 大受關注

　　如果說到目前為止，以太坊形成了最強大的區塊鏈生態系統，那麼現在最受市場關注的，則是比特幣和 Solana 的生態系統。

　　首先來看一下比特幣生態系統。前面已經了說明過 Ordinals 協議、BRC-20 和符文協議標準，比特幣透過 Taproot 地址的升級，引進了這些革新技術，因此後來網路活動劇增，尤其 Ordinals 協議革命性地改變了比特幣區塊鏈中文字、圖像、聲音、影片等檔案的儲存方式，讓比特幣可以像以太坊一樣構建生態系統，也可以發行代幣，比特幣生態系統藉此形成了可以發行許多代幣和 NFT 的架構，這表示比特幣網路手續費上漲的同時，還出現了多種可能性。可以說，今後主要的投資面向，就是在符文協議發行的代幣中發掘有價值的項目。

　　當然，也有人批評說，比特幣網路的可擴展性最差，而且沒有智能合約的功能，因此競爭力有限；但是也有意見認為，只要妥善利用比特幣強大的安全性及龐大的資產，將會比以太坊更有潛力。

根據如下：首先在 Ordinals 協議的影響下，比特幣網路的實用性變得更廣、網路更擁擠，比特幣第 2 層的需求正在急速增加。**目前比特幣第 2 層的代表是專門用於支付的閃電網路，以及能夠執行智能合約的 Stacks**（幣種代號 STX）。

比特幣是去中心化程度和安全性最高的區塊鏈，但缺乏可擴展性，也沒有智能合約，因此多個平臺進行各種嘗試，希望將比特幣作為資產使用，其中最具代表性的是包裝比特幣（Wrapped BTC，幣種代號 WBTC），就是由中心化機構擁有比特幣，再跟比特幣掛鉤後發行 WBTC。在這種情況下會出現各種風險，比如中介問題、手續費問題和脫鉤問題等，而 Stacks 就是解決對策——在使用比特幣層時，無須修改比特幣層就可以擴大功能和性能，其策略是在利用比特幣的去中心化和安全性的同時，增加可擴展性。Stacks 正在構建智能合約，因此可以驅動 DApp 並發行代幣，也就是說，可以在比特幣網路上實現 DeFi 和 NFT 等。

Stacks 被評價為最直接享受比特幣利多的項目，因為一旦比特幣網路的手續費收入增加，將更突顯比特幣第 2 層的重要性，Nakamoto 升級也是重要的利多因素，因為這可能會讓 Stacks 的可擴展性和性能大幅提升。前面提過 WBTC，而 Stacks 發行的是 sBTC，不同於 WBTC，sBTC 是在解決中心化的問題；除此之外，Liquid、RSK 等項目的開發及經營，已經持續了好幾年（編按：兩項目分別有 Liquid BTC 及 RBTC）。比特幣第 2 層的主要關注點是改善支付功能，但最近出現的項目，更多是將焦點放在開發智能合約等應用程式上。

目前市場對於比特幣金融生態系統的擴展仍抱有期待，也就是說，比特幣網路和以太坊平臺一樣，正在成長為提供多種實用功能的網路，而比特幣網路最具代表性的是 Alex Labs（幣種代號 ALEX），曾因駭客事件而被韓國交易所指定為待觀察項目。目前 Alex Labs 正以成功的商業模式，試圖研究和提供多種金融產品和解決方案，包括以比特幣為基礎的存款及貸款服務，但投資者的信心已經受到了打擊。由於 Alex Labs 是在 Stacks 生態系統中啟動的，當時被盜走的資產中包含 Stacks 的 STX 幣，從而對該幣價格也帶來了不利影響；如果情況順利解決，表示項目通過了重大的壓力測試，可以成為更加成熟的項目，也就是具備了恢復力。今後，比特幣生態系統很有可能會構建各種金融解決方案，並出現新項目。

另外再補充一點——要記住，**新項目仍未經驗證，隨時都有可能面臨安全問題或是意想不到的利空因素**，因此在投資加密貨幣時，持續監控和資產配置非常重要。

我認為，在建構生態系統方面，另一個值得關注的項目是 Solana。儘管在 FTX 破產後下跌了近 95%，但華麗復活的 Solana 正以最創新的方式和極快的速度，擴展生態系統，它在 DeFi、DePIN、NFT、迷因幣和空投中也正嶄露頭角。

我們從 Solana 的 DeFi 開始看起。Solana 也存在像 Lido Finance 一樣的流動性質押協議，最具代表性的是 Marinade Finance，這是近期在 Solana 生態系統中 TVL 最高的項目；Solana DeFi 生態系統的用戶透過 Marinade 進行流動性質押後會獲得 mSOL 代幣，再利用這些代幣在其

他 DeFi 協議中進行金融活動。不過，2023 年 12 月上市的 Jito（幣種代號 JTO）的 TVL 市占率迅速提升，正在超越 Marinade 的 TVL。

Jupiter 也備受矚目。前面提到 Jupiter 是 Solana 生態系統的聚合器代表，實際上 Jupiter 的功能是迷因幣的鏈上發行平臺（Launchpad）。鏈上發行平臺能夠運行由貨幣交易所主導的 IEO（首次交易所發行），意思是交易所選定某個項目後，將該項目的貨幣賣給投資者。Solana 的迷因幣旋風非同尋常，Jupiter 高機率從中受惠，迷因幣空投基本上很有可能會發給 Jupiter 用戶，因此這些迷因代幣的發行，最終多半是 Jupiter 價格上漲的因素。

之前介紹的 Render、Arweave、Helium 都是 DePIN 項目的代表。

Solana 善於行銷也善於利用社群，將會透過新的敘事以及潮流趨勢，繼續擴大生態系統規模。以 Solana 為基礎的預言機服務「Pyth Network」同樣日益突出，它作為預言機 Chainlink 的競爭對手，受到了市場關注，也被稱為 Solana 的 Chainlink。

Solana 在 NFT 領域也正發揮影響力，最具代表性的是 Tensor。從目前來看，Tensor 的角色跟以太坊的 Blur 很相似。在 NFT 交易平臺領域曾是後起之秀的 Blur，現在超過了 OpenSea，受到了很大的關注；Blur 向曾在平臺上投標 NFT、上市並貸款的用戶，直接空投他們發行的加密貨幣 BLUR，這種吸引用戶的方式，讓 Blur 推翻了全世界 NFT 市場龍頭 OpenSea。在 Solana 也是如此，該區塊鏈上最大的 NFT 交易平臺 Magic Eden，交易量和市占率就被新興 NFT 交易平臺 Tensor 超過了。

此外，「瘋狂小夥子」（Mad Lads）的 NFT 在近期成為話題，這

是由開發 NFT 錢包應用程式 Backpack 的 Coral 公司製作的。Backpack 項目也受到了市場關注。

迷因幣如彩券，卻可能上升到資產地位

主導迷因幣熱潮的也是 Solana。Bonk（幣種代號 BONK）、狗帽幣（dogwifhat，幣種代號 WIF）、BOOK OF MEME（幣種代號 BOME）、加密貨幣錢包 Slope 等建立在 Solana 鏈上的項目都獲得市場關注；同一時間，建立在 Base 鏈上急速成長的迷因幣也備受矚目，Brett（幣種代號 BRETT）、Degen Chain（幣種代號 DEGEN）等都是代表，往後很有可能會持續出現價格暴漲的迷因幣。

迷因幣一般被比喻為彩券或賭博，實際上確實也有這種投機性質，儘管如此，**仍有預測稱，以後市場將成長 100 倍以上**。加密貨幣投資公司 Mechanism Capital 的創辦人安德魯·康（Andrew Kang）強調：「迷因幣已經上升到了資產的地位。」彭博社（Bloomberg News）也表示，迷因幣需求的增加，已經與過去的迷因幣暴漲期有著完全不同的總體經濟背景，也就是說，這已經不僅是一時的投資熱潮。如果這些話是真的，往後投資人很有可能因為迷因幣而面臨極大的錯失恐懼症。

事實上，**沒有方法可以衡量迷因幣的價值**，因為迷因幣是從網路和社群平臺上流行的迷因衍生出來的加密貨幣，以社群討論與推廣為基礎，特點是趣味性，這使得大部分的迷因幣並沒有明確的商業模式或用途；換句話說，**當人們失去興致時，迷因幣價格就會立刻暴跌**。當然，

迷因幣本來就沒有考慮用途，只是因為趣味性而先形成了社群。

雖然 Pepe（幣種代號 PEPE）、Bonk、Floki（幣種代號 FLOKI）、狗帽幣、ArbDoge AI（幣種代號 AIDOGE）、CorgiAI（幣種代號 CORGIAI）等項目備受矚目，但如果要選出世界上極為成功的迷因幣，非**狗狗幣和柴犬幣**（Shiba Inu，幣種代號 SHIB）莫屬，可是現在很難單純地將這兩種幣評價為迷因幣。

如前所述，狗狗幣越來越有可能作為購買特斯拉和 Space X 商品的貨幣，馬斯克也正式提過這一點；至於被稱為「狗狗幣殺手」的柴犬幣，推出了第 2 層區塊鏈平臺 Shibarium，並提出了將用於元宇宙和遊戲內容的路線圖。Google 雲端服務曾表示，將引進比特幣、以太幣、USDC、USDT、狗狗幣和柴犬幣作為支付工具，這受到社群中投資人的

迷因幣市值排名（截至 2024 年 3 月 23 日）

#	加密貨幣		匯率	1小時	24小時	7天	24小時交易量	總市值	最近7天
☆ 9	狗狗幣 DOGE	買	US$0.1608	0.4%	2.2%	0.7%	US$3,231,883,104	US$23,080,633,573	
☆ 13	Shiba Inu SHIB	買	US$0.00002729	0.7%	-2.0%	-5.5%	US$1,080,952,170	US$16,059,245,091	
☆ 42	Pepe PEPE	買	US$0.0₅7477	0.5%	-8.6%	-7.9%	US$796,857,950	US$3,139,094,678	
☆ 56	FLOKI FLOKI	買	US$0.0002318	1.9%	-1.8%	-7.4%	US$773,653,375	US$2,276,524,181	
☆ 57	dogwifhat WIF	買	US$2.23	2.5%	-9.0%	-12.6%	US$265,898,502	US$2,218,321,731	
☆ 75	Bonk BONK	買	US$0.00002217	0.8%	-7.0%	-23.9%	US$157,661,970	US$1,455,518,054	
☆ 104	CorgiAI CORGIAI		US$0.002967	-0.2%	-4.2%	-1.2%	US$1,145,654	US$1,021,455,039	
☆ 128	BOOK OF MEME BOME		US$0.01473	-0.9%	-8.3%	25.7%	US$952,078,513	US$814,691,120	

（資料來源：CoinGecko）

極大關注，目前正在建立商業模式和用途。

　　要預測往後會爆紅的迷因幣幾乎是不可能的。迷因幣目前正爆發性地出現，因為只要使用設計師和開發者的合作工具 Contracts Wizard（智能合約開發工具，由開源區塊鏈開發框架 OpenZeppelin 推出），就能在 27 秒內製作並發布迷因幣，這種特性使**迷因幣在所有山寨幣中具有極高的波動性，最有可能發生拉高倒貨的現象**，一般篩選被低估貨幣的標準也無法套用在迷因幣上，投資人必須認清這其實就是個彩券。若想投資迷因幣來獲利，比起預測，更應該以策略的角度思考：

1. 迷因本身的識別度非常重要。
2. 必須是還沒有大幅上漲的貨幣，要不就是經歷過數次漲跌而備受市場關注的貨幣。
3. 判斷價格趨勢觸底時再進場。
4. 要提前進場並等待，千萬不要在暴漲的時候進場。
5. 必須少量投入，在投資組合中應占較低的比例。
6. 若持有期間價格暴漲，就要出售一定部分獲利了結。
7. 迷因幣基本上不適合長期投資。

　　迷因幣的暴漲，可以看作是山寨幣上漲趨勢的開始和結束。迷因幣會引發錯失恐懼症，使資金繼續流入加密貨幣市場，同時還要記住，流動性最後聚集的地方也是迷因幣。

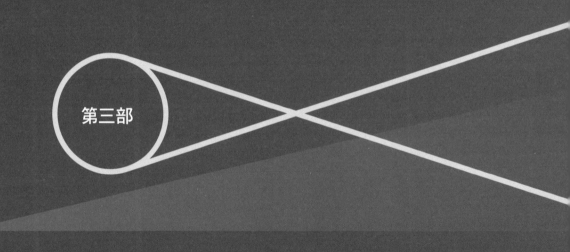

第三部

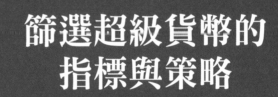

篩選超級貨幣的
指標與策略

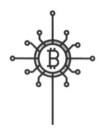

第 1 章

鏈上指標判讀投資人狀態及行情

鏈上數據難解讀，以指標作參考

　　鏈上數據是指記錄在區塊鏈網路上的所有數據，簡單來說就是交易紀錄。比特幣沒有內在價值，因此透過鏈上的交易明細，可以比較合理地判斷目前的價格是高估還是低估。去中心化區塊鏈的鏈上數據具有不變性，任何人都無法修改，而且還有任何人隨時都可以查看的透明度。基於這些特性，鏈上數據有三個重要的功能：

　　1. 追蹤功能。

　　2. 評估網路的穩定性和健全性。

　　3. 用於投資參考。

在第三部中，會將探討重點放在第三點「如何將鏈上數據應用在投資上」。鏈上數據固然有用，但是太過龐大；儘管大家都能看到，卻不是任何人都能輕鬆解讀，因此為了讓大家方便使用鏈上數據，**專家們將數據製作成「指標」，這就是「鏈上指標」**，只要利用鏈上指標，**個人投資者也可以更容易地檢視市場狀況、行情、是否被高估或低估**等。

使用鏈上指標時，最重要的核心是持有時間，換句話說，就是什麼時候買進、什麼時候賣出，還有最後的交易價格，特別是要密切關注進行大規模交易的鯨魚和加密貨幣長期持有者的動向。

有很多網站提供鏈上指標，我個人在投資時主要會使用CryptoQuant（cryptoquant.com）、glassnode（glassnode.com）、Santiment（Santiment.net）、IntoTheBlock（intotheblock.com）、Nansen（nansen.ai）等。雖然有很多付費網站，但也有像 Look into Bitcoin（lookintobitcoin.com，編按：已改為 Bitcoin Magazine Pro，網址會自動跳轉到 bitcoinmagazinepro.com）這種免費提供許多指標的網站。

判斷高估和低估：UTXO、已實現價格

之前提過持有時間很重要，那麼如何了解持有時間呢？這裡需要了解的就是「UTXO」和「已實現價格」的概念。UTXO 是「Unspent Transaction Outputs」的縮寫，意思是「未花費的交易輸出」，第一部介紹過 UTXO 的概念，讓我們再簡單地看過一次！

假設 A 從 B 那裡收到了 5 個比特幣，也從 C 那裡收到了 1 個比特

幣,那麼 A 總共擁有多少比特幣呢？以加法來說是 6 個沒錯,但是比特幣網路並不是將 A 得到的比特幣合計為 6 個,而是分別生成 5 個比特幣的 UTXO 和 1 個比特幣的 UTXO,也就是 2 個 UTXO。假設 A 再把 3 個比特幣送給 D,那麼 A 擁有的 5 個比特幣的 UTXO 會消耗掉,將會新生成支付後剩餘的 2 個比特幣的 UTXO,D 那裡則會生成 3 個比特幣的 UTXO;也就是說,比特幣的持有時間是透過 UTXO 的生成和消耗來測定的。看第一部的圖,應該就能輕鬆理解(見第 35 頁)。

前面提過,比特幣網路使用這麼麻煩的 UTXO 就是為了防止雙重支付,保護網路不受到駭客等惡意攻擊。發生交易後,UTXO 將進入「交易池」(TX Pool),如果在挖礦過程中該 UTXO 有使用紀錄,那麼該交易就會無效,以此防止雙重支付;簡單地說,就是很容易驗證,因為這是一個消耗和重新生成的結構。

接下來要理解「已實現價格」(Realized Price)的概念。已實現價格是利用記錄在 UTXO 上的貨幣生成當日日期、金額、交易的貨幣數量來計算:**將每個貨幣在區塊鏈上最後移動時的價格合計(實現總市值)後除以整體的貨幣供應量,就是已實現價格**;也就是說,計算在 UTXO 上的最後交易價值的平均值,就是已實現價格,只要想成平均購買價格、平均單價的概念就行了。透過**比較已實現價格和市場價格的差異**,就能知道目前的價格是高估還是低估。一般來說,如果市場價格低於或接近已實現價格,那麼很有可能是低估;相反地,市場價格若高於已實現價格,且持續上漲,兩者距離越遠,就越有可能是高估。

尋找買賣區間：MVRV、MVRV Z 分數

　　僅憑已實現價格很難判斷買入和賣出時機，因此最好觀察以已實現價格為基礎的多種鏈上指標。在所有鏈上指標中，最重要的指標當屬「MVRV」（Market Value to Realized Value），以已實現價格為基礎計算，**將市值除以實現總市值。**

　　計算加密貨幣市值時，只要考慮傳統資產的市值是如何計算的就行了，不需要考慮流失量，計算方式是將供給量乘以當前價格，而市值會受到短期市場心理的影響。另一方面，實現總市值則利用 UTXO 計算的價值，計算方式是將 UTXO 移動的流通量乘以當時的價格，由於考慮了換手狀況，亦即特定期間的交易，故可視為長期指標。

　　舉例來說，假設 1 個比特幣的價格是 100 美元，共有 10 個，兩者相乘就能得出市值為 1,000 美元；另外假設 10 個比特幣最後交易價格的平均值，也就是已實現價格為 80 美元，那麼乘以目前比特幣的數量 10 個，得出 800 美元，這就是實現總市值。市值 1,000 美元除以實現總市值 800 美元等於 1.25，這就是 MVRV。

　　MVRV 指標的基準點是 1，1 表示市值與實現總市值相等，也就是說，以最後錢包發送當時的價格來說，平均報酬率是 0%；如果 MVRV 是 2，上升了兩倍，報酬率就是 100%；如果是 3，報酬率就是 200%。**MVRV 是最容易且最能明確評估加密貨幣價值的工具**，Korbit 研究中心甚至把 MVRV 選為虛擬資產估價模型的代表，作為判斷比特幣價格被高估或被低估的標準。

除了第四次減半外，在過去三次比特幣減半中，最低點都落在 MVRV 比率（MVRV Ratio）低於 1 的時候，所以可以**將 MVRV 小於等於 1 的區間，視為買入區間**；加密貨幣寒冬期間，MVRV 都維持在 1 以下。反觀最高點，往往出現在 MVRV 超過 3.7 的時候，因此 **MVRV 大於等於 3.7 的區間，可以看作賣出區間**，不過 MVRV 若超過 3，就要判斷為市場過熱，應該更加密切地監測市場情況。大部分鏈上數據分析網站都能看到 MVRV 走勢圖，例如 CryptoQuant、glassnode 等。

MVRV Z 分數（MVRV Z-Score）可以視為 MVRV 升級版指標，採用標準差的概念，顯示各數據與平均值距離多遠，也剔除最大和最小的極端數值，提升準確度。**MVRV Z 分數在 0 以下屬於低估區間，也就是買入區間**；相反地，**在 7 以上是高估區間，也就是賣出區間**，這個數值

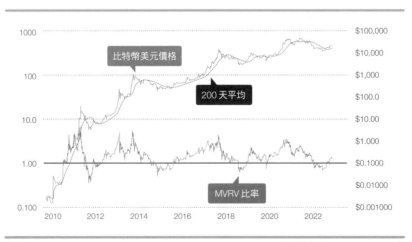

各時期比特幣價格和 MVRV 比率

（資料來源：Woobull.com）

可以在 Look into Bitcoin 網站上免費看到。在下圖中，底端的灰色區間是低估區間，上端的藍色區間是高估區間。看過去 10 年的 MVRV Z 分數，會發現突破 7 之後沒多久就暴跌了，然後在低估區間 0 以下的區間（加密貨幣寒冬）維持一段時間，再轉換為上漲趨勢。我個人通常是在 Look into Bitcoin 和 TradingView 網站查看 MVRV Z 分數。

　　MVRV 比率和 MVRV Z 分數是最常使用的鏈上指標，但缺點是如果市場上的供應量突然大幅增加，已實現價格可能會被扭曲；另外，這些指標在比特幣和以太坊等活躍的網路中是很有效的，可是在交易量不多的網路中，很難取得有意義的結果。

以 MVRV 分數檢視低估與高估區間

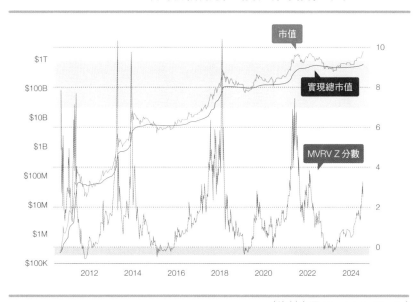

（資料來源：Look into Bitcoin）

觀察市場熱度和交易狀態：NUPL

NUPL 縮寫自「Net Unrealized Profit and Loss」，意思是「未實現淨損益」，顧名思義，就是以比率顯示出所有貨幣的總利潤和損失，可用來判斷市場處於哪個階段，是高估狀態還是低估狀態。

$$NUPL＝（市值－實現總市值）／市值$$
$$＝1－實現總市值／市值$$

NUPL 指標也是比較市值和實現總市值後計算出來的，計算方式是從市值中減去實現總市值後再除以市值，如果稍微改變一下這個公式，等於 1 減去實現總市值／市值。**可以用算出的 NUPL 值了解整體市場情況，大於 0 越多表示市場越熱，小於 0 越多表示市場越停滯**，還可以將 NUPL 數值細分為五個階段，更具體地分析市場情況：

- 第一階段：投降（Capitulation）——狀態：小於 0
- 第二階段：希望（Hope）和恐懼（Fear）——狀態：0～0.25（25%）
- 第三階段：樂觀（Optimism）和焦慮（Anxiety）——狀態：0.25～0.5
- 第四階段：信仰（Belief）與否認（Denial）——狀態：0.5～0.75
- 第五階段：興奮（Euphoria）和貪婪（Greed）——狀態：0.75（75%）以上

如果要讓 NUPL 大於 0，分母的市值必須大於實現總市值；假設 NUPL 是 0.8，那麼實現總市值／市值就是 0.2，兩者比值為 1／5，市值是實現總市值的 5 倍。換句話說，NUPL 若大於 0，表示目前大部分比特幣投資者都是獲利狀態，數值越高，意味著市場越熱，如果 NUPL 超過 0.5，就要注意觀察市場；相反地，NUPL 若小於 0，代表市值小於實現總市值，表示大部分投資者都在虧損，可視為價格接近谷底。

透過 NUPL 可以掌握目前比特幣持有者的損益狀況，換言之，**NUPL 也可以作為掌握比特幣投資者心理的指標**，大於 0 越多，市場越接近瘋狂；小於 0 越多，恐懼就越深。

NUPL 各階段指標

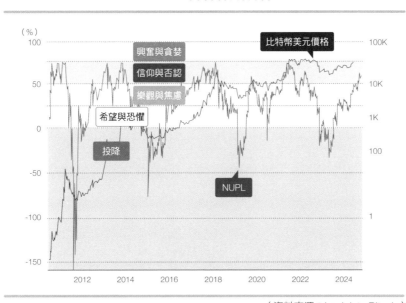

（資料來源：Look into Bitcoin）

在過去的牛市循環中，市場過了五個階段後再次回到第一階段的「投降」狀態。目前以貝萊德為首的華爾街金融機構，推出了比特幣現貨ETF和以太幣現貨ETF，應該要觀察此時是否也會出現類似的循環。有很多人認為，由於比特幣和以太幣成為了以機構為中心的資產，動向會與過去不同；另一方面，大部分人認為，山寨幣仍然會出現較高的波動性。

呈現持有者動向：HODL Wave、RHODL 比率

RHODL 比率也是以 UTXO 為基礎的鏈上指標。R 表示「Reailzed Cap」，也就是實現總市值，那麼 R 後面的 HODL 是什麼意思呢？準確來說，是指「HODL Wave」（持有幣齡波浪層圖，編按：HODL 一詞源於一名網友把長期持有 holding 誤打成hodling，後來 HODL 變成 Hold On for Dear Life，意指無論價格怎麼波動都捏著不賣）。

HODL Wave 根據 UTXO 最後一次移動後的比特幣持有時間來進行分組，也就是說，這是呈現出在特定時間點，**比特幣持有者「持有時間」的指標**。有人可能只持有 1 天，有人可能持有 1 週、1 個月、或者 1 年。根據持有時間分組製成圖表，就會出現波浪的形狀。

持有群組的分類標準為 24 小時、1 週、1 個月、3 個月、6 個月、1 年、3 年、5 年、7 年等，如右頁圖片所示，圖中越接近底下的深灰色，持有時間越短；越接近上方深藍色，持有時間越長，其中持有時間最長的群體已持有超過 10 年。

　　HODL Wave 的觀察重點，是長期持有者和短期持有者的動向。在加密貨幣寒冬，長期持有者的比例會高於短期持有者，這時短期持有者會因為害怕而拋售所有比特幣，長期持有者卻會堅定持有或加碼買進；在牛市中，短期持有者的比例會高於長期持有者，這是因為新流入市場的資金增加，想要快速獲利的短期投資者也在增加。

　　還有一種指標叫 RHODL 比率（RHODL Ratio），將 HODL Wave 處理得更精細，以比率呈現 1 週波浪與 1～2 年波浪的差異。**RHODL 比率的數值上升代表市場過熱、新流入的資金增加**，如果該指標上升、奔向最高值，表示新的比特幣持有者占供應量的一大部分。

各時間長度的 HODL Wave

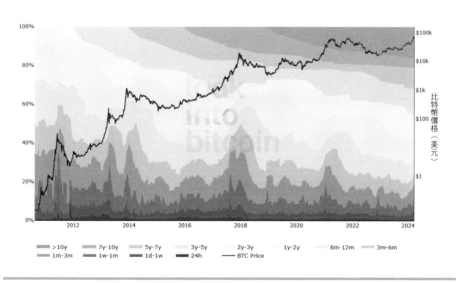

（資料來源：Look into Bitcoin）

看看下圖，如果 RHODL 比率的數值升高，接近藍色區間，就是市場過熱的訊號；若數值下降，進入灰色區間，代表市場被恐懼感支配。然而，上次牛市有個問題——RHODL 比率還沒達到藍色區間，牛市就結束了，只不過後來又精準地對上谷底時間點。回顧此次 2021 年牛市，除了受到疫情的餘波影響之外，也受到了總體經濟很大的影響，使得循環變得不同，出現兩次非常接近的比特幣價格高點。

RHODL 比率

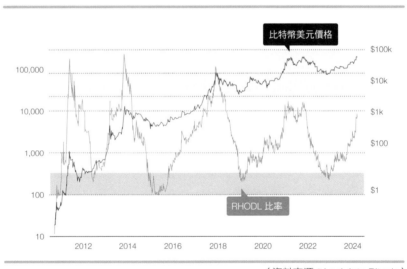

（資料來源：Look into Bitcoin）

那麼，「沒有碰到藍色區間」該怎麼解釋呢？有可能是在第三次減半後，由於各種總體經濟變數和不利影響，造成牛市還沒出現像過去的漲幅就結束了。這顯示出，減半的次數越多，循環越有可能改變，在

這次第四次減半發生後，會將第三次沒有反映的部分全部反映出來，造成價格大幅上漲嗎？還是會出現其他循環呢？這也需要進一步觀察。

雖然預測 2021 年最高點失敗了，但 RHODL 比率在預測方面一直以來都比其他指標還準。MVRV 只能推測比特幣價格和已實現價格的比例，但 RHODL 比率能適用於 1～2 年「期間」的比特幣價格，可說是更具體、更準確，這就是為什麼在第四次減半之後，也要仔細觀察 RHODL 比率的原因。

顯示撐壓帶及鯨魚動向：CVD 指標

接下來要了解的指標是 CVD，縮寫自「Cumulative Volume Delta」，把這三個詞分開來看，Cumulative 是「累積」，Volume 是「交易量」，Delta 在數學中代表「變化量」或「變量的變化」。

總結來說，**CVD 指標所呈現的，是特定期間買賣交易量的累積差異**，因為是用買入交易量減去賣出交易量，所以如果買入多於賣出，就會是正值；如果買入少於賣出，就會是負值。CVD 由 Material Indicators 網站（materialindicators.com）統計出來，該網站會根據幣安交易所的交易量數據來計算指標。

CVD 指標大致分為兩塊，首先是「FireCharts」（見 257 頁圖），這個圖呈現出特定價格區間內的**撐壓帶，強度用不同顏色呈現**，理解起來非常直觀，只見左側標示顏色和交易量，顏色越淺，表示撐壓帶越厚實、穩固，白色力道最強，其次是黃色、橘色、紅色、黑色；右側則標

示相對應的貨幣價格區間。

撐壓帶的位置也很重要。位於價格下方的是買入牆（Buy Wall，編按：由於價格難以突破特定價格帶，如同碰上一堵牆，所以才用牆來稱呼）和支撐區，顏色越深，代表支撐力道越強；位於上方的則是賣出牆（Sell Wall）和壓力區，顏色越深，可視為壓力越強。

第二個是「CVD 走勢圖」，在 Material Indicators 網站中位於 Fire Charts 下方。如果買單多於賣單，CVD 就會增加，走勢圖就會走高；相反地，如果賣單勝過買單，CVD 就會下降，走勢圖就會走低；而如果 CVD 接近 0，走勢平坦，就代表買賣雙方保持緊張的平衡。總結來說，CVD 走勢圖越陡，代表趨勢和動能就越強，價格波動便可能越加劇烈。

CVD 走勢圖的重點是交易量規模。在右圖右側圖例可以看到，根據交易量規模，由下而上分為棕色、紫色、紅色、綠色、橘色、藍色等六種顏色。藍色代表總掛單量的趨勢，棕色代表 100 萬～1,000 萬美元，紫色代表 10 萬～100 萬美元，紅色代表 1 萬～10 萬美元，綠色代表 1,000～1 萬美元，橘色代表 100～1,000 美元。

我曾在 YouTube 頻道的市場行情影片中說棕色線為鯨魚，但準確來說，那不是「鯨魚的持有量流向」，而是指「掛單量的規模」，因為這指標並非以加密貨幣錢包的大小作為劃分標準，所以不會分為鯨魚、鯊魚、魚、螃蟹、蝦（編按：幣圈會按照比特幣持有量的多寡，也就是錢包餘額，來劃分投資者，持有量從少到多的名稱，依序是蝦、螃蟹、章魚、魚、海豚、鯊魚、鯨魚、座頭鯨）等，因此就無從得知投資主體的

FireCharts 及 CVD 走勢圖（截至 2024 年 3 月 23 日）

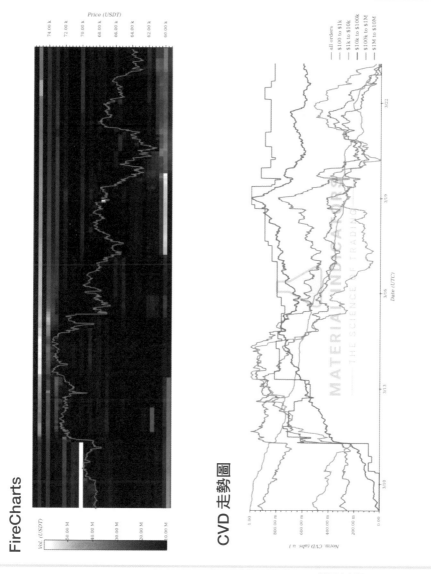

（資料來源：Material Indicators）

資產規模有多大。如果鯨魚平時是以 100 萬～1,000 萬美元的規模移動持有量，那麼通常是褐色；但根據情況不同，有時可能只會移動 1 萬～10 萬美元這種相對較少的數量，這樣就會是紅色。

不過之所以將棕色解釋為鯨魚，是因為若要移動這麼大的持有量，很有可能是鯨魚，而且即使說是鯨魚，實際上分析起來也沒有太大問題，畢竟**在加密貨幣市場上**，**最重要的終究是了解大規模交易如何進行、又是怎麼移動**。相較於蝦子這類個人投資者的交易量，機構、巨頭、鯨魚的交易量趨勢更為重要。從這個意義上來講，CVD 指標有助於掌握趨勢的大脈絡，確定投資方向。

CVD 指標多用於實際投資。加密貨幣分析公司 Material Indicators 的資料需要付費才能使用，因此對個人投資者來說，使用起來多少有點負擔。不過還有一個方法，那就是追蹤 Material Indicator 的社群帳號，可以觀察該帳號上傳到 X（推特）的 CVD 走勢圖，還有些 Telegram 帳號也會定期分享 CVD 走勢圖。

掌握礦工動向：算力、持有量、皮勒乘數、哈希帶指標

分辨價格動向、買賣雙方的拉鋸固然重要，但從加密貨幣的特性來看，掌握「礦工動向」的指標也很重要。需要檢視的礦工相關指標大致可分為三類：

一、挖礦所需的算力是否良好？

二、礦工是否穩定持有？

三、礦工獲利能力是否良好？

第一，挖礦的運算能力主要是藉由算力和挖礦難度來了解。在 Look into Bitcoin 等網站上能夠查看這些指標，我們可以藉此知道網路的基本面水準。

挖礦的原理，是礦工用高性能電腦計算複雜的哈希函數（Hash function），算出答案的人就能獲得加密貨幣作為獎勵；計算時，網路上所有礦工在一定時期內計算的數值，就是算力的總和，亦即挖礦能力的總和。

算力與挖礦難易度密切相關，如果比特幣的算力提升，約兩週變

比特幣算力

（資料來源：Look into Bitcoin）

更一次的挖礦難度就會提高，進而提升區塊鏈的穩定性。以比特幣為首、所有以工作量證明為基礎的加密貨幣，都會為了維持貨幣的價值，而在參與者變多時提升挖礦難度。**若算力和挖礦難度保持穩定上升的趨勢，就代表網路很穩定。**

第二，礦工持有量（Miner Reserve）減少，代表礦工一直在賣出貨幣。礦工通常在減半臨近時大量出售，以籌備挖礦所需成本，雖然無法確認機構投資人透過場外交易獲得多少貨幣，但還是可以透過交易所檢視賣出的情況，也就是確認「有多少數量是從礦工的錢包移動到交易所」，來了解礦工的持有量。在比特幣現貨 ETF 獲得批准之前，礦工在加密貨幣市場的影響力最大，而現在華爾街的資本正在成為更大的勢

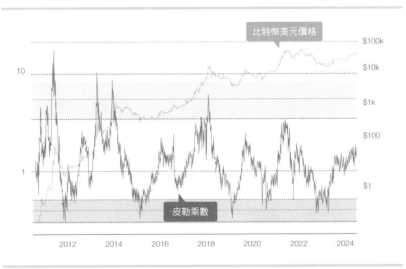

皮勒乘數和比特幣的價格

（資料來源：Look into Bitcoin）

力，儘管如此，往後還是要密切關注礦工的影響力。

　　第三，在礦工的獲利能力方面，最重要的是觀察皮勒乘數（Puell Multiple）。**皮勒乘數是將每日挖礦收益與年平均值進行比較，標準值是 1**，當數值大於 1，代表礦工的收益高於年均值；低於 1 時，代表礦工的收益低於年均值；超過 3.5 表示市場過熱，即上頁圖中藍色區間；小於或等於 0.5 時，可判定為低估狀態，也就是上頁圖中灰色區間。

　　雖然不是獲利指標，但哈希帶指標（Hash Ribbons Indicator）也是衡量礦工投降（Miner Capitulation，編按：描述當礦工大規模退出時，拋售比特幣換取現金，同時降價求售礦機，引發比特幣進一步賣壓的現象）及市場恢復與否的指標。算力增加代表挖礦的人變多、挖礦難度增

從哈希帶指標看比特幣價格波動

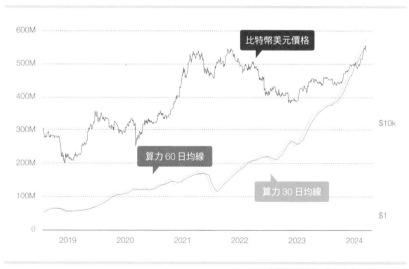

（資料來源：Look into Bitcoin）

加，同時挖礦費用也會相對增加。**哈希帶指標是以比特幣的算力預測比特幣價格的方法之一**，也就是用算力的 30 日移動平均線（30DMA、MA30）和 60 日移動平均線（60DMA、MA60）製作的指標。

當 30 日均線跌至 60 日均線以下，形成「死亡交叉」，就是礦工的「投降」區間，由於出售量大於挖礦量，可以判斷整體轉為下跌趨勢。從上頁圖可以看出，藍色區間是發生死亡交叉的區間，價格正在下降；相反地，當 30 日均線向上突破 60 日均線，形成「黃金交叉」，就是市場「恢復」（Recover）的區間。

使用鏈上指標的注意事項

最後再了解一個指標——Bitcoin Cycle Master，這是 Look into Bitcoin 最近推出的指標，**用於分析比特幣過去的循環，並預測當前位置及未來**。以過去的循環來看，這可說是命中率最高的指標，下頁圖中最下面的綠線是循環低點（Cycle lows），也就是價格的地板；最上面的紅線則是高估（Over Valued），也就是價格的天花板。在執筆此時，價格正在橘線上，該線表示積極估值（Aggressively Valued）。

如果市場呈現出過熱的跡象、估值過高，那麼持續觀察相關指標會有所幫助，儘管這個指標僅限於比特幣循環，不過比特幣循環會對整個加密貨幣市場帶來巨大的影響。

本書主要介紹的是掌握長期循環的鏈上指標，因此不會提到花費成本利潤比（Spent Output Profit Ratio，簡稱 SOPR），但還是希望讀

Bitcoin Cycle Master

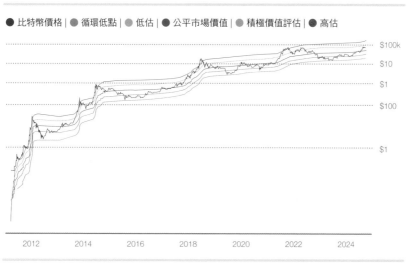

● 比特幣價格 | ● 循環低點 | ● 低估 | ● 公平市場價值 | ● 積極價值評估 | ● 高估

（資料來源：Look into Bitcoin）

者能仔細觀察這個用以衡量短期投資者投資心理的指標。「花費成本利潤比」是**檢視鏈上交易的加密貨幣獲得了多少收益的比例指標**，尤其要密切關注短期持有者的 SOPR。SOPR 的基準是 1，低於 1 代表目前比特幣的價格低於最近比特幣的買價，這意味著大部分短期買家虧損；當虧損的投資者越多，就越容易出現過度拋售的情況，之後反彈的可能性也相對較高，因此 SOPR 被認為是**尋找低估區間**的重要指標。

　　鏈上指標固然是投資加密貨幣時的重要指標，可是不能盲目相信，應該作為參考，並且搭配其他指標一起考量。隨著減半次數增加，獎勵的供應量會持續減少，**而隨著供應量減少，整體市值的波動性也會降低，這代表鏈上指標對投資的幫助將越來越有限**。此外，比特幣和以

太幣的現貨 ETF 都獲得了批准，因此往後也要關注 ETF 的交易趨勢。

　　事實上，以 RHODL 比率為首的許多鏈上指標，在絕對數值上都持續呈現下降趨勢，波動幅度也在縮減。儘管如此，鏈上指標仍是有助於判斷加密貨幣市場狀況的投資指南。話說回來，往後解釋指標的方法可能會有所改變，也會不斷出現新的指標，建議不要盲目相信特定指標，而是利用各種指標，訓練自己更深入了解市場情況。

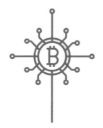

第 2 章
利用參考指標分析市場環境

加密貨幣波動大，可能是優點

　　為什麼加密貨幣波動幅度很大？雖然有各式各樣的原因，但光看比特幣也能知道，「供給無彈性」是最重要的原因。比特幣不可能因為需求增減，就搭配著增減供應量，這種特性在經濟學上稱為「供給無彈性」；無論如何，比特幣的發行量就是 2,100 萬個，而且每 10 分鐘會生成新的比特幣，不管節點競爭多麼激烈，系統都會自動調節難度，控制在大約每 10 分鐘提供新的比特幣。

　　另一方面，需求很容易隨著人們的心意而改變。**比特幣是一個需求非常有彈性、供給完全無彈性的市場**。通常市場需求增加時，供給就

會增加，以維持供需平衡，但是比特幣做不到這點，所以**價格完全由需求決定**。

　　供給彈性圖顯示出商品價格變化時，供給量會發生多大的變化。比特幣可以說是「完全無彈性」的商品，因此只要需求稍微減少，價格就會大幅下跌；只要需求稍微增加，價格就會大幅上漲。

供給彈性

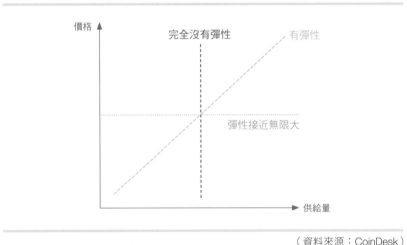

（資料來源：CoinDesk）

　　我們將這種波動原因，從比特幣擴展到整個加密貨幣來思考看看。加密貨幣波動性大的原因在於這是新興資產。最早的加密貨幣「比特幣」於 2009 年公開，平臺型加密貨幣老大「以太幣」於 2015 年公開，跟擁有四百多年歷史的股票相比，加密貨幣相當於新生兒。股票的歷史最早可以追溯到成立於 1602 年的東印度公司，不過就連具有如此悠

久傳統的股票，仍然存在著很大的波動性，如 1929 年經濟大蕭條、1987 年黑色星期一、2002 年網路泡沫破滅、2008 年金融危機、2020 年 COVID-19 疫情等，市場數次差點完全崩潰。

新興資產的波動性之所以比傳統資產還大，是因為缺乏經驗數據，不知道在發生利多或利空因素時，應該要反映多少在價格上，買賣雙方協商後反映價格的「價格發現（Price Discovery）功能」薄弱，因此當市場發生某些問題時，價格就會過度偏向其中一方，導致漲的時候漲很多，跌的時候跌很多，而且加密貨幣市場 24 小時運行，並沒有暫時中斷交易的熔斷機制（Circuit Breaker）等制度。

加密貨幣波動大的另一個原因，是鴻溝（Chasm）現象。鴻溝本是地質學用語，後來意指新產品或服務被大眾接受之前經歷的停滯期。新技術出現時，初期只有 15% 左右的極少數人接受該技術，需要一點時間才能進入主流市場。區塊鏈和加密貨幣也是新技術，可以視為還在經歷鴻溝階段，電腦、網路、手機首次出現時，一樣經歷過類似狀況；不過加密貨幣在去中心化的精神下，全面影響了跟所有權有關的部分，足以稱為革命。

但是我們在這裡應該提出一個重要的問題——加密貨幣的價格波動性，會給投資帶來問題嗎？我認為恰恰相反，**波動性正是讓市場充滿活力的核心因素**。如果加密貨幣市場的波動性消失，應該會有很多投資人離開市場；事實上，波動性對於投資人來說是能大賺一筆的買賣。波動性造成的損失最大能大到什麼程度呢？–100%，這是同時賠上本金和利息的最壞情況；反過來說，**翻倍的程度是無限的**，無法推估會賺 10

倍還是 100 倍。

現貨交易量持續增加為重要訊號

　　比特幣的價格由需求決定，因此基本上首先要看的指標是**現貨交易量**，交易量會分散在各種數據上。以資產的基本面來說，「現貨交易量持續增加」可視為重要訊號。

　　如果價格上漲了，現貨交易量卻跟不上，就能視為槓桿引起的泡沫，要是某個資產的價格在沒有交易量的情況下上漲，那麼也很容易下跌。如果在價格上漲期間交易量很少，就表示在這一個區間買進資產的市場參與者較少，很有可能是少數投資人在主導價格上漲，因此他們賣出後，價格可能會立刻下跌，尤其如果從時機點來看不是牛市，或是發

各交易所每月比特幣現貨總交易量（截至 2024 年 4 月）

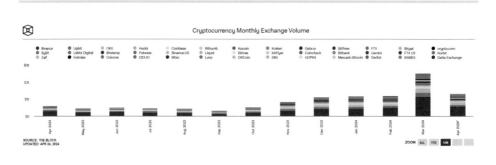

（資料來源：The Block）

生在流動性不大的加密貨幣上，那麼即使交易量很少，也可能是在拉高
倒貨。

　　比特幣現貨 ETF 同樣需要穩定的交易量，除了交易量之外，也要
看資金淨流入量。在 ETF 獲批初期，貝萊德公司的 iShares 比特幣信託
ETF（IBIT）、富達投資的 Wise Origin 比特幣 ETF（FBTC）等新 ETF
的資金流入量，都隨著交易量增加而增加，但是灰度的比特幣信託 ETF
（GBTC）卻因高額的手續費而有許多資金流出，以貝萊德 IBIT 為中心
的新 ETF 資金流入量和以灰度 GBTC 為首的資金流出量，兩者的消長
決定了比特幣價格的方向。

比特幣現貨 ETF 的資金淨流入與流出量

Ticker	Name	Total Volume ($ Mlns)	Total Flows ($ Mlns)	Assets ($ Mlns)	3/20 $Volume ($ Mlns)	3/20 Flow ($ Mlns)
GBTC	Grayscale Bitcoin Trust BTC	$ 48,560	-$13,271.8	$23,298.4	$1,251.8	-$386.6
IBIT	iShares Bitcoin Trust	$ 60,629	$13,089.0	$15,439.5	$2,616.9	$49.3
FBTC	Fidelity Wise Origin Bitcoin Fund	$ 30,547	$6,931.2	$8,765.7	$1,019.5	$12.9
ARKB	ARK 21Shares Bitcoin ETF	$ 8,908	$1,995.0	$2,578.1	$355.5	$23.3
BITB	Bitwise Bitcoin ETF	$ 4,926	$1,489.8	$1,914.1	$139.4	$18.6
HODL	VanEck Bitcoin Trust	$ 1,734	$393.6	$514.4	$36.3	$9.3
BRRR	Valkyrie Bitcoin Fund	$ 371	$369.5	$415.3	$20.1	$2.9
BTCO	Invesco Galaxy Bitcoin Etf	$ 2,068	$164.7	$331.9	$65.8	-$10.2
EZBC	Franklin Bitcoin ETF	$ 591	$193.7	$214.0	$45.5	$19.0
BTCW	WisdomTree Bitcoin Fund	$ 1,182	$58.5	$72.9	$49.5	$0.0
	Total	$159,514.5	$11,413.3	$53,544.2	$5,600.3	-$261.6
	Total EX-GBTC	$110,954.9	$24,685.1	$30,245.8	$4,348.5	$125.0

Source: Bloomberg Intelligence

Bloomberg

（資料來源：Bloomberg Intelligence）

　　往後加上退休金或保險等商品，嬰兒潮世代的資本很有可能會自然
地流入比特幣現貨 ETF，而這一世代是全世界擁有最多財富的一代。以
2023 年來看，美國人的資產約為 156 兆美元，其中約一半的 78.1 兆美

元屬於嬰兒潮世代。另一個重點是，目前主導比特幣現貨 ETF 趨勢的是全球第一大資產管理公司貝萊德，該公司曾表示，正在與各國的主權財富基金及年金基金積極協商中。除了比特幣現貨 ETF 之外，應該也要關注以太幣現貨 ETF，雖然兩者的地位仍有所差異，但從長遠的角度來看，巨大資本也很有可能流入以太幣現貨 ETF。

流入 ETF 的資金將會隨著時間的推移而迅速增加，這很有可能帶動比特幣、以太幣，甚至整體加密貨幣的價格急劇上漲。

用三個期貨交易指標，了解市場前景

如果比特幣沒有現貨交易量，只是價格上漲，那麼背後就是期貨投資。加密貨幣市場也像股票等其他資產市場一樣有期貨交易，通常加密貨幣的期貨交易量會比現貨交易量更具優勢，因為可以利用槓桿。

現貨交易是指實際交換商品或金錢，在 UPbit、Bithumb 等韓國交易所即時買賣加密貨幣就是現貨交易；相對地，期貨交易是以現在的價格購買未來的商品，會先支付保證金，然後在支付尾款的日子換得商品，如果未來價格上漲，做多的投資者將獲利，做空的投資者將虧損。**透過期貨交易觀察市場時，要關注三個指標：**

首先是「未平倉量」（Open Interest）。 未平倉量是指在期貨交易所全體投資者買入（多頭部位）或賣出（空頭部位）後未沖銷、持有中的全部合約數量，未平倉量高表示投資者對市場的關注度很高，市場充

滿活力，現有的趨勢很有可能持續下去，可以在 CoinGlass（coinglass.
com）等網站上看到該數值。

　　第二個是「預估槓桿率」（Estimated Leverage Ratio）。預估槓桿
率是將期貨交易所的未平倉量除以該交易所加密貨幣持有量，所得出的
數值，預估槓桿率越高，代表有越多投資者在期貨交易中冒著高風險使
用槓桿。

　　第三個是「資金費率」（Funding Rate）。資金費率是呈現期貨交
易所買入或賣出的比率偏離正常程度的指標，且能顯示投資者的心理，
資金費率大於 0 時，購買心理較強；小於 0 時，賣出心理較強。也就是
說，如果較多投資人預測以後價格會上漲，資金費率就會大於 0；相反
地，如果較多投資人預測價格會下跌，資金費率就會降到 0 以下。

期貨未平倉量

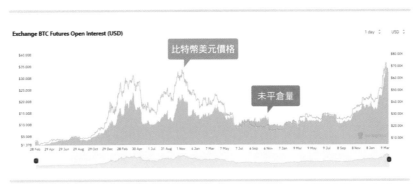

（資料來源：CoinGlass）

無論未平倉量或槓桿率有多高，如果資金費率為負，就會對市場帶來不利影響，因為這表示，比起買入，更多投資者選擇賣出。

清算讓流動性提高，可看清算地圖、熱力圖

清算是指交易被強制終止。在加密貨幣領域，與流動性相關的概念有兩種：

1. **主動清算（主動平倉）**：投資者自行反向沖銷做多或做空部位。
2. **強制清算（強制平倉、爆倉）**：損失超過保證金時自動平倉。

強制清算會發生在設定擔保的資產價值，低於帳戶內用以維持部位的維持保證金之時。在投資市場上，要有豐富的流動性，才能穩定地以自己想要的價格買賣資產；要是流動性不足，投資人就會錯過適當的買賣時期，或是得在不利的條件下交易。與期貨交易相關的流動性不足時，未平倉量就會增加，使得需要沖銷的多空單累積起來，這麼一來，鯨魚或特定勢力就很難輕易撼動市場，因此這些主力會為了提高流動性，促使投資人手上的部位被平倉。

方法比想像的還簡單。透過大量做空讓價格急速下跌，使得做多部位被強制清算，這樣一來，做空投資者就得到能獲利的機會；也就是說，主力會攻擊開槓桿的投資人，引導這些倉位被清算掉，最終讓投資人的損失變成自己的利益，主力透過這種方式獲得支配市場的能力，

清算地圖（爆倉地圖）

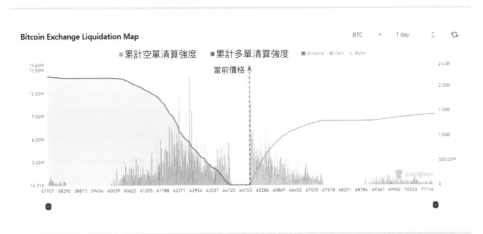

（資料來源：CoinGlass）

清算熱力圖

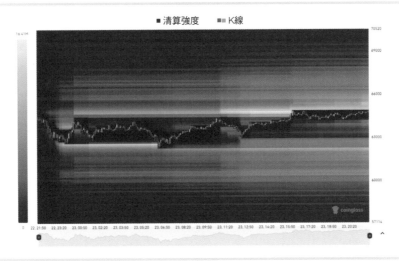

（資料來源：CoinGlass）

在心理上占據優勢。與清算相關的主要指標有**清算地圖**（Liquidation Map，又稱爆倉地圖）和**熱力圖**（Heat Map），通常可以在 The Kingfisher（the kingfisher.io）或 CoinGlass 網站上檢視。

清算地圖以現在的價格為基準，標示出了可能會被清算的上行、下行部位的價格，右側是做空部位被清算的區間，左側是做多部位被清算的區間。

清算熱力圖則是標示出許多預測清算部位集中的區間，黃色處是預測清算部位最集中的區間，價格往往會為了清算而移動到部位集中的區間。一旦被清算，就會引發附近價格的連鎖清算，導致價格急劇變動。舉例來說，如果做空部位發生連鎖清算，買勢就會增加，價格可能暴漲；如果做多部位發生連鎖清算，價格就會因賣壓而急速下跌。

觀察美國機構動向：Coinbase 溢價差距、CME 缺口

比特幣現貨 ETF 被批准後，美國機構正藉此機會積極進入市場，因此越發需要密切關注美國機構的動向。

掌握機構動向最基本且最重要的指標就是「**Coinbase 溢價差距**」（Coinbase Premium Gap），該指標統計了北美最大交易所 Coinbase（美國機構投資人的主要交易所，個人投資者則是最常使用羅賓漢〔Robinhood〕）和全球第一大交易所幣安（Binance）的價格差距——如果 Coinbase 溢價差距為正值，表示 Coinbase 的價格較高，可以解釋為美國機構投資人的買壓較強，或是個人投資者的賣壓較強；相反地，

Coinbase 溢價差距

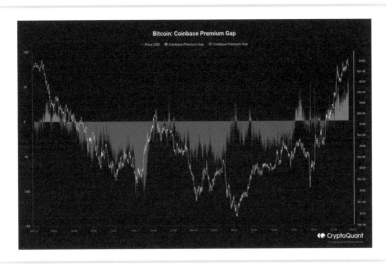

（資料來源：CryptoQuant）

如果 Coinbase 溢價差距是負值，就代表美國機構投資人的賣壓較強，或是個人投資者的買壓較強。

其次要關注的是**芝加哥商品交易所（CME）**，為金融機構交易衍生商品的主要交易平臺。CME 比特幣期貨合約到期日臨近時，投資人有兩種選擇，一是清算合約、收取比特幣，二是遞延到期日。如果到期日將至，現貨市場和期貨市場的價格差距很大，比特幣的價格可能會出現很大的變動。

CME 缺口（CME Gap）是指，CME 比特幣期貨合約在開市週間最後一個交易日的收盤價，跟下一個交易日開盤價之間的價差，簡單地說，就是**週末休市出現的價差**，也可以解讀為 **CME 比特幣期貨價格和**

實際比特幣之間的價差，而比特幣CME期貨走勢圖上空白的部分就是CME缺口。CME期貨交易與現貨交易不同，有到期日，也有收盤和休市，現貨是在365天中24小時交易，但期貨休市後將不再進行交易，因此如果在這段期間價格急劇波動，期貨走勢圖可能會出現缺口。

CME缺口出現時，不僅會影響期貨價格，也會影響現貨價格，因為會產生一種「缺口會被回補」的心理作用。當期貨價格下跌，現貨比特幣價格可能同時下跌，這時就需要注意，像這樣**由期貨市場交易反過來影響現貨市場的現象，稱為「尾巴搖狗」**（Wag The Dog）。仔細觀察期貨市場的動向，對於做決策助益良多。

數位資產投資商品的淨流入和流出（2024年4月第4週）

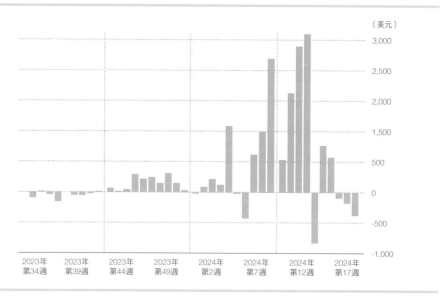

（資料來源：CoinShares）

另外，看看資產管理公司 CoinShares 每週公布的「數位資產投資商品的淨流入和流出」就可以知道機構資金的流入現狀，這指標也有助於投資。大家都可以在 Coinshares 的官網上免費查看。

檢查市場熱度：泡菜溢價、恐懼與貪婪指數

「泡菜溢價」（Kimchi Premium）是指韓國交易所的加密貨幣行情高於其他國家交易所的狀況，相反的現象是折價。

泡菜溢價源於供不應求，這可視為**衡量韓國加密貨幣投資熱潮**的指標。發生泡菜溢價的另一個重要原因是無法套利（Arbitrage）；套利是指兩處市場的商品價格不同時，在低價市場購入商品後在高價市場賣出，如此賺取中間差價的交易。韓國因《外匯交易法》，實際上是無法進行套利的，比特幣無法自由地從國外流入或流出，各種限制也很多，再加上必須綁定韓國銀行實名帳戶才能使用，所以外國人也無法使用韓國交易所。

在 2017 年不景氣時，泡菜溢價甚至超過了 50%，2021 年初也超過了 15%。**泡菜溢價持續飆升意味著市場過熱，可以解釋為很快就會有調整空間**。泡菜溢價的情況可以在 kimpga（kimpga.com）和 Cryprice（cryprice.com）等網站查看。

檢查市場是否過熱的另一個重要指標是「恐懼與貪婪指數」（Fear & Greed Index），可以在 Alternative 網站（alternative.me）上查看先前公布的資料，網站會配合更新時間更新數據。

該網站透過波動率（Volatility）、市場動量／交易量（Market Momentum/Volume）、社交媒體（Social Media）、主導地位（Dominance）和趨勢（Trends）等多個指標，計算出指數，**範圍從1到100，指數越低，投資者就越恐懼；指數越高，投資者就越貪婪。** 1～20是極端恐懼的狀態，從投資者的立場來看是買入區間；80～100是極端貪婪的狀態，可以看作是賣出區間。這指標呈現的是短期趨勢，不可盲目相信，應結合多個指標作為參考資料。

恐懼與貪婪指數

（資料來源：Alternative）

總體經濟指標與加密貨幣市場的關係

總體經濟對加密貨幣市場的影響非常重大，尤其要仔細觀察美國的經濟指標，之前對比特幣價格造成下行壓力的根本原因是通貨膨脹，而直接影響比特幣的就是利率。

　　比特幣是專門用於對抗通膨的資產，從長遠來看確實有效，可是目前主流對比特幣的看法，更接近於波動幅度大的風險資產。然而在 2023 年美國中小型銀行破產事件中，比特幣展現出了巨大的存在感，今後它以「抵抗風險」為特色的另類資產定位，很有可能會進一步加強；與此同時，在複雜的國際形勢下，比特幣作為地緣政治資產的地位也在不斷升高。發生地緣政治風險時，比特幣最能夠安全地轉移和保管資產。

　　升息的情況近似於流動性緊縮。美國聯準會自 2022 年 6 月以後，連續四次升息 3 碼（75bp），使資產市場大幅萎縮，比特幣還遭逢加密貨幣寒冬，在所有資產中受到了最大的打擊。倘若聯準會降息，對比特幣等加密貨幣市場來說就是利多。為了評估聯準會的決定，需要確認幾個指標，在 Investing 網站（investing.com）上可以看到多個經濟指標，但核心並不在於數值是多少，該關注的重點有兩個：

　　第一，最應該重視與共識（Consensus）之間的差異。共識是指團體成員間一致的意見，以股票來說就是綜合各分析師對公司業績的估值，倘若公布的業績大幅超過共識，就會稱為「盈餘驚喜」（Earning Surprise）；如果大幅低於共識，就會稱為「盈餘衝擊」（Earning Shock）。

　　共識之所以重要，是因為在經濟指標公布之前，資產價格會先反映共識，投資人的期待或恐懼，會讓價格提前上漲或下跌。等經濟指標實際公布後，會根據是高於還是低於共識再調整價格，如果符合預期，價格會進一步上漲或保持穩定；但如果不符合預期，價格就會下跌。

第二，關注指標的變化趨勢。假設是與物價相關的指標，那麼重點是觀察物價上漲趨勢是否持續減弱，如果大趨勢沒有問題，即使稍微不符合共識，市場也能自行調節。

　　就業、消費、物價、景氣等需要考慮的指標非常多，這些都不是獨立的，而會互相影響，所以最好一併觀察。實際上，聯準會的決策也會受到很多指標影響，比方說，就算物價正在下降，如果就業、消費、景氣等相關指標趨勢良好，還是會有物價再次上漲的隱憂，使得決定貨幣政策變得困難。儘管美國政府已經採取了強而有力的緊縮政策，但經濟仍呈現出驚人的成長趨勢。

　　消費者物價指數（CPI）是衡量物價的代表性指標，用以觀測消費者所購買商品或服務的價格變化，但聯準會最看重的物價指標不是**CPI，而是個人消費支出物價指數（PCE）**。PCE 以家庭和民間非營利機構在購買物品或使用服務時，所有支出費用的總和為基準來計算，可視為一國整體個人消費量的總額，**PCE 上升就是消費增加，可以解釋通膨壓力增加**。聯準會強調的「物價上漲率 2%」的目標，就是依據「核心 PCE」的 2%，而核心 PCE 是指，除波動性較大的能源和食品以外的個人消費支出物價指數。

　　還有一個雖然不是經濟指標，但同樣該重視的是**聯邦公開市場委員會（FOMC）定期開會的日期**。聯準會是美國的中央銀行，是決定美國貨幣政策的機構，而 FOMC 由聯準會的最高決策權者所組成；FOMC 每年召開八次定期會議，決定升息或調整緊縮速度等重要政策。除此之外，也應該關注聯準會主席等多位聯準會高層人士的發言，因為市場常

常會根據他們的發言而波動。

投資比特幣時需要關注的指數有美元指數和 M2 廣義貨幣。在第一部提過，美元指數通常與比特幣的價格相反，美元價值上升時，比特幣價格會下跌；美元價值下跌時，比特幣價格會上升。

貨幣指標有現金貨幣（M0）、狹義貨幣（M1）和廣義貨幣（M2），M0 是中央銀行印製後供給到市場的現金，M1 是可以立即兌換成現金或發行支票支付的活期存款，M2 是 M1 加上定存；換言之，**M2 是經濟活動中，所有具流動性的潛在貨幣量，也就是資產市場常說的流動性。**與美元指數不同，全球美元 M2 的動向與比特幣一致，再加

個人消費支出物價指數（PCE）變化率

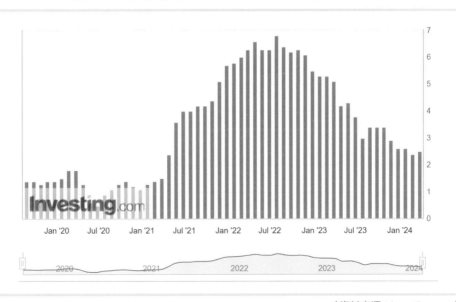

（資料來源：Investing.com）

上機構資金流入後，比特幣儼然成為體制內資產，因此往後總體經濟變
數也會對比特幣造成很大的影響。

比特幣的市值和全球 M2 廣義貨幣供應

（資料來源：Morgan Stanley）

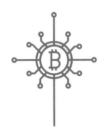

第 3 章

上班族該有的投資心態

加密貨幣也能長期投資嗎？

　　至此，我們看完了投資加密貨幣所需的各種指標，在本書最後，我想討論投資加密貨幣的整體心態和原則。

　　首先是長期投資。很多投資者會納悶：「加密貨幣究竟適不適合長期投資？」先說答案——有可能，不過傳統資產所說的長期投資，跟加密貨幣所說的長期投資，兩者的「長期」存在著實質的時間差異，因此能達到傳統資產長期投資標準或超過這標準的貨幣，目前只有比特幣，**我認為在往後 5 年、10 年，即使買了比特幣後束之高閣，比特幣依然會持續上漲。**個人認為，除了比特幣之外，還可以把以太幣也算在內，由

於美國批准了以太幣現貨 ETF，所以更堅定了我對長期投資以太幣的正面期待。

好，那剩下的山寨幣呢？山寨幣也能長期投資嗎？從目前來看，大部分山寨幣尚未經過長期投資的驗證。截至 2024 年 5 月 3 日，在 CoinMarketCap 註冊的貨幣就超過了 9,857 個，實際存在的貨幣比這個數字還要更多，除了以太幣之外，其餘的山寨幣中，我認為值得長期投資的再多也不超過 50 個，實際上只有 20 個左右。

那麼，如何從山寨幣中篩選出適合長期投資的貨幣呢？比起在特定服務中使用的實用型代幣，**提供基礎設施服務的貨幣更適合長期投資**，這是因為服務的流行時間比想像中更短，趨勢變化的速度很快，也很容易出現競爭者，但是平臺可以吸收所有趨勢和新興服務的變化。從這個角度來看，以以太坊為首，像 Solana 鏈、雪崩鏈這樣的第 1 層，還有解決第 1 層可擴展性的第 2 層，都很適合長期投資。

話說回來，平臺間的競爭很激烈，要上軌道本身是很難的，不過一旦穩定下來，就很有可能持續存在；還有，正如之前在第二部說過的，基本面強的項目更有利於長期投資，敘事雖然能在短期內大幅推升價格，但續航力仍取決於基本面。

加密貨幣波動性大，因此適合做短線，反覆買賣來獲利，可是大部分投資人在反覆買賣的過程中，損失會大到無法控制，因此**對大部分的個人投資者來說，長期投資更為有利**。我之所以建議長期投資，是因為這最安全、最方便，實際上報酬率也最高。儘管不少投資者都在想著要買在最低點、賣在最高點，但隨著時間過去，大部分投資人會意識到

那不是一個好選擇，投資加密貨幣時長期投資是更為明智的選擇。

要怎麼成功投資加密貨幣？

如果想成功投資加密貨幣，做好三點就可以了，也就是選擇幣種、市場時機和資產配置。

先從第一個「選擇幣種」說起。眾所周知，加密貨幣中最穩定的是「比特幣」和「以太幣」，但很多投資者除了投資這兩個之外，還投資更多在其他的山寨幣上，進而承受虧損。

那麼，難道問題是投資山寨幣嗎？並非如此，問題在於「選擇值得投資的加密貨幣的標準」，很多人連自己投資的加密貨幣是什麼都沒搞清楚，光是聽信知名 YouTuber 的話就貿然購買，要不然就是因為錯失恐懼症，輕率地在暴漲時進場。

各位不要被情緒左右，應該要以正確的數據和根據為基礎，投資那些長期來看有價值的項目。為了能夠以數據為基礎，分析並做出明智的決定，應該要培養寬廣的視野，並專注於篩選出優質山寨幣的技巧。當然，市場變數大，就連客觀上認為不錯的山寨幣也會大漲大跌，這種情況屢見不鮮，所以一定要同時考慮市場時機和資產配置。

第二個是市場時機。如果要投資山寨幣，基本上要具備短線操作的觀點，我的意思並不是進行過短週期的交易，而是應該把握住上漲趨勢，況且大部分採取短線交易的個人投資者都失敗了。個人投資者如果要投資成功，就要**掌握牛市循環，並善用循環來交易**，也就是說，即使

只有短期漲跌，也要在上漲趨勢期間充分獲利，甚至變現。話雖如此，無論考慮到多少變數，山寨幣的波動幅度依然不在預測範圍內，沒有人能準確指出特定貨幣何時會漲、何時會跌，如果有人在加密貨幣市場看著走勢圖那樣斷言，基本上可以認定他是在說謊，畢竟加密貨幣市場的波動讓技術分析頻繁失效。

所以第三個——資產配置真的很重要，也就是投資組合的策略。如果希望自己面對任何利空和變數都能從容應對，就必須有投資原則，而基礎就是投資組合結構。加密貨幣投資者基本上應該要能夠分辨安全資產和風險資產，**如果只投資加密貨幣，那麼安全資產絕對是比特幣，其中甚至可以包括以太幣**。在投資組合中，這兩個貨幣的比重最好要夠多。加密貨幣市場的波動本來就很大，因此穩定性也和獲利一樣重要。

讓我們回想在先前的循環時學到的教訓吧！如果都沒有投資比特幣和以太幣，只以其他山寨幣為主，那麼在牛市循環結束之時，往往最終只會經歷到「虧損」。

在這個市場上，稍微克制欲望是很重要的，即使在整個投資組合中，山寨幣只占較少的比重，但只要挑對幣種、抓緊市場時機，還是會有可觀的獲利。接著我們進一步來了解資產配置策略。

如何做好資產配置？

為了做好資產配置，必須牢記以下五點。

一、思考各資產的關係並分散投資。

二、透過集中投資提高報酬率。

三、分配好資產和現金的比例。

四、重新平衡投資組合。

五、投資組合中沒有正確答案。

第一點的分散投資和第二點的集中投資，乍看之下可能完全相反，但並非自相矛盾，因為這隱含著「**基本上是分散的，但每個幣種的比重必須不同**」的涵義。我們來一個個仔細看看！

前面提過，美國經濟學家詹姆士‧托賓有一句關於分散投資的知名格言：「不要把雞蛋放在一個籃子裡。」投資加密貨幣也是一樣，要分散投資才能讓風險降到最低，並提高報酬率。重點是資產的關係——每個資產的性質都不同，有的資產能提高報酬率，有的資產能抵抗通膨，其中也有動向完全相反的資產。

如果資本規模很大，或是能透過收入創造現金流的時間不長，那麼將加密貨幣以外的各種資產分散投資，會有所幫助。有一種投資策略叫做「全天候投資法」（Wealth For All Weathers），就是將資金分散在股票、債券、黃金、原物料等多種資產上，這樣**即使某個資產價格下跌，也能藉由其他資產價格上漲來抵消損失**。不過，一般的個人投資者若採用這種方式投資所有資產，投入到各資產的資金就會減少，那麼效率、也就是報酬率，必然會下降。

所以需要第二點——集中投資。前面提過，之所以需要分散投資到

其他資產，是因為加密貨幣的歷史僅約 15 年，還需要更多時間來完全驗證其不確定性。儘管如此，我個人認為比特幣是價格會持續上升的穩定資產，因此比特幣和以太幣可以集中投資，但其餘的山寨幣不太建議集中投資，想想曾經在市值排名前 10 名的 LUNA 幣事件吧。

那麼，試著以分散投資和集中投資這兩種方法擬定策略看看。如果要集中投資加密貨幣，同時分散投資組合，應該制定什麼樣的策略呢？**以保守型投資者來說，最好擁有超過 70% 的比特幣，剩下的就是以太幣和優質山寨幣；如果是穩健型投資者，建議持有 60%～70% 的比特幣和以太幣，剩下 30%～40% 組成多樣化的投資組合，這樣報酬率就會達到最大；即使是積極型投資者，也建議持有 50% 左右的比特幣和以太幣。**

除了比特幣和以太幣之外，另外 50% 最好是市值前 30～50 名的貨幣。山寨幣的整體規模很小，所以就算目前在山寨幣的市值排名中名列前茅，仍然可能大幅上漲，所以只要將剩餘的資金，自由投資在那些有望成長卻被低估的山寨幣和短期投資型的山寨幣就行了。沒有人知道哪個貨幣會上漲，因此要像耕種一樣，在各個貨幣上都投資一點點，這也是一個不錯的策略，而且如果過程中有貨幣獲利超過 100%～200%，最好提前回收本金。話說回來，還是要以自己可以運用的資金建立投資組合，因為比起茫然「死守」，更應該以短線操作的觀點思考山寨幣。

第三點，要適當分配資產和現金的比例。在投資的過程中，有機會、沒資金的狀況出乎意料得多。若想將市場的不確定性轉化為收益，持有現金非常重要，一旦判斷貨幣價格已經充分下跌、開始有上漲的空

間，就要繼續加碼買入，也就是「攤平」。

不過，錯誤地攤平就會越攤越平、無法止損，因此要利用各種指標確認是否接近谷底，而且一定要分散投資來延長買入的間隔，要是下跌一點點就買進，再下跌一點點又買進，持續久了，損失就會大到無法控制；況且一直消耗現金，以後可能會在真正重要的購買區間，落入沒有現金可用的窘境。另外，一定要記住，**攤平只對那些長期趨勢向上、以後有很高成長潛力的優質貨幣才有效**。順帶一提，分批買進對長期投資者而言，是個有效的策略，但短期投資者應該根據投資原則適時停損，而不是攤平。

保留適當現金的原因，不僅僅是考慮到投資效率。在決定資產和現金的比例時，必須考慮流動性，不過這裡所說的流動性並非市場流動性，而是有需要時隨時可以變現的資產。人們雖然會希望將很多錢拿去投資，但不能連馬上就需要用到的現金也投入，最好根據自己的原則，調整資產和現金的比例，此比例因人而異。

第四點，要重新平衡投資組合。重新平衡有很多方法，基本上就是要維持自己設定的比例。**假如你是保守型投資者，可以將比特幣和山寨幣的價值比例設定為 7：3**，如果山寨幣價格大幅上漲，比重變為 6：4，那麼只要出售一部分的山寨幣、購買比特幣，重新回到 7：3 的比例就行了。上述是以長期投資的角度來提高穩定性的策略；相反地，如果更注重山寨幣的大幅上漲率，就可以在山寨幣牛市時賣掉部分已經上漲的比特幣，然後加碼買進山寨幣，這就是提高報酬的策略。

被稱為資訊理論之父的克勞德・香農（Claude Shannon）對資產

和現金的比例提出了有趣的法則，那就是「香農的惡魔（Shannon's Demon）：恢復均衡的投資組合」。這個概念是**將資產和現金的價值比例訂為 5：5**，如果是想要穩健投資的投資者，就試著將這個概念運用到加密貨幣上吧！一開始投資時先設定這樣的比例，之後如果貨幣價格暴漲，就賣出貨幣變現，讓比例維持在 5：5；相反地，如果貨幣價格下跌，就投入現金購買貨幣，讓比例重新回到 5：5。只要無限反覆這個過程，就可以創造出指數成長的報酬。

最後第五點，**投資組合沒有正確答案**。如果管理的資金很多，最好考量到安全性而分散投資；相反地，如果資金很少，那麼集中投資來獲得高報酬，可能是更好的策略，因為必須更專注在成長幅度，才能累積本金，擴大投資規模。當本金充足了，即可重新平衡投資組合。

建立自己的投資原則

根據自己的情況和喜好，能選擇的投資方式有上千萬種；也就是說，沒有適用於所有投資者的標準答案，因此為了能順利投資，必須建立自己堅守的原則。以下介紹幾個值得參考的原則。

第一，雖然不能太貪心，但還是建議在自己能使用的限度內，最大程度地使用資金。有句話說，只能把多餘的閒錢拿來投資，可是那麼做無法獲得令人滿意的報酬，畢竟投資得越多，可能獲得的報酬就越高，這是不爭的事實。然而，要是開了太高的槓桿，或者過度投資到生活窘迫的程度，以後就很有可能後悔，因此要自己適當調整投資程度。

　　第二，千萬別著急。有些投資者在攤平的時候就真的躺平了，因為他們認為這是最後一次機會、錯過這個機會就完蛋了，但這種想法是錯誤的，以後還會出現無數次機會，特別是長期投資者，就沒必要急著按下滑鼠下單。交易前建議多想個 10 次、20 次。

　　第三，必須分批買賣。一次大量買進或賣出的策略，是認為只要掌握時機，就會取得非常好的結果，但從機率來看，這相當困難。

　　第四，要建立投資組合。雖然前面提過了，但我再說一次，不要有太特別的投資組合，應該以市場主流的資產為重，至於有風險、但很有可能上漲的項目，則要另外小額分配。而且要經常持有一定數量的現金，因為不管何種資產，都會起起落落。

　　第五，不能只想靠投資，來解決所有問題。透過勞動所得或事業所得持續產生現金流，也是投資的一環，短期投資者會透過短線交易創造現金流，但長期投資者不同，基本上要努力「創造現金流」。對於大部分個人投資者來說，**透過勞動或事業賺取現金，並利用這些現金持續購買優質的貨幣，才是最聰明的策略**。

給上班族的投資建議

　　最後，我想在本書結束前，談一談上班族該如何投資。會翻開這本書的讀者，應該都是普通的上班族，無法像全職投資人那樣即時注意所有問題，即使知道發生了什麼事情，在上班時間也很難因應，在速度方面相當不利。因此我認為，**上班族如果要投資加密貨幣，也應該以長**

期投資的角度來投資才對，不適合買進那些會因特殊議題而劇烈波動的**貨幣**。對上班族來說，投資越簡單越好。

個人認為，有個策略很好，就是利用職場上賺取的部分薪資，持續購買包括比特幣在內的優質貨幣。為了能有更多可以投資的現金，找個兼職或做小額短單也不錯，不過要再次提醒，以短線操作為主的個人投資者大多會失敗。

那麼上班族該如何學習加密貨幣呢？只要帶著「我要寫相關書籍」或「要教會別人」的想法來學習，就會有幫助。我自己也是如此，在我寫書、製作 YouTube 內容、持續研究的過程中，真的學到了很多東西，可以將內容在腦中整理得一清二楚，重點是每天要閱讀大量的資料和數據，後續實際驗證的過程很重要，記錄這整個過程也很重要。

資料五花八門，包括書籍、新聞媒體、有洞察力的專欄、研究報告等，尤其如果多看國外的媒體，就能快速掌握趨勢和議題，我還訂閱了包括鏈上指標分析平臺在內的多種付費服務。另外，看到重要的資訊，一定要記下來，這樣持續累積知識久了，不知不覺間就會發現自己具備了投資功力。

願所有閱讀這本書的讀者都能幸福地投資、成功地投資。

──── 參考資料 ────

【文獻及文章】

99Bitcoins, Bitcoin Obituaries "Bitcoin is Dead" Declared 400+ Times, 99Bitcoins, https://99bitcoins.com/bitcoin-obituaries/

ADRIAN ZMUDZINSKI, "Blockchain Firm Ripple Fuses xRapid, xVia and xCurrent into RippleNet", COINTELEGRAPH, 2019.10.12., https://cointelegraph.com/news/blockchain-firm-ripple-fused-xrapid-xvia-and-xcurrent-into-ripplenet

A.H. Dyhrberg, Finance Research Letters "Bitcoin, Gold and the Dollar", Elsevier, 2016

Alex Bączkowski, "The Evolution of Privacy Coins", ALEPHZERO, 2023.09.07., https://alephzero.org/blog/evolution-of-privacy-coins/

Andrey Plat, "Bitcoin Ordinals under the hood. How Inscriptions and BRC20 workIntroduction", Medium, 2023.12.26., https://advisor-bm.medium.com/bitcoin-ordinals-under-the-hood-how-inscriptions-and-brc20-workintroduction-776bae9e864a

ANN BEHAN, "Harry Markowitz: Creator of Modern Portfolio Theory", Investopedia, 2022.05.05., https://www.investopedia.com/terms/h/harrymarkowitz.asp

Ansel Lindner, "THE BITCOIN-GOLD-CHINA CONNECTION", BITCOIN MAGAZINE, 2023.10.09., https://bitcoinmagazine.com/markets/the-bitcoin-gold-china-connection?utm_source=CryptoNews&utm_medium=appARK Invest, "BIG IDEAS 2023", ARK Invest, 2023.01.31., https://research.ark-invest.com/hubfs/1_Download_Files_ARK-Invest/Big_Ideas/ARK%20Invest_Presentation_Big%20Ideas%202023_FINAL_V2.pdfASHLEY LUTZ, "Billionaire Ken Griffin admits he was wrong about crypto after previously slamming it as a 'jihadist call'", FORTUNE, 2022.03.04., https:// fortune.com/2022/03/03/billionaire-ken-griffin-changes-crypto-stance/

Atlantic Council, "Central Bank Digital Currency Tracker", Atlantic Council, https://www.atlanticcouncil.org/cbdctracker/

BankUnderground, "Central Bank Balance Sheets: Past, Present and Future", Bank Underground, 2017.07.03., https://bankunderground.co.uk/2017/07/03/central-bank-balance-sheets-past-present-and-future/

BITCOIN MAGAZINE, "BITCOIN PRICE HISTORY: 2009-2023", BITCOIN MAGAZINE, 2023.03.02., https://bitcoinmagazine.com/guides/bitcoin-price-history

Bitcoin Mining Council, "GLOBAL BITCOIN MINING DATA REVIEW Q2 2021", Bitcoin Mining

Council, https://bitcoinminingcouncil.com/wp-content/uploads/2021/07/2021.07.01-BMC-Q2-2021-Materials.pdf

BLOCK MEDIA, "월가가 만든 암호화폐 거래소 EDXM 시장 진입−시타델·피델리티·찰스슈왑 합작", BLOCK MEDIA, 2023.06.21., https://www.blockmedia.co.kr/archives/326270

BRIAN NEWAR, "MicroStrategy shareholders letter: We'll 'vigorously pursue' more BTC buys", COINTELEGRAPH, 2022.04.15., https://cointelegraph.com/news/microstrategy-shareholders-letter-we-ll-vigorously-pursue-more-btc-buys

BYDFi, "Marathon CEO: Bitcoin Halving Narrative "Just a Fantasy," BTC Won't Surge…", BYDFi, 2023.12.06., https://www.bydfi.com/blog/learn/trading-analysis/marathon-ceo-bitcoin-halving-narrative-just-a-fantasy-btc-wont-surge/

CASEY WAGNER, "MicroStrategy and Galaxy 'Bitcoin Mining Council' Claims Mining is One of Most Sustainable Industries", Blockworks, 2021.07.02., https://blockworks.co/news/microstrategy-and-galaxy-bitcoin-mining-council-claims-mining-is-one-of-most-sustainable-industries

Chainalysis Team, "The 2023 Global Crypto Adoption Index: Central&Southern Asia Are Leading the Way in Grassroots Crypto Adoption", Chainalysis, 2023.09.12., https://www.chainalysis.com/blog/2023-global-crypto-adoption-index/

Chainlink, "What Is a BRC-20 Token?", Chainlink, 2023.11.30., https://chain.link/education-hub/brc-20-token

CHANNEL-iN, "UTXO란? : 비트코인 송금방식, 개념 정리", Medium: CHANNEL-in blog, 2023.03.17., https://medium.com/channelin/utxo%EB%9E%80-%EB%B9%84%ED%8A%B8%EC%BD%94%EC%9D%B8-%EC%86%A1%EA%B8%88%EB%B0%A9%EC%8B%9D-%EA%B0%9C%EB%85%90-%EC%A0%95%EB%A6%AC-fa420fc9c6c4

Charles Yu, "Sizing the Market for a Bitcoin ETF", galaxy, 2023.10.24., https://www.galaxy.com/insights/research/sizing-the-market-for-a-bitcoin-etf/

Checkmate, "Supply Squeeze", glassnode Insights: The Week Onchain Newsletter, 2023.11.03., https://insights.glassnode.com/the-week-onchain-week-46-2023/

Cheyenne DeVon, "Billionaire Charlie Munger: Cryptocurrency is 'crazy, stupid gambling,' and 'people who oppose my position are idiots'", CNBC, 2023.02.16., https://www.cnbc.com/2023/02/16/billionaire-charlie-munger-cryptocurrency-is-crazy-stupid-gambling.html

Christine Vasileva, "Ripple Removes 'xRapid' 'xCurrent' From Website, Pushes RippleNet Instead", BITCOINIST, 2019, https://bitcoinist.com/ripple-webiste-pushes-ripplenet/

consensys, "The Ethereum Roadmap", consensys, https://consensys.io/ethereum-upgrade

CryptoGlobe, "$SOL: Former Goldman Sachs Exec Foresees Solana's Meteoric Rise, Cites Firedancer Client As Key C…", BINANCE SQUARE, 2023.10.31., https://www.binance.

com/en/square/post/1574291

cryptopoiesis, "The Puell Multiple-A New Barometer of Bitcoin's Market Cycles", Medium: Unconfiscatable blog, 2019.04.05., https://medium.com/unconfiscatable/the-puell-multiple-bed755cfe358

David Han et al., "Weekly: The Halving Effect", Coinbase, 2024.04.26., https://www.coinbase.com/institutional/research-insights/research/weekly-market-commentary/weekly-2024-04-26

Dirk Niepelt, "Libra paves the way for central bank digital currency", VoxEU: Columns, 2019.09.12., https://cepr.org/voxeu/columns/libra-paves-way-central-bank-digital-currency

Ethereum, "Ethereum Whitepaper", Ethereum, https://ethereum.org/ko/whitepaper/

Ezra Icy, "Top Reasons Why Chainlink (LINK) Is Trending Today?", CoinGape, 2023.03.11., https://coingape.com/trending/top-reasons-why-chainlink-link-is-trending-today/

FASB, "FASB Issues Standard to Improve the Accounting for and Disclosure of Certain Crypto Assets", FASB, 2023.12.13., https://www.fasb.org/news-and-meetings/in-the-news/fasb-issues-standard-to-improve-the-accounting-for-and-disclosure-of-certain-crypto-assets-397718

Federal Reserve Bank of Boston, "Project Hamilton Phase 1 A High Performance Payment Processing System Designed for Central Bank Digital Currencies"

Federal Reserve Board, "Money and Payments: The U.S.Dollar in the Age of Digital Transformation", 2022.01, https://www.federalreserve.gov/publications/files/money-and-payments-20220120.pdf

FOUR PILLARS, "온도 파이낸스가 기관 투자자에 적합한 디파이 프로토콜을 만드는 방법", FOUR PILLARS, 2024.02.14., https://4pillars.io/ko/articles/ondo-finance/public

Frank Dowing et al., "The Bitcoin Monthly: February Report", Arkinvest, 2024.03.11., https://ark-invest.com/crypto-reports/the-bitcoin-monthly-february-2024-report/

Frank Dowing et al., "The Bitcoin Monthly: March Report", Arkinvest, 2024.04.10., https://ark-invest.com/crypto-reports/the-bitcoin-monthly-march-2024-report/

Fred Imbert, "BlackRock CEO Larry Fink calls bitcoin an 'index of money laundering'", CNBC, 2017.10.13., https://www.cnbc.com/2017/10/13/blackrock-ceo-larry-fink-calls-bitcoin-an-index-of-money-laundering.html

FULL SEND PODCAST, https://www.youtube.com/@FULLSENDPODCAST

GUNEET KAUR, "Bitcoin vs. Bitcoin Cash: What's the difference between BTC and BCH?", COINTELEGRAPH, 2024.03.17., https://cointelegraph.com/learn/bitcoin-vs-bitcoin-cash-whats-the-difference-between-btc-and-bch

HELEN PARTZ, "Banking system consumes two times more energy than Bitcoin: Research", COINTELEGRAPH, 2022.05.17., https://cointelegraph.com/news/banking-system-consumes-two-times-more-energy-than-bitcoin-research

Jay, "Solana Mega Report - Like Apple, but Unlike Apple", FOUR PILLARS, 2024.03.20., https://4pillars.io/en/reports/solana-mega-report-like-apple-but-unlike-apple

Jayplayco et al., "P2E 게임 토크노믹스, 지속 가능성을 향해 나아가다", Xangle, 2023.12.18., https://xangle.io/research/detail/1728

Jesse Hamilton, "FASB Says Crypto Assets Should Be Marked at Current Values", CoinDesk, 2023.09.07., https://www.coindesk.com/policy/2023/09/06/fasb-says-crypto-assets-should-be-marked-at-current-values/

Juhyk Bak, "오디널스: 비트코인에 대한 근본적인 물음을 던지다", DeSpread Research, 2023.08.18., https://research.despread.io/kr-ordinals/

Jurrien Timmer X, https://twitter.com/TimmerFidelity

Kaiko, "Q4 2023 Token Liquidity Ranking", Kaiko, 2024.01.11., https://research.kaiko.com/insights/q4-2023-liquidity-ranking

Kaspar Triebstok, "Why Banks Use Ripple's xCurrent", Medium, 2019.12.14., https://medium.com/@KTriebstok/why-banks-use-ripples-xcurrent-8bc8106cd1d5

KIEP 북경사무소, "위안화 국제화의 최근 동향 및 전망", 2022.10.24., https://www.kiep.go.kr/gallery.es?mid=a10102050000&bid=0006&list_no=10464&act=view

KPMG, "Bitcoin's role in the ESG imperative", KPMG, https://kpmg.com/us/en/articles/2023/bitcoin-role-esg-imperative.html

lookintobitcoin, "Bitcoin: MVRV Z-Score", https://www.lookintobitcoin.com/charts/mvrv-zscore/

Lowell Kyung 譯, "[번역] Web3와 AI: Web3+AI 현황 총정리(출처: TenSquared Research)", OxPlayer, 2024.02.06., https://www.0xplayer.com/web3-and-ai/?fbclid=IwZXh0bgNhZW0CMTEAAR0RI37JZrS62EFPWgnxWbF-KUVAi712JXfsbeZquhkb_SdDK9ZYTTSk_7s_aem_AQQ75dglZdVwBfAmzAkeY4-lZVZXjrJRyCsRrgnbAFMVUuAJcW378gKtW1ae9jZwCyhvIbo2x_2ziO1MC0chNo7g

Lowell Kyung 譯, "[번역]자산 토큰화 현황 및 2024년 전망(출처: TAC)", OxPlayer, 2024.03.08.,https://www.0xplayer.com/the-state-of-asset-tokenization-2024-outlook/?fbclid=IwZXh0bgNhZW0CMTEAAR1NIbUmTicp7ZG2_U-RpFWxthaMBDgC0M65ETjL-WS-vcJZODuzg_P-sLQ_aem_AQS8ENOfWfKPpbfTekj5j-8Vo8JjphJT4a5vTflb9NPBgctPgkRLqUEtsGWJjcHqphCdak3_aulTorTdSGxeDqEm

Luca Di Domenico, "Analysis of the Celestia Blockchain Project", Medium: Coinmonks blog, 2023.10.17., https://medium.com/coinmonks/analysis-of-the-celestia-blockchain-project-

93071b474ab9

Lucas Outumuro, "Crypto's Early Bull Market Rotation", Medium: Intotheblock Blog, 2023.11.03., https://medium.com/intotheblock/cryptos-early-bull-market-rotation-933604fe5923

Merik, "비트코인 CVD(Cumulative Volume Delta) 차트 제대로 알아보자.", 돈달샘, 2024.04.12.,https://dondalsam.co.kr/%EB%B9%84%ED%8A%B8%EC%BD%94%EC%9D%B8-cvdcumulative-volume-delta-%EC%B0%A8%ED%8A%B8-%EC%A0%9C%EB%8C%80%EB%A1%9C-%EC%95%8C%EC%95%84%EB%B3%B4%EC%9E%90/

Michael J. Casey, "The Real Use Case for CBDCs: Dethroning the Dollar", CoinDesk, 2023.07.08., https://www.coindesk.com/consensus-magazine/2023/07/07/the-real-use-case-for-cbdcs-dethroning-the-dollar/

Michael Saylor X, https://twitter.com/saylor

NATHAN REIFF, "All About the Bitcoin Cash Hard Fork", Investopedia, 2024.03.24., https://www.investopedia.com/news/all-about-bitcoin-cash-hard-fork/

NATHAN REIFF, "Bitcoin vs. Bitcoin Cash: What's the Difference?", Investopedia, 2023.11.01., https://www.investopedia.com/tech/bitcoin-vs-bitcoin-cash-whats-difference/

Pantera Capital, "The Bitcoin Death Spiral Theory How Bitooin(BTC) Oan Go To Zero, read. cash, 2023, https://read.cash/@Pantera/the-bitcoin-death-spiral-theory-how-bitcoin-btc-can-go-to-zero-86c16a44

Peter Zoltan, "Ethereum vs Solana: A Battle for Smart-Contract Supremacy", AtomicWallet, 2024.04.23., https://atomicwallet.io/academy/articles/solana-vs-ethereum

Philip Swift, "Bitcoin Realized HODL Ratio", Medium, 2020.12.15., https://positivecrypto.medium.com/bitcoin-realized-hodl-ratio-9023db15a559

Santiment Academy, "MVRV-Market Value To Realized Value", https://academy.santiment.net/metrics/mvrv/

Satoshi Nakamoto, "Bitcoin Whitepaper", https://bitcoin.org/bitcoin.pdf

Shannon Liao, "Litecoin founder just sold all his litecoin, citing "a conflict of interest"", TheVerge, 2017.12.21., https://www.theverge.com/2017/12/20/16801898/litecoin-founder-divest-conflict-interest

SimpleSwap, "Avalanche Fundamental Analysis", SimpleSwap, 2023.12.21., https://simpleswap.io/learn/analytics/projects/avalanche-fundamental-analysis

Steve Walters, "Bitcoin Cash ABC vs. BCHSV: The Hardfork and The Hashwar", COINBUREAU, 2023.04.27., https://www.coinbureau.com/education/bitcoin-cash-abc-vs-bchsv/

Steve, "Beginner's guide to Sei Network", FOUR PILLARS, 2024.02.15., https://4pillars.io/en/reports/Sei-Mega-Report

Swissblock Insights, "Flirting with the Upside", 2023.10.06., https://swissblock.substack.com/p/flirting-with-the-upside?r=do1bc&utm_campaign=post&utm_medium=web

UkuriaOC, "The Fourth Halving", glassnode Insights: The Week Onchain Newsletter, 2024.04.23., https://insights.glassnode.com/the-week-onchain-week-17-2024/

UkuriaOC, "The Tightening of Supply", glassnode Insights: The Week Onchain Newsletter, 2023.11.07., https://insights.glassnode.com/the-week-onchain-week-45-2023/

Vetle Lunde, "A little bitcoin goes a long way", K33, 2023.11.28., https://k33.com/research/articles/a-little-bitcoin-goes-a-long-way

Will Ogden Moore, "Ethereum's Coming of Age: "Dencun" and ETH 2.0", GRAYSCALE, 2024.02.23., https://www.grayscale.com/research/reports/ethereums-coming-of-age-dencun-and-eth-2.0

Xangle, "[Xangle 가치평가 시리즈] ② 이더리움과 Layer 1", Xangle, 2022.03.19., https://xangle.io/research/detail/636

Yonsei_dent, "[온체인 이해 #8] CVD란 무엇인가!", TradingView, 2022.10.28., https://kr.tradingview.com/chart/BTCUSD/R0h20ik2/

Youbin Kang, "논스클래식 투자철학(1/2)-"크립토, 왜 지금인가?"", Medium: Nonceclassic blog, 2023.04.28., https://medium.com/nonce-classic/%EB%85%BC%EC%8A%A4%ED%81%B4%EB%9E%98%EC%8B%9D-%ED%88%AC%EC%9E%90%EC%B2%A0ED%95%99-1-2-%ED%81%AC%EB%A6%BD%ED%86%A0-%EC%99%9C-%EC%A7%80%EA%B8%88%EC%9D%B8%EA%B0%80-dd46e3781157

권승원, "비트코인 개발자, 라이트닝 네트워크 보안 문제 지적", 블록스트리트, 2023.10.23., https://www.blockstreet.co.kr/news/view?ud=2023102309585490213

금융위원회, "2022년 하반기 가상자산사업자 실태조사 결과", 금융위원회, 2022.03.17., https://www.fsc.go.kr/no010101/79628?srchCtgry=&curPage=19&srchKey=&srchText=&srchBeginDt=&srchEndDt=

김경곤, "왜 미국 무역은 항상 적자일까?", toss feed, 2023.06.28., https://blog.toss.im/article/the-us-trade-deficit

김재원(포뇨), "앱토스(Aptos) vs 수이(Sui) 전격 비교", Xangle, 2022.09.23., https://xangle.io/research/detail/762

디지털뉴스팀, "컨센시스 "21세기 금융혁신·기술 법안, 가상자산 분야서 미국 리더십 보장"", 블록체인투데이, 2024.05.23., https://www.blockchaintoday.co.kr/news/articleView.html?idxno=43769

박용범, ""비트코인 성공해도 당국이 죽일 것이다"…세계 최고 헤지펀드 CEO 경고", 매일

경제, 2021.09.16., https://www.mk.co.kr/news/world/10031226

박종한, "[토큰포스트 칼럼] 비트코인 친환경 채굴 기술, ESG 혁신으로 BTC 채택을 앞당기다", TOKENPOST, 2023.09.30., https://www.tokenpost.kr/article-147435

블록헤더스, "레이어 1이란?", Xangle, 2023.10.06., https://xangle.io/research/detail/1546

업비트투자보호센터, "[캐디] 240523 미국 이더리움 현물 ETF 신청서에서 제외된 스테이킹", 업비트투자보호센터, 2024.05.23., https://upbitcare.com/academy/research/831

이상원(동아대학교), "비트코인과 주식, 채권 및 금상품간 관계 분석(An Analysis on Relationship between Bitcoin and Stock, Bond and Gold)", 경영컨설팅연구, 한국경영컨설팅학회, 2018, vol.18, no.4, 통권 59호 pp. 29-37 (9 pages)

정석문 외, "코빗 리서치센터 2024년 가상자산 시장 전망", korbit Research, 2023.12.15., https://portal-cdn.korbit.co.kr/athena/etc/research/81/korbit_Research_2023-12-15.pdf

정석문, "Valuation Conundrum : 가상자산 밸류에이션에 대한 고찰", korbit Research, 2022.01.26., https://cdn.korbit.co.kr/athena/etc/research/5/korbit_research_5_2022-01-26.pdf

조미현, ""7개월 만에 90% 급락"… '게임 코인' 지속 가능할까 [한경 코알라]", 한국경제, 2023.11.29.,https://www.hankyung.com/article/202311290678i

조혁진, "브레튼우즈체제와 달러패권", 제 19회 연세 지역학 학술제, 2008.12.08.

최영호, "[인포그래픽] 세상에 금은 얼마나 있을까?", MADTIMES, 2021.11.24., https://www.madtimes.org/news/articleView.html?idxno=10425

코빗 리서치, "2024년 가상자산 투자 테마-Crypto Theses for 2024", korbit Research, 2024.01.19., https://www.korbit.co.kr/market/research/82

한국콘텐츠진흥원, "글로벌 게임산업 트렌드 2022·7+8월호: [지역] 동남아 P2E 게임 시장 동향", 한국콘텐츠진흥원, 2022.08.16., https://www.kocca.kr/global/2022_7+8/sub03_01.html

홍효재, "[칼럼] 블록체인 기술 결합된 세계적 유망 게임 국내규제 심해… P2E 해외로 이동", 자유기업원, 2024.04.18., https://www.cfe.org/20240418_26564

【書目】

尼爾‧梅達、阿迪亞‧加傑、帕爾‧德托賈（Neel Mehta, Aditya Agashe, Parth Detroja），《有點懂加密貨幣的人》（코인 좀 아는 사람），윌북，2022

唐‧泰普史考特、亞力士‧泰普史考特（Don Tapscott, Alex Tapscott），《區塊鏈革命》（블록체인 혁명），을유문화사，2018（繁體中文版：《區塊鏈革命》，天下文化，2017）

拉娜・斯沃茨（Lana Swartz），《數位貨幣引領的貨幣未來》（디지털 화폐가 이끄는 돈의 미래），북카라반，2021

保羅・威格納、麥克・凱西（Paul Vigna, Michael J. Casey），《比特幣現象，區塊鏈2.0》（비트코인 현상, 블록체인 2.0），미래의창，2021（繁體中文版：《虛擬貨幣革命》，大牌出版，2018）

朴鍾漢（박종한），《投資在 10 年後成長 100 倍的加密貨幣上吧》（10년 후 100배 오를 암호화폐에 투자하라），나비의활주로，2022

賽費迪安・阿莫斯（Saifedean Ammous），《美元為什麼討厭比特幣？》（달러는 왜 비트코인을 싫어하는가），터닝포인트，2018（繁體中文版：《比特幣標準》，碁峰資訊股份有限公司，2019）

吳泰民（오태민），《偉大比特幣》（더 그레이트 비트코인），거인의정원，2023

吳泰民，《比特幣，和美元的地緣政治》（비트코인, 그리고 달러의 지정학），거인의정원，2023

李章宇（이장우），《裝滿你錢包的數位貨幣出現了》（당신의 지갑을 채울 디지털 화폐가 뜬다），이코노믹북스，2020

哈娜・哈拉博達、米克洛斯・薩瓦瑞、紀堯姆・海寧格（Hanna Halaburda, Miklos Sarvary, Guillaume Haeringer），《從歷史展望貨幣的未來》（역사로 보는 화폐의 미래），예문，2022

洪翼熙、洪基大（홍익희, 홍기대），《貨幣革命》（화폐혁명），앳워크，2018

國家圖書館出版品預行編目（CIP）資料

超級貨幣投資地圖：從比特幣到1%必漲山寨幣，幣種選定、市場時機、資產配置，加密貨幣的三重投資戰略。／朴鍾漢著；葛瑞絲譯. -- 初版. -- 新北市：方舟文化，遠足文化事業股份有限公司，2025.02
304 面；17×23 公分. --（致富方舟；19）
譯自：슈퍼코인 투자지도: 비트코인부터 반드시 오르는 1% 알트코인 선별까지

ISBN 978-626-7596-42-5（平裝）

1. CST：電子貨幣　2. CST：投資

563.146　　　　　　　　　　　　　　　　　　　　　　113019451

致富方舟　0019

超級貨幣投資地圖

從比特幣到 1% 必漲山寨幣，幣種選定、市場時機、資產配置，
加密貨幣的三重投資戰略。

作　　　者　朴鍾漢
譯　　　者　葛瑞絲
封面設計　張天薪
內頁設計　王信中
主　　編　李芊芊
特約編輯　梧　鼠
行　　銷　林舜婷
行銷經理　許文薰
總 編 輯　林淑雯

出 版 者　方舟文化／遠足文化事業股份有限公司
發　　行　遠足文化事業股份有限公司
　　　　　231 新北市新店區民權路 108-2 號 9 樓
　　　　　電話：（02）2218-1417　　　傳真：（02）8667-1851
　　　　　劃撥帳號：19504465　　　　戶名：遠足文化事業股份有限公司
　　　　　客服專線：0800-221-029　　E-MAIL：service@bookrep.com.tw
網　　站　www.bookrep.com.tw
印　　製　東豪印刷事業有限公司
法律顧問　華洋法律事務所　蘇文生律師
定　　價　520 元
初版一刷　2025 年 2 月

슈퍼코인 투자지도
（Super Coin Investment Map）
Copyright © 2024 by 박종한（Park Jonghan，朴鍾漢）
All rights reserved.
Complex Chinese Copyright © 2025 by Ark Culture Publishing House, a division of
WALKERS CULTURAL CO., LTD
Complex Chinese translation Copyright is arranged with GIANT-GARDEN
through Eric Yang Agency